CW00797779

Los Rolling Stones

Redbook

Los Rolling Stones

Borja Figuerola

MA
NON
TROPPO

ISBN: 978-84-948799-4-4

Depósito legal: B-22.627-2018

Impreso por Sagrafic, Passatge Carsi 6, 08025 Barcelona

Impreso en España - *Printed in Spain*

ÍNDICE

A las canciones que se pasan de padres a hijos.

¿PRÓLOGO?

Yo sí quiero ser un Rolling Stone

¿Qué sentido tiene un libro más sobre los Rolling Stones? Pudiendo elegir entre las obras de Stephen Davis o Stanley Booth –¡y de los propios Stones!–, ¿por qué enfrascarse en semejante empresa? Sí, se ha escrito mucho sobre ellos: un sinfín de libros, artículos, e incluso quizzes para averiguar a qué Stone se ajusta nuestro perfil. (Echen un vistazo a la webgrafía al final del libro, ¡a mí me ha salido Keith!) Con tanto firmante parece fácil meter la gamba, o muy difícil tratar de convencer cuando se tienen menos de setenta años y no has compartido sus partidas de billar en el *backstage*. Y aquí estamos, escribiendo algo parecido a un ¿prólogo? para explicar que cuando la editorial confió en mí para preparar esta guía, no me lo pensé dos veces: tenía ante mí la oportunidad de rendir homenaje a aquellos blancos intergeneracionales que triunfaron haciendo música de negros.

A lo mejor sólo se trata de eso, de saber tomar el relevo de los demás para darle una vuelta de tuerca personal que resulte en algo diferente. Hablo aquí tanto de esta guía, como de los Stones con su música, pues sabiéndose –o creyéndose– incapaces de componer, tomaron la de los demás como punto de partida para encontrar su propia voz. Y vaya si la encontraron... ¡bien por ellos! Si el blues es la madre de 9/10 canciones que suenan por la radio, los Stones son hoy por hoy el padre de todos esos artistas; un grupo de música que está presente directa o indirectamente en la vida de medio mundo.

He estado haciendo memoria. Y aunque no estoy del todo seguro, no alcanzo a rebobinar más atrás. Mi primer recuerdo de los Rolling Stones es en blanco y negro. No por acromatopsia (terrible enfermedad congénita), ni por que todavía no existiera la televisión en color. Mi primer recuerdo de los Stones es en blanco y negro porque así lo quiso el videoclip de «Love Is Strong», el sencillo que promocionó *Voodoo Lounge* en 1994. Por aquel entonces, yo era poco más que un niño repasando la lista de los 40 Principales en Canal+ cuando el intercambio de frases de guitarra, los inolvidables solos de armónica y la sugerente voz de Mick Jagger penetraron en mi mente. Creo que todavía era demasiado joven para que también lo hiciera el incesante desfilar de mujeres atractivas. O no. Quién sabe. Pero el caso es que aquella cinta de casete grabada en una doble pletina se convirtió en un habitual en los viajes en coche con la familia.

Más tarde llegó *Stripped* (1995), *Bridges to Babylon* (1997) y la hecatombe para la industria de la música: Napster. Y luego eDonkey, y entre uno y otro conseguí sumergirme en la discografía completa de la banda, cosa rara para un niño de mi época. Que me detengan; el delito mereció la pena, pues aquél fue el primer eslabón de una cadena que me llevó a recorrer la historia de nuestros protagonistas, los mismos que cumplieron su cometido presentándome a Muddy Waters. Historia, discografía y sus referentes blues, son precisamente los tres pilares que reciben la carga de esta guía con el fin de transmitirla al terreno de la comprensión: una puerta de entrada a los Stones en agradecimiento al grupo que, sin pretenderlo, cambió por completo la música del siglo XX, y que además me sirvió de puerta de entrada particular al apasionante género de los doce compases.

AC/DC, Aerosmith, Guns N' Roses y Oasis, ninguno de ellos hubieran sido lo que fueron sin los Rolling Stones. Ni siquiera el punk, con Sex Pistols y The Clash –o en terreno estatal, La Polla Records– hubiera logrado cambiar momentáneamente el rumbo musical de medio planeta sin ellos. Y es precisamente en esas canciones punk, cortas, rápidas y viscerales, en lo que andaba mi cabeza –y mis hormonas de chaval adolescente– hasta que los Stones lanzaron *A Bigger Bang* (2005), y yo volví a interesarme por ese grupo que, pese a ser el de los sesenta, sonaba rabiosamente actual. Dos años después, me encontraba en el Estadi Olímpic Lluís Companys viéndolos abrir con «Start Me Up», llamada telefónica a mis padres inclusive. Si los Stones estuvieron en baja forma o no, es lo de menos. Ahí estaban, haciendo lo que habían hecho siempre: abrir la boca y enseñarnos la lengua.

Aftermath, Beggars, Let It Bleed, Sticky Fingers, Exile... y por supuesto *Voodoo Lounge* y *Stripped* –pues la infancia reclama su espacio en la estantería de discos– corren hoy por casa con dos o tres recopilatorios y algún directo, en discos de vinilo y CD, originales y reediciones, mientras allí fuera los Rolling Stones siguen despertando sentimientos enfrentados a su paso. Algunos los consideran poco menos que dioses en la

Tierra, y otros piensan que deberían haberlo dejado tras la muerte de Brian Jones. Al menos, después de *Exile on Main St.* Y luego estoy yo, convencido de que la clave de su éxito es el haber permanecido juntos ante la desventura.

Y es que ya no suena original ir diciendo por allí que los Stones llevan años arrastrándose por los escenarios y lanzando álbumes para que el verde de los billetes no deje de correr, después de lanzar *Blue & Lonesome*, ¡su mejor disco en veinte años! Parece fácil faltarles al respeto. Incluso Evaristo, el cantante de La Polla Records, cantaba en *Bocas* (2001) –con un punky en la portada con la boca abierta y enseñándonos la lengua–, «no seré un viejo loco con aspecto juvenil aguantando la postura porque no quiero ser un Rolling Stone». ¡Ja! Evaristo... el que allí sigue, a tocar de los sesenta y sobre los escenarios con aspecto juvenil y aguantando la postura. Después de todo, a lo mejor sí quería ser un Rolling Stone... ¿y quién no?

En el momento en que se escriben estas líneas, Mick Jagger ha cumplido los setenta y cinco años de edad. «Llegará un momento en que no querremos hacerlo más, por la razón que sea, pero este verano no será», decía hace unos meses en el rotativo *Sunday Post* cuando le preguntaban por su retirada. Setenta y cinco años, y con un estado de forma –y cuenta corriente– encomiable. Tiene ocho años más que mi padre, el mismo que me acercó a la música de los Stones, a la de los Beatles, a Pink Floyd, Animals, Kinks y los Who. No sé si el día en que el padre sea yo, acercaré a mi hijo a la música de Evaristo y su Polla Records. Pero estoy seguro de que, en casa o en el coche, sí oirá hablar de los Rolling Stones.

Borja Figuerola

LA PROCLAMACIÓN DE SUS SATÁNICAS MAJESTADES

Historia de los Rolling Stones

De casualidades y determinación

(1962-1964)

Primeros años de los Rollin' Stones

«Recapitulemos sobre los Rolling Stones», así arranca el entrevistador antes de preguntar cómo se conocieron. Un jovencísimo –pero no tanto como el resto– Bill Wyman, sabiéndose el último mono en llegar, contesta: «En realidad, yo respondí a un anuncio donde buscaban a un bajista, pero los demás se conocieron por separado en clubes de jazz y formaron un grupo».

El micrófono cambia de presa y apunta a Brian Jones, un rubio platino de mirada dulce y voz todavía más. El entrevistador: «¿Cuánto llevas con los Stones? ¿Eres uno de los miembros originales?». Brian se toma unos instantes antes de soltar su melosa y pausada respuesta: «Sí, así es». Al entrevistador le sabe a poco e insiste preguntándole qué hacía antes. Brian responde en un alarde de sinceridad: «Hacía el vago por ahí esperando a que pasara algo. Tuve unos cuantos trabajos e intenté formar un grupo, pero sin éxito. Hasta que conocí a Mick y a Keith».

Esta escena recogida en el documental *Crossfire Hurricane* (Brett Morgen, 2012) muestra los dos elementos más relevantes para la formación de la banda de rock más grande del planeta: la casualidad y la determinación.

Pero empecemos por el principio.

Al menos, por uno de ellos...

Mike, un muchacho mimado

Mike Jagger nació el 26 de julio de 1943 en Dartford, Inglaterra. Hijo de una australiana y de un norteño de York, entró a los siete años en el colegio de Wentworth, donde la casualidad quiso que coincidiera con otro niño conocido como Ricky, de nombre completo Keith Richards. Mike y Ricky, pese a ser vecinos y compañeros de colegio, no eran realmente amigos. Ricky era un niño tímido que gustaba de vestirse de *cowboy*, imitando a su ídolo, el vaquero Roy Rogers, mientras que Mike era un chico popular y extravertido. En 1954, la familia Jagger se mudó a un barrio mejor, por lo que Mike y el *cowboy* Ricky fueron a institutos distintos y el contacto entre ambos se perdió por completo.

Ya adolescente, Mike era un estudiante sobresaliente que de tanto en tanto aprovechaba para fastidiar a los profesores con odiosas pero muy acertadas imitaciones. Con catorce años, su padre, profesor de Educación Física, le mostró el mundo de la televisión llevándoselo al programa de deportes *Seeing Sport* de la cadena ATV. Entre sus compañeros, Mike tenía fama de ser un mimado cuyas apariciones televisivas terminaron de aislarle de sus amigos, lo que lo llevó a buscar compañía en la radio y a instruirse consecuentemente en la música. La emisora AFN que emitía desde Alemania lo último de la música country, western y sobre todo R&B de Chicago, se convirtió en su mejor amigo.

Los padres de Mike aprovecharon el interés de su hijo para regalarle su primera guitarra clásica en una pronta visita a España. Mike nunca aprendió realmente a tocar el instrumento, pero le sirvió para jugar con notas que recordaban a «La Bamba», aquella pieza adaptada por Ritchie Valens. Lo que

realmente motivó sus capacidades interpretativas fue asistir a una actuación de Buddy Holly en el Granada Cinema en Woolwich en 1958 con su amigo Dick Taylor, quien lo instruyó en la música de Howlin' Wolf. Mike y Dick pasaban horas en tiendas de discos y escribiendo a Chess Records de Chicago para comprar elepés de importación.

Pero en 1960, el destino impuesto por sus padres llamó a su puerta cuando recibió la beca para asistir al London School of Economics, cuyos licenciados gobernaban el Imperio británico. Mike apuntaba para político, economista o periodista, pero los movimientos de cadera de Elvis Presley y Gene Vincent fueron demasiado cautivadores para un chaval de dieciséis años. Enrolado en la prestigiosa escuela, le faltó tiempo para pasear su ojo analítico y detectar a interesados por el blues para formar con ellos un club de aficionados en el que conversar e intercambiar discos. Claro que, para eso, había que coger el tren con dos o tres elepés bajo el brazo.

Otra historia fue la de Keith Richards.

El *cowboy* Keith

Nacido el 18 de diciembre de 1943 en el mismo hospital que Mike, Keith fue criado como hijo único por un obrero herido en la Segunda Guerra Mundial y por la hija de un director de orquesta. Era poco más que un bebé cuando su madre lo entretenía con discos de Billie Holliday, Duke Ellington y Louis Armstrong, mientras que su abuelo le enseñaba lo que unas manos instruidas en la música country podían sacar de una guitarra. Pero sólo se lo enseñaba, tocando unos minutos delante de su nieto y guardando el instrumento antes de que pudiera ponerle la zarpa encima. De esta forma logró alimentar su interés sin opción a la frustración por sus todavía pequeñas y torpes manos.

El niño Keith pasaba largas horas en la tienda de un amigo de su abuelo, observando cómo reparaban y restauraban viejos instrumentos. Tenía siete años cuando conoció a Mike, siendo demasiado pequeño para hablar de una fascinación distinta a la que profesaba por Roy Rogers. Pero con diez, Keith ya era uno de los mejores coristas de la escuela con una facilidad natural para la armonía, lo que le bastó para ser seleccionado para cantar en la coronación de Isabel II dos años después. Sin duda, aquél no fue un acontecimiento muy premonitorio.

Sí lo fue que su madre le comprara su primera guitarra, una acústica de la marca Rossetti, el día de su cumpleaños en 1958, algo que su padre nunca aprobó. Keith se enseñó a sí mismo, entre Scotty Moore y Elvis Presley, acostumbrado como estaba a buscarse la vida después de mudarse su familia al distrito de Temple Hill. Aquello estaba repleto de Teddy Boys, rockeros violentos y maleantes que provocaban disturbios. Desarrollar el instinto de la supervivencia era primordial para un chico de doce años, así como saber cuándo pasar inadvertido y cuándo no. Pero lo que le causó más problemas fueron sus pantalones ajustados, que le llevaron a ser expulsado del colegio.

Ansioso por poner rumbo a su vida, con dieciséis entró en la Sidcup Art School, un bullicio de chavales con guitarras a su espalda. Uno de ellos era Dick Taylor, quien con su amigo Mike Jagger había formado los Little Boy Blue & The Blue Boys. Pero Keith todavía no conocía aquella casualidad, y lo que verdaderamente le abrió los ojos fueron los discos de Chuck Berry en 1959. Un año después, sus padres se divorciaron y la personalidad artística que Keith estaba desarrollando le llevó a una ruptura total con su padre. Pasarían veinte años antes de que volvieran a hablarse.

La primera guitarra de Keith Richards fue una acústica de la marca Rossetti, regalada por su madre el día que hizo quince años.

Trenes que pasan una sola vez (cada 15 minutos)

Una fría mañana de octubre de 1960, Mike Jagger se encontraba en el andén de la estación de Dartford a la espera del primer tren rumbo a Londres. Bajo el brazo llevaba el último envío de Chess Records desde Chicago: Chuck Berry y Muddy Waters, entre otros discos de larga duración muy difíciles de encontrar en Inglaterra, cuando se acercaron unos pasos. Eran los de su viejo amigo del colegio, Keith Richards.

Keith no tardó en reconocer a su antiguo colega del vecindario, pero lo que reconoció de inmediato fue un finísimo gusto musical que ambos tenían en común. Keith: «al entrar en ese vagón de tren en Dartford, fue casi como si hiciéramos un trato sin saberlo, como Robert Johnson en el cruce de carreteras. Se estableció un vínculo que, a pesar de todo, continuaba y continuaba. Como un trato de verdad».

De algún modo, Keith se las ingenió para que su viejo amigo le dejara *The Best of* de Muddy Waters y se dedicó a estudiarlo, al tiempo que Mike descubría que tenían a un amigo en común: Dick Taylor. Después de este encuentro casual, Keith se convirtió en un Blue Boy más de la banda de Mike y Dick.

Dieciocho meses después, y millones de horas estudiando obsesivamente canciones de Buddy Holly y Chuck Berry, Mike, Dick y Keith, decidieron asomar la cabeza por el nuevo local de jazz, The Ealing Club. Era 24 de marzo de 1962, y según la reseña del *Melody Maker*, el viaje para ver a Blues Incorporated valdría la pena. El ambiente del local era denso y húmedo, cargado de humo que apenas dejaba ver. Pero bastaba con escuchar para apreciar una inspirada versión de «Hoochie Coochie Man», de su admirado Muddy Waters.

Al acabar la canción, fue otra casualidad la que hizo que Alexis Korner, un parisino de nacimiento afincado en Londres, y cofundador de The Ealing Club, invitara al escenario a un desconocido Elmo Lewis para tocar la guitarra *slide* con el resto de su banda, incluido Charlie Watts a la batería. Mike, Dick y Keith quedaron embelesados por el talento del joven tan parecido a ellos, pero que, a diferencia de ellos, sí sabía lo que hacía con el instrumento. Además, era la primera vez que veían a alguien tocar con *slide*. Lo que todavía no sabían, era que aquel joven que se hacía llamar Elmo Lewis, era en realidad Brian Jones.

Y había sido su determinación lo que lo llevó a subirse al escenario aquella noche.

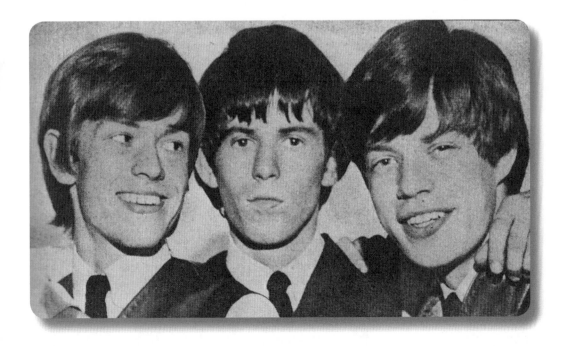

¿Quién c*** es Elmo Lewis?

Brian Jones nació el 28 de febrero de 1942 en la ciudad-balneario de Cheltenham, rodeado de burgueses y jubilados. Hijo de un ingeniero aeronáutico y de una profesora de piano, ambos de ascendencia galesa, le bastaron tres años de vida para sufrir la pérdida de su hermana pequeña a causa de una leucemia incurable. Después de aquello, y de haber contraído asma severa a los cuatro años, Brian fue tratado como un niño débil y frágil que prefería refugiarse en la prematura educación musical antes que en el deporte o jugando con otros niños. Pero a menudo era el propio Brian quien utilizaba su enfermedad como excusa para seguir practicando con el piano.

Tenía un elevado coeficiente intelectual, lo que le permitió aprender a leer solfeo además de tocar piano, saxo y clarinete. Sacaba sobresalientes en literatura, matemáticas y física, pero lo que más lo inspiró fue descubrir a músicos de jazz de la talla de Cannonball Adderley y Charlie Parker en 1957. Poco después, sus padres ya le habían regalado un saxofón y una guitarra por su decimoséptimo cumpleaños, el mismo que concibió a su primer hijo con una chica de catorce.

Aquello fue un escándalo en la residencial Cheltenham, y su padre tomó cartas en el asunto ocupándose de que el fuerte, bajito y rubio platino Brian se emancipara rumbo a Londres en busca de su primer empleo. Lo encontró en una óptica, al tiempo que descubrió las tiendas de discos y a Sonny Boy Williamson, T-Bone Walker, Jimmy Reed... que le hicieron entender que el blues era mucho más interesante.

Miembro fundador de los Rolling Stones, Brian Jones fue uno de los miembros más activos de la banda en sus primeros años, destacando su faceta multiinstrumentista.

Brian abandonó su empleo y se dedicó a viajar por Escandinavia con su guitarra, y cuando se le terminó el dinero, regresó a Cheltenham para dejar embarazada a otra chica, casada esta vez. Y así quemaba su adolescencia, hasta que con dieciocho años conoció a su novia Pat Andrews, y madre de su tercer hijo. La pareja se trasladó a Londres animados por Alexis Korner, a quien conocieron en una actuación de Chris Barber en Cheltenham. Alexis había visto en Brian algo parecido a un diamante en bruto y lo instruyó con su colección de

discos personal. «Dust My Boom» de Elmore James hizo que Brian se obsesionara por el *bottleneck*, y con los deberes hechos, se presentó el 17 de marzo de 1962 en The Ealing Club para ver a Blues Incorporated.

Al acabar la actuación, Brian se acercó al escenario para pedirle a su amigo que le dejara tocar con ellos, pero Alexis lo rechazó. En cambio, le invitó a pasarse por allí una semana después. Así, el 24 del mismo mes, Brian se acercó al escenario con la misma determinación que lo había hecho la semana anterior. Alexis, que era un hombre de palabra con instinto de cazatalentos, lo presentó como Elmo Lewis, seudónimo que el propio Brian se había fabricado. Brian Jones tocó la guitarra *slide*, también conocida como *bottleneck*, como nadie de por allí lo había hecho jamás.

Mike Jagger, Keith Richards y Dick Taylor quedaron asombrados.

Charlie Watts, el hombre silencioso sentado a la batería de Blues Incorporated, también.

Charlie, el hombre tranquilo

Charlie Watts nació en el norte de Londres el 2 de junio de 1941. Su padre era camionero y junto a su madre le pusieron el sobrenombre de Charlie Boy. Al acabar la guerra, la familia, con su nueva hermanita, se mudaron al barrio de Wembley, entonces todavía una zona rural. Charlie era un niño tímido y discreto que vivía concentrado en lo que hacía a cada momento, y cuyo interés por la música apareció de forma gradual entre los diez y los catorce años. Poco a poco, pasó de golpear cacerolas, a tocar su primer instrumento, un banjo que transformó en la caja de una batería con piezas de Meccano. Finalmente, sus padres le regalaron una batería de verdad en la Navidad de 1955.

Los discos de jazz fueron su gran fuente de sabiduría, hasta que con dieciséis años inició sus estudios en diseño gráfico en la Harrow School of Art. Después trabajó en publicidad, empleo que utilizó para pagar sus discos de Charlie Parker y sus elegantes trajes. Adoraba la elegancia del jazz y detestaba el rock'n'roll. Pero en 1961, Alexis Korner le echó el ojo un día de escenario abierto y le propuso tocar en su banda de blues. Charlie lo rechazó, pero en una nue-va proposición un año después, se unió a los Blues Incorporated.

Charlie sufría desenvolviéndose entre los particulares ritmos de *shuffle* y *swing* que uti-lizaba Alexis, que pretendía ofrecer al públi-co una mezcla de R&B con Charlie Mingus, algo demasiado alejado de los cánones del jazz tan aclamado en la época. Les costaba encontrar locales en los que actuar, pero el buen ojo que tuvo Alexis con Charlie y Brian, también lo tuvo para detectar el creciente interés de los jóvenes por la música blues. Pero nada de aquello iba con Charlie, él sólo quería tocar, cobrar, y mantener-se alejado del rock'n'roll.

Después de aquella actuación en The Ealing Club, donde Brian Jones y Charlie Watts compartieron escenario con la banda de Alexis Korner y Cyril Davies, Mike, Keith y Dick se acercaron a hablar con Brian. El 7 de abril se repitió la fórmula, y en aquella ocasión, Brian habló sin tapujos sobre su deseo de montar un grupo propio, pese a que Alexis le había propuesto formalmente unirse a Blues Incorporated. Pero Brian sabía qué quería, y sabía que en la Blues Incorporated nunca lo iba a conseguir: aquél nunca sería su grupo, sino el de Alexis Korner.

La determinación de Brian cautivó a Mike y Keith, que veían en él a un joven como ellos pero mucho más experimentado, ¡y con tres hijos! Claro que también aprove-chaban para reírse a sus espaldas de su acento provincial. Después de todo, Keith era un hijo de obreros superviviente de los Teddy Boys, y Mike... un joven que cam-bió su nombre por el de Mick, y que forzaba un falso acento *cockney* para descender de clase social como quien no quiere la cosa.

Alexis Korner, embelesado por la voz de Mike –ahora Mick– no tardó en conver-tirlo en una de las voces habituales de Blues Incorporated. Pero también tuvo que tragar con Keith, aquel amigo «tonto» con pinta de *rocker* y difícil aceptación. Así fue como The Ealing Club se convirtió en un saco de boxeo para que Mick entrenara su gancho de derecha en forma de movimientos sugerentes mientras su amigo Dick Taylor se contentaba con mirárselo desde el público. Alexis aprovechó también para pasear a Mick en sociedad y comprobar su gran acogida entre el público femenino.

Mientras, Keith era sólo una sombra, Charlie no veía nada claro porque no le gustaba el ruido que rodeaba la música, y Brian, necesitado de dinero para mantener a su tercer hijo, saltaba entre empleo y empleo con el anhelo de montar su propio grupo. Puso un anuncio en el *Jazz News* al que respondió un pianista escocés fiel al boogie-woogie, que no estaba interesado en el Delta Blues. Pero el potencial de Brian, la pasión que transmitía hablando de Jimmy Reed o Muddy Waters, le convencieron. Ese pianista era Ian Stewart, y junto a Brian, el embrión de los Rolling Stones.

La búsqueda ahora apuntaba a la Blues Incorporated. Brian le pidió a Charlie que se uniera a su grupo, pero Charlie no pareció muy interesado. En realidad, abandonó el grupo de Alexis Korner para unirse a otra formación que permitía combinárselo con su empleo. El siguiente en la lista era Mick, el nuevo talento de moda y foco de atracción sexual para la juventud. Y Keith, su sombra. La batería pasó por Mick Avory –futuro miembro de The Kinks– y Tony Chapman. Dick Taylor se agarró al bajo, Geoff Bradford, quien también contestó al anuncio de Brian, a la guitarra blues, y con Ian Stewart y el propio Brian, arrancaron versionando a Elmore James, Jimmy Reed, Chuck Berry y Bo Diddley.

En julio de 1962 les surgió la oportunidad de actuar en el Marquee Club de Oxford Street. Pero para ello necesitaban un nombre, y Brian sugirió el de Rollin' Stones por el single de Muddy Waters. Más tarde se enojaría al ver el recorte publicitario con el nombre Mick Jagger & The Rollin' Stones.

Ian Stewart, más conocido como "Stu", fue apartado como miembro oficial de la banda, pero continuaría hasta su muerte como pianista y road manager, razón por la que es conocido como "el sexto Stone".

Charlie Watts, presente entre el público, observó que la clientela habitual, seguidora de la música jazz, definía aquello como algo realmente terrible. Sin embargo, su forma de tocar un repertorio normalmente interpretado por viejos atraía a los más jóvenes que querían bailar.

Nacimiento de los Stones

Durante los siguientes ocho meses, la banda estableció su cuartel general en Edith Grove, en Chelsea. Mick y Keith se mudaron a vivir entre bombillas descubiertas y humedades en las paredes, alrededor de una única estufa de gas a monedas. Mientras tanto, las actuaciones del grupo en el Marquee se convirtieron en remuneradas hasta que, tras una discusión, Keith trató de golpear en la cabeza al responsable del local con su guitarra. El grupo fue despedido.

A finales de 1962 la concentración se había dispersado. Dick Taylor abandonó el grupo para centrarse en sus estudios de arte. Mick se centró también en sus estudios y en estudiar a las mujeres, incluida Pat Andrews, la novia de Brian, quien seguía acumulando despidos laborales, lo que motivó su óptima relación con Keith. Brian y Keith pasaban largas horas tocando la guitarra bajo una manta para combatir el frío de aquel piso desangelado. Keith era un total admirador de la musicalidad de Brian, que aprendió a tocar la armónica en unas horas. Los dos Stones creían que podían llegar a ser los mejores, hasta que escucharon por primera vez el sencillo en la radio de una banda de Liverpool. Los Stones podían llegar a ser los mejores, pero los Beatles se les habían adelantado.

Brian, autoerigido como mánager, reaccionó apretando el acelerador. Forzó al grupo para grabar una maqueta, y para ello necesitaban a un bajista. Bill Perks, un músico mayor que ellos, fue el elegido para cubrir la vacante, y la pieza que les permitió empezar a sonar bien. El remate pasaba por despedir a Tony Chapman y convencer a Charlie Watts de que tocara la batería. En enero de 1963 por fin lo consiguió, Brian tenía en su grupo a quien consideraba el mejor batería joven de Inglaterra.

Llegó el momento de encontrar una fuente de ingresos con forma de local en el que tocar, y lo encontraron gracias a Giorgio Gomelsky. El local, todavía sin nombre, acogió al grupo que incluyó «Hey Crawdaddy» de Bob Diddley como cierre del repertorio. La reacción del público era apoteósica cada vez que interpretaban la canción, por lo que Gomelsky decidió llamarlo el Crawdaddy Club. Al poco, los Stones tocaban allí cada domingo.

Pero los Beatles seguían siendo los números 1, y Brian, ansioso por darles caza, insistía una y otra vez en llamar a la BBC para decirles que, con Charlie Watts a la batería, su grupo era imparable. La respuesta era siempre negativa pese a que la reputación del directo crecía y crecía entre los más jóvenes, hasta servir de referentes para futuras bandas como los Who, los Yardbirds, o los Small Faces. Incluso los Beatles fueron a ver a los Stones para invitarlos a su actuación en el Albert Hall. Allí, Brian decidió que aquella marabunta de jóvenes enloquecidas por los músicos de Liverpool era lo que quería para su grupo.

A finales de abril de 1963, el joven periodista Andrew Oldham fue a ver un directo de los Stones para comprobar los rumores que corrían. Andrew andaba loco por encontrar a los nuevos Beatles, y en el concierto en el Crawdaddy, su flechazo con Mick fue instantáneo. Pero antes tenía que ganarse la confianza de Brian, quien rápidamente se le presentó como líder del grupo. Andrew le prometió que, si le daban canciones propias y accedían a ser moldeados por una cuidada imagen anti-Beatles, los haría de oro.

El primer contrato discográfico de los Stones se lo llevó Decca, el principal competidor de EMI, sello que tenía a los Beatles en sus filas. Dick Royale, director ejecutivo de Decca, había dejado escapar a los de Liverpool y estaba deseoso por fichar a los

Stones. Andrew sacó de sus ansias un ventajoso acuerdo por el 20% de royalties, pero le dijo a Brian que había firmado por el 6%, que ya era más de lo que tenían los Beatles con EMI. El grupo siguió adelante con el acuerdo y lanzó su primer single, «Come On» de Chuck Berry en la cara A y «I Want To Be Loved» de Muddy Waters en la B. Pasó sin pena ni gloria, y Andrew añadió nuevos cambios: Keith Richards pasó a firmar como Keith Richard para parecerse a Cliff Richard, y Bill Perks cambió su nombre por el de Bill Wyman. También convenció a Charlie, Ian y al propio Bill de que dejaran sus empleos y se dedicaran a tiempo completo a la banda.

Lo que no consiguió Brian Jones lo consiguieron sus fans, cuyas cartas a la BBC sirvieron para presionar a la cadena para concederles una audición. Pero a Andrew no le gustaba el aspecto de Ian y convenció a Brian de que lo despidiera. Brian desconfiaba de Andrew por su clara preferencia por Mick, pero aceptó, y el teclista de los Stones se convirtió resignado en miembro del *staff* y músico ocasional.

¿Dejarías que tu hermana saliera con un tipo así?

El 7 de julio de 1963, los Rolling Stones se estrenaban en televisión. Las críticas fueron desfavorables en comparación con los Beatles, pero ése era el efecto buscado por Andrew. En una posterior actuación en el programa *Ready Steady Go!* de la cadena ITV, los nuevos peinados y las tablas de Mick ante la cámara mejoraron lo previsto, y al poco, Mick y Keith pudieron cambiar el cuchitril en Edith Grove por algo mejor. Sin embargo, el ostracismo y autoaislamiento de Brian empeoraba hasta convertirlo en un alcohólico que sufría de ataques de ansiedad y severos episodios de asma, que le obligaban a perderse actuaciones en las que Ian regresaba al piano para acompañar al grupo en su lugar. La tensión que mantenía con Andrew crecía, y luchaba contra él con la peor de las estrategias: metiendo mierda en forma de rumores entre Mick y Keith para que su unión no fuera más fuerte que él mismo. Ajeno a todo, Andrew insistía en potenciar a Mick y en que debía componer junto a Keith sin tener en cuenta a Brian.

En septiembre de 1963, los Rolling Stones ya compartían cartel con algunos de sus ídolos, pero les seguían faltando las canciones propias. John Lennon y Paul McCartney les cedieron «I Wanna Be Your Man», su siguiente sencillo. Ver cómo escribían John y Paul la estrofa central en pocos minutos hizo que Mick entendiera lo que Andrew esperaba de ellos. Aquello, y salir corriendo del escenario del Albert Hall después de abrir para los Beatles, convencieron a Mick de abandonar la London School of Economics pese al disgusto de su padre. La escuela accedió a dejarle la puerta abierta para regresar al año siguiente.

Brian Jones pasó de ser un líder obsesivo y controlador a un mero miembro casi ausente, alcohólico y propenso a tomar nuevas drogas para desperdiciar su talento.

Para Brian, la historia era muy distinta. Su creciente inseguridad le impidió acompañar a su ídolo Bo Diddley en una actuación con Charlie Watts y Bill Wyman. Mick empezaba a comerle terreno moralmente y sobre el escenario. La tensión entre ambos crecía y Brian, que además se consideraba más guapo que su colega, insistía en cantar varias canciones como solista. Además, pretendía hospedarse en mejores hoteles que el resto por ser el líder de la banda. Pero nada de lo que pudiera hacer o decir dañaba la confianza de Mick ante un público que lo adoraba.

Después de una actuación en el Cavern Club, Andrew confesó al resto del grupo que Brian sacaba mayor tajada de royalties que ellos, una jugarreta secreta que ambos habían pactado. El grupo no se atrevió a despedir al principal miembro fundador, pero Brian pasó de ser un líder obsesivo y controlador, a un mero miembro casi ausente, alcohólico y propenso a tomar nuevas drogas para desperdiciar su talento. Por si su caída necesitaba de un empujón, Andrew consiguió la consagración del tándem compositor Jagger/Richards al tiempo que el sonido del grupo viraba hacia el pop,

rock y soul, y su imagen de sexo y peligro chocaba contra la burguesía y la clase trabajadora por igual.

El 1 de enero de 1964 encabezaban «Top of the Tops», el nuevo programa de la
BBC, un día antes de empezar a trabajar en su primer elepé. Mientras su popularidad sobre los escenarios no dejaba de crecer, en ocasiones saliendo por piernas a los
pocos minutos de pisarlo por una histérica marea humana que se acercaba, todavía
necesitaban de botellas de coñac para aliviar la tensión en las sesiones de grabación.
Además, Andrew, que había sido alumno de Phil Spector, convenció a su profesor de
que participara en la grabación del disco, al tiempo que él se ocupaba de filtrar a la
prensa la propuesta de un titular: «¿Dejarías que tu hermana saliera con un Rolling
Stone?» fue la frase aparecida en el *Melody Maker* del 14 de marzo, el mismo mes en
que conocieron a Marianne Faithfull.

Si la prensa se encargaba del ruido, Marianne sería la musa definitiva que haría que
el tándem Jagger/Richards empezara a componer. Para ello, Andrew los encerró en
una cocina bajo llave con el aviso de que sólo saldrían de allí con una canción original
propia. Una hora después, y empujados por una horrible urgencia urinaria, Mick y
Keith habían escrito «As Tears Go By», una canción para Marianne.

Marianne Faithfull fue la guapísima pareja de Mick Jagger y musa de los Rolling Stones durante los
sesenta, además de una excelente cantante y actriz.

El primer álbum de los Rolling Stones

El primer álbum de los Stones, *The Rolling Stones*, salió a la venta en abril. Fue número 1 durante doce semanas, desplazando a *With the Beatles* al número 2 y destronado después por *A Hard Day's Night* del mismo grupo. Con el disco en la calle, las giras se volvieron más difíciles de gestionar por la histeria de la gente, y la prensa lanzó una nueva ofensiva: el peinado, la ropa, la actitud de Mick... cualquier excusa era buena para lanzar una piedra sobre el tejado de los Stones.

En EE. UU. la opinión pública no era más amable. Si en Inglaterra se había vivido la aparición del grupo y su Delta Blues como una amenaza para el sofisticado y exquisito jazz, al otro lado del charco aquello podía ser la estocada final contra la Rat Pack de Frank Sinatra y Dean Martin. Por ello, cuando los jóvenes Stones volaron para actuar en *Hollywood Palace*, el show televisivo de Dean Martin, éste los presentó con ácidas palabras. Al acabar la interpretación, los comentarios sarcásticos del *crooner* continuaron.

El grupo aprovechó su viaje norteamericano para hacer una breve gira. San Bernardino, en California, fue un éxito ante cuatro mil quinientas personas bajo un sol abrasador, pero San Antonio, en Texas, fue un desastre donde la hostilidad se podía masticar. Los *rednecks* imperantes mostraban su rechazo ante un oculto temor hacia la homosexualidad mientras sus mujeres les tomaban el pelo por las finas formas de aquellos británicos remilgados. A partir de entonces, Keith no volvería a EE. UU. sin la compañía de un arma.

Chicago fue otra historia muy distinta. Hartos de no conseguir un sonido óptimo en los estudios de grabación de Inglaterra, planearon grabar su siguiente álbum en Chess Records. Allí conocieron a Muddy Waters, pintando el techo del estudio en sus horas bajas, prácticamente arruinado porque no vendía ni un disco. Varios músicos del sello se pasaron a saludar: Buddy Guy, Chuck Berry... todos querían conocer a esos blanquitos con interés por la música de negros. El mismo Chuck Berry, que había rechazado saludarlos personalmente en una gira anterior por Inglaterra, se mostró mucho más amable ante la posibilidad de *royalties* por las versiones que los Stones querían hacer de sus canciones.

En Chess Records el grupo se sentía como en casa. Pero la gira debía continuar, y entre ciudad y ciudad, decepción y decepción, y alguna pequeña alegría, aprovechaban para comprar discos de Stax, el sello soul que se estaba haciendo fuerte. Finalmente, se despidieron de EE. UU. con una loca actuación en el Carnegie Hall de Nueva York que los devolvió a su normalidad, rodeados de chicas armadas con tijeras dispuestas a todo por llevarse un mechón de su cabello a casa. Después de aquello, regresarían a Inglaterra con un recuerdo agridulce.

Decca lanzó el single de «It's All Over Now», que rápidamente se convirtió en número 1. Bobby Womack, compositor de la canción original, estalló en cólera, pero la sola recepción de un cheque con los *royalties* bastó para tranquilizarlo. Era la mejor señal de que todo iba bien en su zona de confort, con la inclusión de un nuevo número de Mick, que había aprendido a menear las posaderas. Aquello elevaba la tensión con las chicas, pero también con sus novios. Escupitajos arriba, patadas abajo... en más de una ocasión Ian Stewart sufrió para sacarlos de allí con vida, devolviéndoles después lo que quedara de su equipo. En Belfast algunas chicas incluso fueron evacuadas con camisa de fuerza.

El lanzamiento de *Five by Five*, el EP con las canciones grabadas en Chicago, alcanzó el número 1 instantáneamente. Pero las diferencias con Brian también alcanzaron cotas históricas, hasta el punto de cambiar el horario de una sesión de grabación sin decirle nada, dejándole una nota sobre qué, cómo y dónde debía grabar su parte. Ésta fue la dinámica que se consolidó: canciones compuestas por Jagger/Richards donde Brian ponía arreglos, pero no figuraba como compositor.

Segundo asalto a EE. UU.

La segunda vez que los Stones volaron a EE. UU., Andrew abonó el terreno filtrando la noticia de que ningún miembro del grupo se había duchado en una semana. En Nueva York, gente como el notorio fotógrafo de la revista Vogue, David Bailey, o el periodista Tom Wolfe, pero también Andy Warhol y su superestrella Jane Holzer, cultivaban la idea de que los Beatles eran demasiado dulces. Era el momento de los Rolling Stones.

Su popularidad les sirvió para estrenarse en el *Ed Sullivan Show*, y fueron vistos por setenta millones de estadounidenses con una respuesta dolorosa. Ed Sullivan salió al paso: «Os prometo que nunca jamás volverán a nuestro programa. Si no podemos controlarlo, pararemos todo el negocio. No contrataremos a ningún conjunto de rock'n'roll más y prohibiremos la entrada de adolescentes al auditorio. Francamente, no había visto al conjunto hasta el día antes de la emisión... Me ha costado diecisiete años montar este programa, y no voy a destruirlo en cuestión de semanas». Pese a sus palabras, meses después volverían.

A finales de octubre, cuando London Records, su distribuidor americano, lanzó *12 X 5* como versión extendida del EP *Five by Five*, los Stones reventaron Los Ángeles. Su llegada coincidió con el Teen Age Music International, un espectáculo filmado con Chuck Berry, Marvin Gaye, los Beach Boys y James Brown. Los Stones fueron incluidos como cabezas de cartel por otra astuta jugada de Andrew. En 1964, actuar después de James Brown & The Famous

Mick aprendió a observar los movimientos de James Brown en el escenario y los adaptó a su propio estilo.

Flames era como mínimo una osadía maleducada. James Brown ardía en cólera y
Mick pidió que se cambiara el cartel, pero los productores no accedieron. Al final,
se concedió un paréntesis de diez minutos entre una actuación y la otra, cuando los
Stones salieron al escenario desacomplejados. Además, Mick había aprendido mucho
de observar los movimientos del Señor Brown.

El grupo pasó el tiempo entre conciertos explorando las excentricidades del país.
Brian intimaba con Andy Warhol. Charlie rebuscaba entre los arqueológicos restos
del jazz y bebop. Bill se adentraba en el inexplorado folk-blues. Y Mick y Keith se
dedicaban a componer en la habitación del hotel para regresar a Chess Records con
canciones nuevas. Por el camino hicieron muchas actuaciones en las que faltaba un
indispuesto Brian. Ian lo sustituía con el teclado, pero el resultado no era el mismo
y muchas chicas se enfurecían porque querían ver su rubio platino de la primera fila.

A su regreso a Inglaterra, el grupo se encontró con que «Little Red Rooster» era
número 1. Brian había alcanzado su sueño de situar el blues en lo más alto, al tiempo
que se enteraba de que Andrew deseaba que abandonara el grupo. Por sorpresa para
él, Mick había vetado despedirlo por no querer quedarse solo en la primera línea
del escenario ante aquellas imprevisibles chicas. Pero la composición seguía siendo
cosa de Jagger/Richards, un dúo limitado por su escasa base musical que se dedicaba
a tocar las mejores canciones que conocían hasta que de allí salía algo distinto. Así
nació «The Last Time».

La música (y las drogas) como forma de provocación

(1965-1967)

The Rolling Stones No. 2 salió a la venta en enero de 1965 y pasó el resto del invierno en lo más alto de las listas británicas. La fórmula era la habitual: Mick y Keith trabajaban en nuevas canciones a medida que el grupo recorría Australia y Singapur, subiendo la temperatura de opinión pública y orgías sexuales por igual. Mientras, en EE. UU. se publicaba *The Rolling Stones, Now!*, una compilación de sencillos antiguos acelerados para ir abriendo camino en su rocoso mercado. Ambos lanzamientos se pactaron con los Beatles para permitir la recuperación de los pequeños bolsillos de los jóvenes entusiastas.

En marzo, la banda salió en una breve gira por Inglaterra con The Hollies. Con un ritmo de concierto día sí, día también, pasaban la mayor parte de la jornada fuera del escenario metidos en un coche rumbo al siguiente, cuando la última noche, motivados por una urgencia de Bill, el grupo decidió parar en una gasolinera para orinar. El dependiente les negó la entrada al ver la estampa de los jóvenes melenudos, a lo que Mick respondió con un improperio. Los Stones decidieron que bajarse la cremallera del pantalón y marcar su territorio en la pared del local sería una buena idea. Y seguramente lo era, pero alguien anotó la matrícula de su vehículo de huida, por lo que al poco recibieron una denuncia por comportamiento obsceno y lenguaje insultante. Fueron multados con cinco libras por cabeza.

Aquella primavera, Mick y Keith recibían a menudo la visita de John Lennon en su nuevo piso de Hampstead, mientras Brian decidió mudarse por su cuenta a una mansión aparentemente encantada en Chelsea. Decoró el lugar con aire fantasmagórico, a juego con su semblante tras haberse convertido en el segundón de su propio grupo. Andrew Oldham seguía con la idea de echarle, pero la sorpresa fue que Bob Dylan se obsesionó con Brian más que con ningún otro miembro de la banda. Ambos empezaron a compartir largas conversaciones telefónicas de facturas

Mick y Keith solían recibir a menudo la visita de John Lennon en su piso de Hampstead.

impagables, y no era el único que todavía lo adoraba. El público de EE. UU. –sobre todo las chicas– y los fans de París, trataban a Brian como a un dios, lo que lo llevó a pasar largas estancias en la capital francesa con su nueva novia, la actriz Zou Zou.

(No consigo ninguna) Satisfacción

Los Rolling Stones iniciaron su tercera gira norteamericana en abril, promocionada con una nueva actuación en el *show* de Ed Sullivan, que tuvo que tragarse sus propias palabras. Fue a su paso por Florida cuando Keith se despertó una noche con un riff de guitarra en la cabeza. Cogió el instrumento, interpretó la idea que no le dejaba dormir grabándola en una cinta de casete que tenía junto a la cama, y se acostó de nuevo. Por la mañana, rebobinó la cinta y descubrió la línea de guitarra de lo que sería «(I Can't Get No) Satisfaction», con título prestado de un verso de «Thirty Days» de Chuck Berry.

Mientras, en otra habitación del mismo hotel, una chica con moratones hasta los dientes, salía de la habitación de Brian. La joven, que tenía una cita con Bill –a quien conoció aquella misma noche– dijo haber sido violada y golpeada por Brian, y que pretendía llamar a la policía. Bill y Andrew se reunieron de emergencia, y para calmar a la chica, encargaron a un miembro del *staff* que le diera una paliza a Brian, tal para mandarle al hospital con varias costillas rotas, pero sin un solo rasguño en la cara. Brian pasó el resto de la gira deprimido, alcoholizado, y sintiéndose humillado por sus propios compañeros, hasta el punto de ni siquiera participar en la última sesión de estudio que el grupo hizo en Chess Records.

A su paso por Los Ángeles, los Stones hicieron sesiones de grabación en las que acogían a una alta sociedad que los introduciría en la cocaína. En ellas, Keith utilizó el primer pedal de distorsión de la empresa Gibson para grabar la primera versión de «Satisfaction». La voz quedó enterrada entre el resto de instrumentos por orden de Andrew, que veía con temor la sombra de la censura por el mensaje sexual de Mick.

Con o sin censura, el grupo seguía despertando pasiones en las ciudades más progresistas. Tras un concierto ante nueve mil personas en San Francisco fueron abordados en su limusina. La gente se les venía encima, como el techo del coche que se hundía sobre sus cabezas. Golpes, sangre, y una chica que perdió la mano, fueron algunas de las consecuencias a las cargas policiales para lograr que el grupo abandonara el lugar evacuados en helicóptero. Fue por las mismas fechas en las que, por si la situación no fuera lo suficientemente surrealista, Brian decidió tomar el LSD-25, un químico todavía legal que lo llevaría a desaparecer durante largas horas con su armónica. No era raro encontrárselo vagando y alucinando por las calles de Los Ángeles dispuesto a subirse a un escenario con el primer grupo que actuara en cualquier pub de la ciudad.

Allen, Anita y Popeye: amistades peligrosas

El sello estaba entusiasmado con «Satisfaction», que se convirtió en el primer número 1 de los Stones en EE. UU. Pero Brian no estaba conforme, y se dedicó a boicotearla en directo interpretando la canción de Popeye el marino sobre la melodía. Aquello no podía pasarse por alto, pero el grupo no se decidía a despedirle. Mientras, Brian se refugiaba en L. A. tomando grandes cantidades de su nuevo mejor amigo: el ácido. La sorpresa para él llegó después de tres conciertos en el Academy of Music de Manhattan, cuando Brian Jones y Bob Dylan por fin se conocieron

personalmente, y aquellas interminables llamadas telefónicas pudieron convertirse en encuentros cara a cara, hasta que la marihuana lo volvía demasiado paranoico para

confiar en el músico de Minnesota. Además, estaba Edie Sedgwick, musa de Warhol de quien Dylan estaba enamorado. Ella se fijó en Brian.

En junio de 1965 regresaron a Inglaterra. Mick y Keith tuvieron que dejar el piso por el continuo asedio de los fans y compraron residencias particulares y nuevos coches. Los Yardbirds y los Who apretaban entre los más jóvenes, todavía sin el nuevo exitoso single de los Stones en la calle. Un mes después, mientras Dylan editaba «Like A Rolling Stone» (una canción de siete minutos sobre la que él mismo reconocería que hablaba de Brian Jones), Andrew Oldham, quien sufría de crisis maniaco-depresivas, contrató a Allen Klein, un contable de Nueva York para que gestionara los asuntos de negocios de la banda. Su primera tarea fue negociar el nuevo contrato discográfico de los Stones, algo que a la larga les pasaría factura.

Mick, Keith y Andrew se reunieron con Allen Klein en el Hilton de Londres y salieron de allí dispuestos a enfrentarse a Decca para negociar mejores condiciones. La posterior reunión los convirtió en el grupo musical con el mejor contrato discográfico de la historia, y a Klein, en el capataz de los Stones: durante los siguientes cinco años, se metió el dinero del grupo en el bolsillo. Si alguno quería comprarse un piso, una casa o un coche nuevo, sólo tenía que pedirle el dinero a Allen Klein. Años más tarde, los Stones se darían cuenta de que estaban perdiendo mucho dinero y le pagarían para que se marchara... hasta entonces, todo parecía ir sobre ruedas.

Después de un viaje con los marchantes de arte Robert Fraser y Christopher Gibbs, ambos amigos de Brian y Mick, por Tánger y Marrakech en busca de calma, inspiración y droga, Mick y Keith volaron a EE. UU. para reunirse con Klein y asistir a las actuaciones de los Beatles en el Shea Stadium. A su regreso, se lanzó «Satisfaction» en Inglaterra, que se convirtió de inmediato en número 1, algo que Brian celebró

saliendo con Nico, una cantante alemana que Andrew había fichado para Immediate
Records, sello que fundó tras el nuevo acuerdo con Decca.

En septiembre regresaron a Los Ángeles para grabar «Get Off of my Cloud», el
primero de una serie de singles considerados como obras maestras del pop art, todos
ellos influenciados por la música y letras de Dylan. En ese mismo mes, la banda se
enfrentó de nuevo a Brian, quien no cesaba en su empeño por boicotear el cierre de
«(I Can't Get No) Satisfaction» con la figura de Popeye. Amenazaban con despedirle
mientras Pat Andrews, su ex mujer, quería llevarle a los tribunales por la manutención de su tercer hijo. Por su parte, Brian encontró consuelo en la falda de Anita
Pallenberg, a quien se presentó en Berlín como líder de los Stones bajo la envidiosa
mirada de Keith. Después de una actuación en Berlín donde Mick, sugestionado por
Andrew, montó un numerito con gestos nazis que terminaron con una batalla campal
en la que un policía perdió un ojo, el grupo regresó a Londres. Salvo Brian, que fue
a París para reencontrarse con Anita.

Anita Pallenberg fue novia de dos de los guitarristas de los Stones: primero Brian Jones de 1965
a 1967, y después fue pareja de Keith Richards.

En otoño de 1965, los Stones iniciaban su cuarta gira norteamericana en Nueva
York. La agencia anunció que ganarían un millón y medio, «Get Off of my Cloud»
no paraba de sonar en la radio gracias a los contactos de Klein, y el grupo estaba más
en forma que nunca, salvo por Brian, que era cada vez más débil, y a quien el propio
Dylan le estaba perdiendo el respeto. Además, su nueva novia no ayudaba, pues los

Stones se sentían intimidados por su belleza e inteligencia, hasta el punto de afirmar que su presencia desestabilizaba al grupo. Anita estaba muy enamorada de Brian y era lo único que le daba la energía, confianza y vitalidad necesarias para plantar cara a los demás miembros. Y para insistir con su tonada de Popeye el marino, ahora en cualquier canción.

La gira de seis semanas terminó en California, lugar propicio para calmar los aires de un grupo que estaba al límite por las desavenencias internas y el trato recibido por la Norteamérica profunda que los veía como *beats*. Al final, cada miembro ganó unos cincuenta mil dólares en la gira, custodiados en Nueva York por Allen Klein. Bill y Charlie regresaron a Inglaterra. Keith se fue a Arizona para cumplir su sueño de *cowboy*: compró caballos, sombreros, botas, y Colts 45, para hacer prácticas de tiro y dormir bajo las estrellas. Brian y Anita fueron a las Islas Vírgenes. Mick puso rumbo a Jamaica.

Píntalo de negro

En enero de 1966, el álbum *Rubber Soul* de los Beatles causaba sensación, y mientras las relaciones sentimentales de Mick y Keith estaban en horas bajas, Brian y Anita eran la pareja de moda entre interminables episodios sexuales y alucinaciones por el LSD. Brian sentía que por fin había encontrado a una mujer que no podría destruir por más que la golpeara y humillara en público. En cambio, Anita lucía sus hematomas con orgullo. Paralelamente, y con interés o sin él, Keith se acercó de nuevo a su viejo amigo Brian, que lo introdujo en el LSD. El ácido unió unos lazos de amis-

tad que parecían rotos. Keith se fue a vivir con Brian y Anita, en una especie de nido de psicoactivos, lo que dejaba fuera de juego a Mick, quien entonces tenía miedo del LSD.

En febrero, el grupo interpretó «Satisfaction» en el *Ed Sullivan Show* sin acatar la censura que la cadena quería imponerles. Después se desplazaron a Australia para tocar ante veinticinco mil personas en Sydney y relajarse en las islas Fiyi, donde Brian tuvo más de una ocasión para demostrar lo buen nadador que era. Fue en las islas donde adquirió el sitar que incluiría «Paint It, Black». Puede que Mick y Keith ya fueran los compositores oficiales, pero Brian, fortalecido por el amor de Anita, decoraba las melodías de las canciones con todos esos instrumentos «raros» que sólo él sabía utilizar.

Aftermath, el nuevo disco de los Stones, fue grabado en Los Ángeles y tenía catorce canciones, todas composiciones originales de Jagger y Richards, lo que hizo que muchos fans lo consideraran como el verdadero álbum debut del grupo. El elepé gustó y molestó por igual, pero no cabe duda de que supuso un punto de inflexión en la historia de la banda. «Paint It, Black» se convirtió en número 1 instantáneo tanto en Inglaterra como en EE. UU., adonde volvieron en junio para su quinta gira norteamericana. Boston, Nueva York y Atlantic City se sucedieron con policías disparando gas lacrimógeno, robos de instrumentos, y alguna que otra aparición de Patti Smith. A su paso por Manhattan, el grupo asistió a una actuación de un guitarrista negro que reconstruía canciones de Dylan con su Fender Stratocaster. Era Jimi Hendrix.

Los Rolling Stones estaban haciendo las mejores actuaciones de su carrera pese a que la gran mayoría terminaran con actos violentos. En Los Ángeles, Brian se enamoró de las casas con piscina de Hollywood Hills y tras un concierto en el Hollywood Bowl, el grupo voló a Hawái para terminar la gira. Allí, la banda se cabreó con Brian, tirándole en cara envidiosamente que mantuvo relaciones sexuales con dos hermanas, mientras Bill y Keith habían contraído enfermedades de transmisión sexual por acostarse con la misma hippie. Brian no sabía que aquélla sería su última gira norteamericana.

En otoño, Anita compró un piso en el que vivir con Brian. Keith se mudó con ellos para tomar ácido y liar porros de hachís. Nina Simone y John Coltrane sonaban a todas horas, y cuando no estaban practicando sexo, Brian leía *A sangre fría* de Truman Capote. Marianne Faithfull se hizo íntima de Anita y también se sumó a los encuentros hogareños, junto a las visitas de Robert Fraser. Marianne gustaba mucho a Allen Klein y a Dylan, y por aquel entonces ya había tenido relaciones con Brian y Keith, quien la animó a insinuarse a Mick. Por su parte, Mick no convergía con el ambiente en el piso, por lo que era visto como un burgués refinado que se pasaba por allí de vez en cuando a fumarse un porro o dos, para después irse a su casa. El ambiente viciado o los platos sucios apilados le impedían relajarse. Finalmente, después de una actuación en Bristol, Marianne y Mick se enrollaron.

Ese mismo otoño, el grupo pasaba por un momento de baja popularidad. Los Small Faces y los Who eran vistos como propuestas más atractivas por los jóvenes, y los más puristas amantes de la guitarra se fijaban en Clapton o Hendrix. Con todo, los Stones terminaron su gira el 7 de octubre en Southampton y se despidieron de los escenarios hasta nuevo aviso. En cualquier caso, Mick estaba demasiado ocupado con Marianne, quien le inspiró muchas de sus siguientes letras, lo que Keith aprovechó para seguir componiendo y Brian para seguir colocándose.

Marianne Faithfull comenzó cantando en cafés y locales de Londres en los años sesenta hasta que conoció a los Stones.

Brian había conseguido monopolizar a Keith y aislar a Mick por un tiempo, hasta que se concentraron en los Olympic Studios, en Barnes. Era el único estudio de grabación londinense con una capacidad técnica similar al de RCA en Los Ángeles. A finales de noviembre y principios de diciembre escribieron cortes como «Let's Spend the Night Together» y «Ruby Tuesday», un retrato de Linda, la novia de Keith. El estudio era un desfile de personalidades como Marianne Faithfull, Jimi Hendrix, el español Tony Sánchez –declarado camello de Keith–, Michael Cooper, John Mitchel, Robert Fraser... Por Navidad, Brian, Anita y Keith volaron a París al tiempo que Mick hacía oficial su ruptura con Chrissie para irse con Marianne. Chrissie trató de suicidarse y mandó las facturas de su recuperación a Mick, quien le respondió enviándole sus trastos por correo para que Marianne entrara a vivir con él.

Campaña contra los Stones

Between the Buttons se editó en enero de 1967 con un inspirado Charlie que lo bautizó por error: dibujó un cómic para la contraportada para el que preguntó a Andrew cuál sería el título del disco. Andrew utilizó la expresión inglesa «between the buttons» para decirle que todavía no se había decidido, y eso fue lo que Charlie escribió en el dibujo. «Let's Spend the Night Together» fue el osado adelanto, para el que Andrew forzó al grupo a cantar «Let's Spend Some Time Together» en el *Ed Sullivan Show*, lo que disgustó profundamente a Mick. Pero la discusión fuerte llegó en la actuación del «Sunday Night at the London Palladium», un famoso programa de variedades donde los participantes solían saludar al público sobre una plataforma giratoria. Los Stones se negaron a hacer ese papel, pero Andrew se puso de parte del productor, que defendía que rehusar el saludo era insultar al público británico. Mick respondió mandándole a la mierda y el grupo hizo su actuación colocados hasta las trancas, para escabullirse después del *playback*, evidenciando la ruptura con Andrew.

Por aquel entonces, Mick leyó en la prensa unas supuestas declaraciones suyas en las que se reconocía consumidor de LSD, algo que había dicho Brian utilizando su nombre. Marianne le restó importancia, pero Mick se quedó pálido. Llamó a su abogado y apareció en televisión para desmentir aquella historia de *News of the World*, el periódico que quería acabar con los Stones. Pero la campaña mediática en contra del grupo que representaba el cambio, y de su cabeza visible Mick Jagger, no había hecho más que empezar. Unas declaraciones de su pareja Marianne, en las que defendía el consumo de marihuana, no ayudaron.

Para colmo del grupo, la campaña mediática se llevó a cabo coincidiendo con la fiesta que Marianne, Keith, George Harrison y varias personas más habían organizado para que Mick se estrenara con el ácido en la casa de Redlands. Después de un largo día de viaje psicoactivo, Harrison y su compañera abandonaron la casa, momento en que la policía aprovechó para entrar y llevar a cabo una redada antidrogas. El total de veinte agentes encontraron píldoras, pastillas de heroína, hachís y marihuana. También había un maletín con LSD propiedad del suministrador, el hombre conocido como El Rey del Ácido, que fue lo suficientemente astuto –o experimentado– para advertir que no lo abrieran, pues dijo que contenía una cinta de gran valor que no se había revelado y que podría estropearse al exponerse a la luz. Sorprendentemente, la policía le hizo caso y no abrió la maleta.

Después de la redada, la prensa se puso las botas y Mick fue acusado de posesión de estimulantes. Robert Fraser fue acusado de posesión de heroína y Keith de permitir que se consumieran drogas en su casa. El juicio sería en junio y podría encerrarlos durante años en la cárcel. En tal caso, la cancelación del contrato discográfico con Decca y el fin de los Rolling Stones se daban por sentado. El grupo huyó hacia Tánger para desaparecer del punto de mira y tomar conciencia de la situación, pero Brian sufrió graves problemas respiratorios por el camino que lo llevaron a quedarse ingresado en el hospital de Toulouse. El resto prosiguieron su camino, cuando Keith y Anita compensaron la falta de su amigo y novio enrollándose. Cuando Brian se presentó en Marruecos recuperado, Keith y Anita protagonizaron una nueva huida, pero ahora de él. Una buena mañana, Brian despertó en el norte de África solo y con resaca. Aunque aquello pareciera una traición, la propia Marianne diría tiempo después que Keith nunca hubiera conseguido a Anita si no hubiera sido porque Brian se comportó como un total gilipollas con ella.

«¿Quién usa una rueda para aplastar una mariposa?»

En marzo, Keith y Anita se establecieron en Redlands después de recoger sus discos y drogas del piso que compartían con Brian. El grupo necesitaba salir de gira porque se enfrentaban a una multa astronómica por posesión de drogas, pero Brian no se veía con ánimo. Además, el consumo de drogas le había llevado a olvidar cómo tocar la guitarra. A Brian ya no le interesaba el grupo y quería dejarlo. La banda hablaba de echarlo, pero Mick puso el veto una y otra vez. Él sabía que Brian era muy querido por el público y que su icónica estética era la viva imagen del rock. Pero algo había que hacer, así que Anita le prometió que, si se apuntaba a unas clases de guitarra y salía de gira con el grupo, volverían a estar juntos. Era mentira, pero funcionó, y el grupo inició una nueva gira de veintiocho actuaciones europeas en la que el cruce de cada frontera se convertía en un severo, lento y pesado contratiempo.

El 10 de mayo, Mick, Keith y Robert Fraser fueron en coche al Palacio de la Justicia de Chichester, en West Sussex. Centenares de personas los esperaban en la entrada. Les impusieron una fianza de cien libras a cada uno tras optar por un juicio con jurado: sería el 22 de junio, el mismo mes en que los buenos Beatles lanzarían *Sgt.*

Pepper's Lonely Hearts Club Band. Mientras tanto, la policía de Scotland Yard cogió a Brian en posesión de cocaína y hachís, y sus abogados le recomendaron que mantuviera distancia con Mick y Keith hasta después del juicio. El martes 27, Mick y Robert Fraser estaban ante el tribunal. Al día siguiente fue el turno de Keith, que se declaró inocente alegando que se trataba de una injusta acusación del periódico *News of the World* en respuesta a la demanda de difamación de Mick. Pese a todo, se le declaró culpable después de una breve deliberación de cinco minutos. A Mick le cayeron tres meses de prisión, a Robert Fraser seis, y a Keith, un año.

Hordas de fans protestaban mientras Mick era trasladado a la cárcel de Brixton, al sur de Londres. Keith y Robert fueron a Wormwood Scrubs. El apoyo en las calles llegó hasta los Who, que lanzaron un single con «The Last Time» y «Under my Thumb», cuyos beneficios sirvieron para pagar los gastos jurídicos de los Stones. Además, su baterista Keith Moon reunió a doscientos manifestantes delante de las oficinas de *News of the World*. Finalmente, el abogado de los Stones los sacó de prisión el viernes 30 tras pagar una fianza de cinco mil libras. Robert Fraser cumpliría una condena total de cuatro meses y terminaría por perder su galería de arte.

El 1 de julio, el diario *Times* lanzó un sonado editorial a favor de los Stones titulado «¿Quién usa una rueda para aplastar una mariposa?»: «Hay mucha gente que tiene una opinión primitiva sobre la cuestión, lo que podría llamarse una visión prelegal de la cuestión. Consideran que Jagger ha tenido lo que se merecía. Les molesta la cualidad anárquica de las actuaciones de los Stones, no les complacen sus canciones, ni su influencia sobre los adolescentes, y los consideran ampliamente sospechosos de actitudes decadentes... Uno se pregunta: ¿Jagger ha recibido el mismo tratamiento

que hubiera recibido si no fuera un personaje famoso, con todas las críticas y el resentimiento que su celebridad ha despertado? [...] Siempre nos quedará la sospecha de que en este caso Jagger ha recibido una sentencia más dura que la que se hubiera tenido por conveniente para cualquier otro joven sencillamente anónimo».

Con ello, terminó la persecución a los Stones.

Al menos por entonces.

Ajeno a todo, Brian seguía en su mundo, únicamente interesado en los instrumentos raros, las drogas y el sexo. Y Keith con Anita, que hacía de él un hombre con la imagen de estrella de rock que Brian había perdido. En agosto grabaron *Their Satanic Majesties Request*, un álbum decepcionante en el que se hacía evidente que Mick le había perdido el miedo al ácido. Brian detestaba el elepé, y el rumor de que sería sustituido por Jimmy Page no ayudaba a calmar las aguas. Sin embargo, al que despidieron oficialmente fue a Andrew Oldham, quien se había lavado las manos durante los problemas del grupo con la justicia por consejo de Phil Spector.

Mick aprovechó entonces para hacerse cargo de la gestión de los Stones con la ayuda de Jo Bergman, asistente de Marianne, y quien llevaría la nueva oficina de los Stones en Maddox Street, en Mayfair. Finalmente, Brian fue condenado a un año de cárcel por permitir que se consumieran drogas en su propiedad de Courtfield Road y por posesión de hachís. Sus abogados advirtieron que su frágil representado podría cometer suicidio si entraba en prisión, por lo que al día siguiente quedó en libertad bajo fianza y terminaron por conmutarle la cárcel por tres años de libertad condicional y una multa de mil libras. Para terminar de ayudar, Mick declaró en rueda de prensa que su grupo quería visitar Japón, pero no podían porque Brian era un drogata. Seguidores del grupo lo criticaron por referirse en estos términos al fundador original de la banda, algo que no hacía más que evidenciar la ruptura definitiva entre los dos.

Mick fue acusado de posesión de estimulantes. Robert Fraser fue acusado de posesión de heroína y Keith de permitir que se consumieran drogas en su casa.

Del cénit mundial al exilio financiero en Francia

(1968-1972)

A principios de 1968, Keith levantó un muro de tres metros alrededor de su vieja casa de campo de Redlands para evitar los continuos robos y convertirlo en un estudio de grabación llamado Fifth Dimension. La *Quinta Dimensión* era también su espacio personal de recreo para todo tipo de actividades inhóspitas, sólo interrumpidas por vecinos enojados que no veían con buenos ojos sus paseos en moto y sus prácticas de tiro con arco y de lanzamiento de cuchillos. Siempre con un porro en la boca, claro.

Se acercaba el final de década con *Magical Mistery Tour* de los Beatles en la cresta de las listas de ventas. Brian Jones pasaba muchas horas viajando con Hendrix, con y sin coche. De vez en cuando se dejaba caer por Redlands para recuperar la simpatía del grupo con poco acierto. El ambiente era de todo menos cómodo, pues la necesidad económica apremiaba y Allen Klein llevaba un riguroso control de su dinero trans-

ferido con talones, en un periodo de cambios con la nueva oficina funcionando y Ian Stewart buscando al sur de Londres un local para los ensayos del grupo.

Contrataron como productor a Jimmy Miller, el cual había trabajado con Traffic, el grupo de Steve Winwood de quien Keith era fan. Se suponía que su talante tranquilo sabría redirigir a los Stones hacia un nuevo y productivo episodio. Funcionó, pues al poco tiempo Mick y Keith crearon «Jumpin' Jack Flash», inspirada en la figura del jardinero de Keith, Jack Dyer, y alentada por el uso de nuevos acordes en la forma de tocar de Keith. Mientras Brian se dedicaba a cuestionar al nuevo productor, su vida era un sobresalto continuo con la policía tirando abajo la puerta de su casa para salvarle la vida a Linda, que había ingerido una sobredosis de Mandrax. Paralelamente, Mick acudía a las manifestaciones en contra de la guerra del Vietnam en Londres, donde la policía cargaba contra los manifestantes que ofrecían flores mientras los aporreaban. Aquella imagen quedaría en su retina para el porvenir de nuevas canciones.

Simpatía por el diablo

Había muchos planes para el grupo: «Jumpin' Jack Flash» se editaría como single, el cineasta Jean-Luc Godard los quería para una nueva película, y Mick no dejaba de hablar sobre la idea de hacer un circo ambulante del rock'n'roll. El single cumplió la función de relanzar el interés por el grupo después del sonado fracaso de su anterior ejercicio psicodélico, expectativa que se confirmaría con la actuación sorpresa de los Stones en la entrega de premios de la revista musical *NME* en el Estadio de Wembley. Fue la última actuación de Brian con la banda.

El grupo se reunió en Olympic Studios para nuevas sesiones de grabación, interrumpidas por la llamada de Brian cada vez que sufría una redada policial en su nuevo apartamento al lado de Kings Road. Allí, los policías encontraron hachís y se llevaron a Brian a la fuerza para ficharlo como Lewis Brian Jones. La oficina de los Stones tuvo que enviar a su contable con dos mil libras bajo el brazo para pagar la multa.

Bob Dylan estaba en aquel momento de gira por Inglaterra con The Band (la formación canadiense que había puesto de moda el country-rock) y The Byrds, una banda estadounidense en la que destacaba el joven Gram Parsons. A finales de mayo, los Stones le abordaron después de un concierto y Parsons los introdujo en la música country. Hizo grandes migas con Keith, hasta el punto de abandonar su grupo para dedicarse a influenciar cada nueva composición de los británicos.

Otra influencia importante vino de la mano de Marianne Faithfull, quien prestó a Mick el libro *El maestro y Margarita*, una novela donde el diablo visita la Unión Soviética, considerada de las obras más importantes del siglo XX de la antigua URSS. Serviría para que Mick escribiera la letra de «The Devil is my Name», germen de «Sympathy for the Devil». Mick la llevó en su primer estado a Olympic Studios coincidiendo con la visita de Godard, que se reprochaba no estar rodando la callejera batalla campal entre jóvenes y antidisturbios en París. Para Mick era muy halagador trabajar con Godard, que nunca le habló sobre la idea que tenía en mente. Godard quería construir un relato alrededor

El maestro y Margarita, de Mijaíl Bulgakov, serviría para que Mick escribiera la letra de «The Devil is my Name», germen de «Sympathy for the Devil».

de la idea de que la cultura es una coartada del capitalismo, pues si había un Ministerio de Guerra, y un Ministerio de Cultura, la cultura era otra forma de guerra, todo ello macerado por imágenes de pornografía, Hitler, y de Panteras Negras deseando a mujeres blancas.

Godard rodó los ensayos de los Stones mientras Mick enseñaba a Brian los acordes de su canción sobre el diablo. Las imágenes registradas muestran a un Brian totalmente aislado del resto del grupo, ignorado por sus compañeros y tocando una guitarra desafinada que nadie se había molestado en enchufar. Por si esto no fuera suficientemente desalentador, el grupo no daba pie con bola: Keith probó al bajo, Bill a las maracas, Charlie cambiaba de tempo... pero la fórmula no funcionaba. Se hizo una segunda sesión que terminó con el incendio del techo del estudio de madrugada, debido a las altas temperaturas que alcanzaba el equipo de rodaje. Godard sintió que habían saboteado su obra, y la película que se iba a llamar *One Plus One* terminó renombrándose como *Sympathy for the Devil* bajo presión de los productores.

Padre de las Pieles

Si Gram Parsons fue la primera jovencísima figura que influyó en el sonido de los Stones, un joven de veintiún años llamado Ry Cooder fue la segunda. El joven artista de la guitarra *slide* impresionó incluso a Brian, quien era considerado el especialista de la técnica. Fue Ry quien ayudó a Keith a dominar la afinación abierta en sol y quien le recomendó prescindir de la sexta cuerda de su guitarra, algo que Keith aplica hasta el día de hoy. Pero algo más ocurría en Redlands. Mientras Ry ayudaba a Keith a crecer como músico, la paranoia acosaba a Brian con ayuda de la policía, que le practicaba redadas esporádicas en busca de alguna china suelta con el fin de un posible chantaje. Brian sentía la presión y estaba convencido de que terminaría yendo a la cárcel. Tuvo una conversación con Mick que terminó en discusión, y Brian decidió cometer suicidio lanzándose al foso que Keith había construido alrededor de Redlands. El gran nadador que era Brian parecía ahogarse, y Mick se lanzó a su rescate para descubrir que el foso no era tan profundo como su compañero quería hacerle creer. Lo sacó del agua.

Mick y Keith viajaron a Los Ángeles en julio para terminar *Beggars Banquet* mientras Brian visitaba Marruecos en busca de nuevos sonidos para los Stones. Un ingeniero de sonido llamado George Chkiantz viajó con la novia de Brian a su encuentro para grabar la música de maestros de Jajouka durante la festividad de Aid al-Kabir, la «Fiesta Grande» del calendario musulmán. Brian lo definiría como «música salvaje, jóvenes bailarines, mucho kif, toda la noche sin dormir», y no distaba mucho de la realidad: la ceremonia recibe el nombre de Bou Jeloud («Padre de las Pieles»), y dura siete días en las que un joven cubierto por la piel de un cordero reciente y

un gorro de paja baila ininterrumpidamente empujado por el *kij*, una preparación de cannabis. Los tamborileros inducen al trance con su música y las treinta *rhaitas*, trompetas de madera de doble lengüeta, suenan como gaitas de Alá. En ocasiones, el muchacho que bailaba sin cesar, moría extasiado por el esfuerzo, lo que, obviamente, era visto como un honor. Brian no pudo grabar más que unos fragmentos antes de irse día y medio después. Los nativos le invitaron a ser el Bou Jeloud en una próxima edición, algo que recibió de buena gana antes de despedirse, sonriente y amable, para volver a ser el capullo que venía siendo: lo primero que hizo de regreso a Tánger fue dar una paliza a su novia Suki.

Pero en Los Ángeles, Keith y Mick continuaban trabajando en las mezclas del álbum con Charlie y Gram Parsons, que aportaba los contactos para el suministro de cocaína. Al terminar, lo pincharon en primicia en el local del camello Tony Sánchez en Tottenham Court Road. La audición entre amigos fue triunfal, no así para Decca, que veía la portada del álbum como algo inadmisible para un grupo de éxito: una pared de un retrete llena de inscripciones faltonas. Se inició una discusión por la portada del álbum que se alargó durante cuatro meses, y el lanzamiento del disco no hizo más que demorarse. Al desencuentro con el sello se le sumó el descubrimiento de que la matriz empresarial a la que pertenecía Decca utilizaba los beneficios de la discográfica para subvencionar investigación paramilitar.

Performance

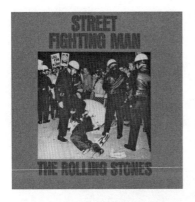

Durante el verano, los Stones lanzaron el single de «Street Fighting Man» en EE. UU. con una portada roja en la que se veía a la policía de L. A. apaleando a un manifestante. Las emisoras de radio boicotearon el single y London Records no tardó en retirarlo de las tiendas de discos. Ni siquiera entró en las listas, algo desalentador para el grupo que dispersaba su atención con Mick embarcándose en el rodaje de *Performance*, de Donald Commel. Keith nunca vio con buenos ojos la película porque Anita participaba en ella como la pareja de Mick y el argumento incluía escenas de sexo entre ambos.

Performance narra la historia de Chas, un psicópata que trabaja para Harry Flowers, un gánster homosexual inspirado en Ron Kray de los gemelos Kray, los famosos hermanos del crimen organizado que atormentaron Londres durante los años cincuenta y sesenta. Cuando Chas asesina a un antiguo amigo, su propia banda lo condena a muerte, obligándolo a la clandestinidad. La huida lleva a Chas hasta la casa de Turner, una estrella del rock retirada interpretada por Mick. Turner juega con Chas, excitándole, manipulándole, rompiéndolo seduciéndolo con sexo, drogas y ocultismo. Personajes como Borges, Burroughs y James Brown son citados constantemente.

Pese a que la primera mitad del film seguía el guion, Commel dejó que la historia tomara vida propia permitiendo que los actores improvisaran en la dirección adonde los llevaban sus personajes, lo que propició que Mick y Anita tuvieran su escena sexual prolongada delante y detrás de las cámaras. Keith, a quien le habían propuesto escribir la música original, enloqueció al enterarse y no sólo rechazó la invitación, sino que declinó visitar el rodaje. En contrapartida, empezó a tomar *speedballs*, dosis intravenosas de cocaína y heroína que se convertirían en su droga preferida para componer.

El rodaje de *Performance* pasó factura a prácticamente todos los que participaron. Al terminar, Keith y Anita viajaron a Italia para probar su reconciliación. Marianne, embarazada con su hijo a punto de nacer, se volcó en la cocaína para sobrellevar los continuos líos de faldas de Mick. El joven y prometedor actor James Fox, que había interpretado al personaje de Chas, probó varias drogas sin ni siquiera saberlo de la mano de Mick y Anita, que se divertían pinchando a ese «niño bueno». Su mente quedó atrapada en todos aquellos malos viajes y la inminente muerte de su padre le llevó a abandonar la profesión para acercarse a la religión y desaparecer durante años. Tan sólo Mick salió fortalecido del rodaje, transformado en el propio personaje que había interpretado. Y Commel, que a espaldas de Mick y Anita, montó un mediometraje con sus escenas sexuales que le sirvió para ganar el Cipote de Oro en un festival porno de Ámsterdam. Sin embargo, *Performance* no pudo estrenarse hasta 1970.

Ajeno a la película, Brian se enfrentó al juicio por la última piedra de hachís encontrada en su apartamento. Se presentó gordo y descuidado, y fue declarado culpable. Sólo se libró de la prisión cuando los psiquiatras testificaron nuevamente en favor de su delicado estado mental, permitiéndole salir con una multa de cincuenta libras. Tras un breve paso por Redlands, Brian se compró una casa nueva, Cotchford Farm, conocida como Pooh Corner, antiguo hogar de Alan Alexander Milne, el escritor de los cuentos de Winnie the Pooh. La casa tenía una gran piscina al aire libre. Mientras, el grupo empezó a trabajar en un nuevo álbum después de que Mick desestimara la propuesta del Partido Laborista para enrolarse en política, y de que Marianne perdiera a su primer hijo en el séptimo mes de embarazo, lo que supuso la ruptura de la pareja. «You Can't Always Get What You Want» fue fruto de aquella experiencia.

El Gran Circo del Rock

Mick, obsesionado con igualar el nivel de los Beatles, consolidó su idea de plantar cara al *Magical Mistery Tour*. Nació *The Rolling Stones Rock & Roll Circus*, su circo ambulante de rock'n'roll en el que sería el director conceptual, los Stones pondrían el dinero, y Brigitte Bardot haría las funciones de directora de pista. Allen Klein nunca aprobó el proyecto, pero la determinación del grupo convenció a artistas como los Who, John Lennon, Yoko Ono, la propia Marianne, Eric Clapton y Mitch Mitchell, baterista de la Hendrix Experience, para participar. Keith apartó a Bill del bajo eléctrico para poder chupar cámara, mientras que Brian insistió en traer a Ivry Gitlis, un virtuoso europeo del violín. Taj Mahal y Jethro Tull también participaron.

A principios de diciembre, el grupo presentó *Beggars Banquet* después de haber cedido a las exigencias de Decca, sustituyendo la portada del retrete por un blanco impoluto. Presentaron el disco en un acto en un hotel de Londres que terminó con una batalla campal de lanzamiento de pasteles en la que Brian se llevó la peor parte. El álbum obtuvo buenísimas críticas, considerando que los Stones habían redescubierto sus raíces blues y abandonado su flirteo con la psicodelia. Pero la portada blanca lo llevó a una desfavorable comparación con el disco blanco de los Beatles, publicado el mismo año.

Al día siguiente, el grupo ensayaba junto a los Who para probar las cámaras de televisión que se utilizarían en la grabación de *Circus*. El rodaje duró tres días en un plató que era una carpa de circo cortada por la mitad con una pista de serrín. A los músicos los acompañaban artistas del circo ambulante de Robert Fossett: trapecistas, payasos y hasta un tigre. El público sentado alrededor de la pista contaba con atrezo que iba del poncho al sombrero de paja. Nadie había visto tocar a los Stones desde 1966, y estuvieron bien –salvo Brian, que apenas podía afinar la guitarra en su última aparición con el grupo–, pero los Who estuvieron espléndidos, pasando por encima de ellos como una apisonadora. Al ver el metraje final, Mick se disgustó al comprobar cómo Pete Townshend, Keith Moon y compañía los barrían del escenario. El montaje final no fue más que una versión reducida para disimular sus carencias.

The Rolling Stones Rock & Roll Circus, el circo ambulante de rock'n'roll en el que se embarcó el grupo incluía trapecistas, payasos y hasta un tigre.

Mujeres honky-tonk

A principios de 1969, Mick y Marianne se habían reconciliado y Keith y Anita esperaban a su primer hijo, presumiblemente de Keith, pero ella le tomaba el pelo constantemente diciendo que era de Mick. En primavera, el grupo trabajaba con el productor Jimmy Miller y Jack Nitzsche en sus nuevas canciones. Contaron con Doris Troy, Madelaine Belle, la actriz Nanette Newman y con 35 miembros del London Bach Choir para los coros de «You Can't Always Get What You Want». Había tanta gente en el estudio que Brian no sabía dónde ponerse ni qué tocar, y Mick le respondió, «¿Qué sabes tocar?». Brian sentía tanta presión y paranoia, que ni siquiera podía afinar la guitarra si Keith estaba cerca y se ausentó durante las siguientes sesiones. Mientras, Keith, el otro yonqui de la banda, iba esnifando heroína al tiempo que afirmaba que la tenía bajo control.

Ry Cooder se sumó a las sesiones en mayo para colorear las composiciones, pero él mismo afirmaría que le tomaron el pelo: «Los Rolling Stones me llevaron a Inglaterra con pretextos absolutamente falsos. No estaban tocando bien y en el estudio sólo hacían tonterías. Había mucha gente muy rara que rondaba por el lugar, pero la música no iba a  ninguna parte. Cuando se producía una pausa en los presuntos ensayos, yo me ponía a tocar la guitarra. Keith Richards abandonaba la sala y ya no regresaba. ¡Yo pensaba que no le gustaba! Pero, como descubrí más tarde, las cintas seguían grabando. Pregunté para cuándo íbamos a hacer algunos temas. Y Mick me dijo: «Todo va bien, Ry, todavía no estamos a punto». Durante las cuatro o cinco semanas que estuve allí, debo haber tocado todo lo que sabía. Y ellos lo grabaron todo en esas cintas. ¡Todo!». En mayo, Ry entró en Olympic Studios y se encontró a Keith trabajando en una nueva canción a partir de *esas cintas*, tal y como explicó a una entrevista de la revista *Rolling Stone*: «Le dije a Mick que tenían todo lo que necesitaban y que yo me largaba. Muchas de las cosas que hice allí aparecen en *Let it Bleed*, pero tan sólo me acreditaron para tocar la mandolina en una pieza. «Honky Tonk Women» también está sacada de una de mis figuras».

Fuera como fuese, cuando los Stones tuvieron terminada «Honky Tonk Women», Mick supo al instante que sería un gran éxito. Invitaron a Clapton y a Ronnie Wood para participar en la grabación como sustituto de Brian, que había dejado de asistir a las sesiones, pero ambos estaban muy ocupados con sus proyectos. El siguiente en la lista era el jovencísimo Mick Taylor, un virtuoso de la guitarra blues que atendió de buen grado la llamada de Mick. Las constantes amenazas a Brian sobre echarle del grupo se consumaron sin ni siquiera decírselo cuando Mick le propuso a Taylor unirse a los Stones. Éste le pidió una semana para pensárselo. Por su parte, y totalmente ajeno a esto, Brian parecía completamente desinteresado en lo que hicieran los Stones. Sólo fantaseaba con la idea de montar un nuevo proyecto con Alexis Korner, Hendrix o el propio Ian Stewart, que le dijo que una y no más.

Mick, siempre con la antena puesta, fue a ver el concierto gratuito de Blind Faith, la nueva formación de Clapton, el 8 de junio ante ciento cincuenta mil jóvenes en Hyde Park. El año anterior lo había hecho Pink Floyd, y Mick se reunió con Sam Cutler, maestro de ceremonias, para asegurarse el siguiente puesto. Su actuación en el mítico Hyde Park sería mucho antes de lo esperado, y el 5 de julio, los Stones estarían en el *park* presentando su nuevo éxito «Honky Tonk Women». Y a su nuevo guitarrista Mick Taylor.

El último baño de Brian Jones

Oficialmente, los Stones despidieron a Brian Jones el 9 de junio. Mick, Keith y Charlie le visitaron en Cotchford Farm. Todo fue fácil para Mick y Keith, pues Brian se lo veía venir y les dijo que aceptaría sus condiciones. Diría a los medios especializados que abandonaba el grupo voluntariamente porque no estaba en condiciones de ir de gira. Al día siguiente, Brian hizo público un comunicado que decía «No estoy de acuerdo con los demás acerca de los discos que grabamos. La música de los Stones ya no me complace [...]. Deseo tocar mi propia clase de música antes que la de los demás. Tuvimos una reunión amistosa [...]. Adoro a mis compañeros». Tiempo después, de aquella reunión Mick afirmaría que se lo venían advirtiendo y que tratar con Brian era como tratar con un niño inestable con la cabeza jodida. En cambio, Charlie reconoció haberlo pasado mal tras quitarle a Brian la única cosa que le había importado en la vida.

Anna Wohlin, una sueca de veintidós años profundamente enamorada de Brian, entró a vivir con él bajo el pretexto de ayudarle en su recuperación. Las primeras semanas pasaron bien: Brian tocaba con Alexis Korner y recibía la visita de Charlie y su señora, hasta que el 2 de julio apareció en el fondo de su piscina. Según Anna, la pareja estaba con Frank Thorogood, capataz de la cuadrilla de albañiles que llevaba un tiempo trabajando en la casa, y Janet Lawson, su esposa. El capataz y sus hombres habían sido despedidos unos días antes, pero Brian había invitado a la pareja a comer para limar asperezas. Además, Brian sabía que debía dinero al capataz, y creyó que una íntima comilona en el jardín sería una buena forma de ganarse su simpatía.

El teléfono sonó. Janet, dentro de la casa, descolgó el aparato y avisó a Anna, que estaba en el jardín, que entrara para atender la llamada. Cuando las dos mujeres volvieron a salir, Brian, que se había quedado con Frank en el jardín, yacía en el fondo de la piscina. Entre los tres retiraron el cuerpo, pero no hubo forma de reanimarlo. Cuando llegó la policía, Anna, Frank y Janet dieron versiones contradictorias a la policía, que resolvió la defunción con un ahogamiento accidental por estado de embriaguez. Años después, Anna explicó que Frank la amenazó, sugiriéndole que volviera a Suecia para nunca regresar. Además, corre el rumor de que las últimas palabras de Frank en su lecho de muerte fueron «Yo maté a Brian».

Pero lo único contrastado es que la casa fue saqueada durante los próximos días a manos de fans ansiosos y de los obreros de Cotchford Farm, que celebraron una fiesta en la casa durante su entierro, además de robarle dinero, cintas, guitarras, ropa, muebles y obras de arte. Los Stones, en el estudio, se enteraron por una llamada telefónica. Hubo sospechas, sobre todo por parte de Keith, que consideraba que era imposible que, Brian, el mejor nadador que había visto jamás, se hubiera ahogado a no ser que alguien lo hubiera provocado. No fue hasta años después que los miembros del grupo se pusieron de acuerdo en aceptar y hacer oficial que había sido un accidente fruto de una sobredosis.

Pese a la tragedia, los Stones siguieron adelante tocando en Hyde Park ante trescientas mil personas afirmando que Brian lo hubiera querido así. King Crimson, Family y Alexis Korner's New Church abrieron para ellos con actuaciones cortas. El escenario era el más grande

La defunción de Brian Jones se resolvió en un primer momento como un ahogamiento accidental por estado de embriaguez, aunque se aceptó finalmente que había sido fruto de una sobredosis.

construido jamás, protegido por miembros de la filial de Inglaterra del club de moteros Los Ángeles del Infierno, poco más que unos gamberros sobre dos ruedas que nada tenían que ver con su versión norteamericana. El concierto de Hyde Park está considerado una de las peores actuaciones en la historia del grupo, que incluía en memoria de Brian la lectura de dos estrofas del canto fúnebre «Adonais» de Percy Shelley y el lanzamiento de dos mil mariposas blancas, muchas de las cuales muertas después de haberse asfixiado en cajas de cartón. La prensa lo calificó de éxito pese a que el grupo tocó desafinado y desacompasado.

Si Brian sufrió un paro cardíaco mientras se daba su último baño y Frank fue incapaz de sacarlo del agua, o si un furioso Frank lo sumergió en el agua hasta que Brian dejó de revolotear, poco importaba el 10 de julio cuando era enterrado en Cheltenham con la lectura del Hijo Pródigo. A su alrededor, los sentimientos eran dispares: Anita estaba irritada porque sentía que nadie del grupo lo había ayudado. Keith estaba apenado pese a los altibajos por los que había pasado su amistad. Sin embargo, otros dijeron sentirse aliviados. En cualquier caso, la muerte de Brian fue la primera gran muerte en el mundo del rock'n'roll y pionero del Club de los 27.

No hay ángeles en el infierno

En agosto de 1969, «Honky Tonk Women» era número 1 en todas las emisoras de radio, se celebraba el festival de música y arte de Woodstock, y nacía Marlon Richards, el hijo de Keith y Anita nombrado así en honor al actor Marlon Brando. Por su parte, Mick intentaba encontrar la forma de romper con Allen Klein, puesto que al año siguiente expiraba el contrato con Decca e intuía que habría golpes para hacerse con los derechos de los Rolling Stones. Decca, dispuesta a exprimir la naranja, publicó *Through the Past, Darkly–Big Hits Vol. 2*, que incluía una frase en forma de epitafio de Brian Jones: «Con lo que aquí ves, recuérdame y llévame en la mente. Deja que todos digan lo que deban, habla de mí como quieras».

Necesitados de dinero, los Stones prepararon una gira con dieciocho conciertos en catorce ciudades de EE. UU. durante tres semanas. Todas las actuaciones se realizarían en polideportivos debidamente preparados, con el mismo escenario e iluminación. Mick, que se probaba a sí mismo como empresario y jefe supremo del grupo, consiguió una relación de beneficios de un 60% para el grupo y un 40% para los promotores estadounidenses, aprovechando que Allen Klein estaba pendiente de los Beatles después de que Lennon anunciara que dejaba el grupo. Sam Cutler, fue contratado como director de una gira en la que todo parecía favorable y bajo control, salvo cómo los recibirían los norteamericanos después de años sin pisar el país. El asesinato de Martin Luther King, la Guerra de Vietnam, y la matanza en casa del cineasta Roman Polanski a manos de Charles Manson y su séquito de fieles, habían caldeado el ambiente.

Pero los Stones agotaron las entradas de todas las fechas en horas, lo que envalentonó a Mick a prometer un concierto gratuito al concluir la gira que relevaría al festival de Woodstock como máxima expresión de música, paz y concordia: el espíritu de los sesenta. El evento pondría el broche final a la década hippie por excelencia, y para la seguridad contarían con el club de moteros Ángeles del Infierno. Pero a diferencia de en Hyde Park, esta vez no serían aquellos británicos enfundados en chupas de cuero, sino de su versión americana. Los Ángeles aceptaron a cambio de un cargamento de cerveza. La prensa criticó a Mick por su arrogancia y el desmesurado precio de las entradas de una gira en la que se produjeron muchos cambios: las chicas ya no gritaban con el mismo entusiasmo, ahora también se escuchaba la música entre el público y sobre el escenario gracias a la monitorización del sonido. Keith incluso afirmaría que aquella gira fue como ir a la escuela, pues ya no bastaba con salir, tocar y correr. Ahora había que saber tocar porque el público podía oírte.

La gira fue de menos a más, a medida que los Stones iban cogiendo tono y ritmo. Fred Sessler, un viejo amigo de Brian ahora en amistad con Keith y Anita, era el encargado de importar cocaína farmacéutica para el grupo, mientras Mick se entretenía entre las faldas de Marsha Hunt, una explosiva mujer negra a la que dejó embarazada. La prensa no se equivocaba: los Stones se comportaban como unos arrogantes, haciendo esperar hasta tres horas en un concierto, algo que ponía de los nervios a los promotores norteamericanos. Al finalizar la gira –y a espaldas de Allen Klein– el grupo aprovechó para visitar el Muscle Shoals Sound Studio en Alabama para hacer varias sesiones y grabar «Brown Sugar», inspirada en la heroína asiática y en las mujeres negras, pues en un principio se llamaba «Black Pussy». También grabaron una prematura «Wild Horses» antes de que Mick borrara todas las cintas sobrantes para tratar de no dejar rastro de aquellas sesiones a Klein. No lo conseguiría.

Después de varios cambios de recinto, el concierto gratuito se celebró en el abandonado autódromo de Altamont, al norte de California. Era una zona árida, casi desértica, con capacidad para las trescientas mil personas que acudirían. Aquello era visto como el festival de Woodstock del oeste. Era 6 de diciembre, la carretera estaba cortada 16 km a la redonda y sólo se podía acceder andando, en moto o helicóptero. El primero en tocar fue la banda de Carlos Santana, que ya se alarmó al ver peleas con navajas entre el público. Le siguieron Jefferson Airplane y The Flying Burrito Brothers, quienes también llamaron a la calma al ver cómo los Ángeles del Infierno perdían el control contra la multitud, repartiendo estopa con palos de billar que habían traído cuidadosamente camuflados.

Cuando llegaron los Stones, pasaron la tarde con Gram Parsons, que los avisó de lo que estaba pasando. Charlie habló con algunos Ángeles que guardaban los camiones y le parecieron unos chicos majos. Pero Grateful Dead, que hablaron con el batería de Santana, se negaron a tocar por un panorama que no hacía más que empeorar. Crosby, Still, Nash & Young, última actuación antes de los Stones, fueron testigos de cómo los Ángeles apaleaban a muerte a la muchedumbre bajo el pretexto de la seguridad. Después, Sam Cutler anunció que los Rolling Stones no saldrían hasta que no se despejara el escenario, donde incluso un Ángel del Infierno osaba interpretar una horrible pieza con una flauta robada. En realidad, Sam trataba de ganar tiempo para la llegada de Bill Wyman, que había perdido el helicóptero y llegaba por su propia vía.

Los Rolling Stones empezaron su actuación en el Altamont Speedway Free Festival con «Jumpin' Jack Flash». Todo iba «bien» hasta «Sympathy for the Devil», que fue interrumpida por los disturbios. Mick pedía calma mientras los Ángeles apaleaban con tacos de billar a un tipo que intentó subirse al escenario. Los únicos policías presentes estaban a cargo de la seguridad personal del grupo y sugirieron a sus parejas que subieran al helicóptero. Mientras, el concierto se retomó con canciones tranquilas para apaciguar el ambiente, cuando Meredith Hunter, un chico negro y alto, irritó al Ángel del Infierno que tenía enfrente. Meredith sacó una pistola mientras sonaba «Under My Thumb» con la que apuntó al Ángel del Infierno que lo agarraba por el cuello. Hubo una refriega que terminó con un motero apuñalándole en la cabeza y dos veces más en la espalda. Una docena de Ángeles lo patearon en cuanto su cuerpo tocó el suelo, pisándole la cabeza. Otros testigos afirmaron que Meredith no dejaba de repetir desde el suelo «No iba a dispararos». Ajenos al suceso, los Stones terminaron su concierto y salieron volando de allí en su helicóptero. A ras de suelo dejaban el espíritu de Woodstock y la reputación de los Rolling Stones

Al día siguiente, el grupo se reunió en una habitación de hotel para seguir las noticias en televisión aderezadas con unas rallas de cocaína. Mick se sentía culpable por haber preferido a una panda de moteros antes que a la policía. Los medios los hacían responsables –junto a los Ángeles del Infierno– de un balance total de cuatro muertos, cien apuñalamientos y setecientas personas atendidas por «malos viajes» con alucinógenos. San Francisco quedó traumatizada pese a que sólo la prensa local dio eco a la noticia. Hubo más consecuencias: Jefferson Airplane y CSNY decidieron no tocar nunca más en festivales al aire libre. Los Grateful Dead se esfumaron de la escena por un tiempo. Y los Stones rompieron toda relación con Sam Cutler y acusaron públicamente de la tragedia a los Ángeles del Infierno, que se defendieron alegando que cumplían órdenes suyas. Desde entonces, el club de moteros puso precio a la cabeza de Mick, enojados por haberse quedado sin su cargamento de cerveza.

Stones en bancarrota

A principios de 1970, Led Zeppelin eran el nuevo grupo de moda, más jóvenes y fuertes que los Stones. Los Beatles estaban al borde de la separación y Dylan vivía en el aislamiento. Keith y Anita, con depresión posparto, se habían vuelto oficialmente adictos a la heroína, lo que dejaba el control absoluto del grupo a Mick. Mick, por su parte, aficionado a la promiscuidad pese a haberse reconciliado con Marianne, despreciaba del todo la drogadicción de su novia, que había descuidado su carrera artística. Mick trataba de sacar adelante nuevas canciones cuando Marianne oyó que se había convertido en un problema para que los Stones firmaran con Atlantic Records, así que cogió a su hijo y su alfombra persa preferida, y se largó.

Rupert Lowenstein, el nuevo consejero financiero del grupo, les dio la noticia de que estaban arruinados. Tenían que abandonar Inglaterra porque su mánager había dejado de pagar los impuestos británicos durante años. La deuda personal de cada uno de los Rolling Stones era estratosférica. Pero para eso, había que romper antes con Allen Klein. El 30 de julio de 1970, la ruptura con el estadounidense se hizo oficial al tiempo que expiraba su contrato con Decca. El grupo creó Rolling Stones Records con Marshall Chess como presidente, el chico del almacén de Chess Records que diez años atrás cumplimentaba los pedidos de discos por correo de Mick.

Para finales de año, la banda preparó una gira europea a la americana, lo que implicaba muchas personas a cargo, una producción cuidada, y precios elevados. El calendario se había realizado en base a las necesidades del pequeño Marlon Richards. Buddy Guy y Junior Wells eran los encargados de abrir para el grupo, y Bobby Keys y Jim Price se les unieron como sección de vientos. Tanto Bobby como el recién estrenado Marshall, se hicieron íntimos amigos de Keith, lo que los introdujo en el oscuro mundo de la heroína. Durante esta gira, Decca y London Records aprovecharon el filón para lanzar *Get Yer Ya-yas Out!: The Rolling Stones in Concert*, su último disco autorizado por el grupo. La gira iba viento en popa a su paso por París, donde Mick conoció a Bianca Pérez-Mora Macías, una nicaragüense preciosa de la que se enamoró. Se convirtieron en pareja secreta y Bianca acompañó al grupo a Roma y a Múnich, para mudarse a Londres después. Ese mismo invierno, Bianca se quedó embarazada al tiempo que Marsha Hunt daba a luz a su primer hijo con Mick. Pero con la llegada de Bianca, la relación con Marsha tuvo que romperse.

En enero del 71 los Beatles se habían separado oficialmente y los Rolling Stones estaban amargados por su situación financiera. Atlantic Records había sido vendida a una empresa que gestionaba aparcamientos, así que nadie sabía qué pasaría con la distribuidora oficial de Rolling Stones Records. Keith estaba celoso de Bianca y rehusaba irse de Inglaterra. Vivía siempre sumido en un ambiente de heroína y pinchazos de *speedballs* que se suministraba en los músculos y no en las venas por una falsa sensación de autocontrol. Trató de limpiarse con la enfermera del médico que ayudó a William Burroughs en el pasado, pero la cura no le duró más de setenta y dos horas.

En primavera, el grupo inició una gira de despedida por Inglaterra, su primera en cinco años. Nicky Hopkins se sumó al piano, pero no pudo elevar el nivel del grupo. Perezosos, Charlie en la batería seguía el ritmo de un Keith colocado que apenas podía con su alma. Su relación con Mick tampoco pasaba por un buen momento. Mick despreciaba la drogadicción de su amigo, y éste a Bianca. Anita también trataba de humillarla a menudo, pues ambos la veían como a una niñata burguesa, mimada

Bianca Pérez-Mora Macias fue la nicaragüense que le robó el corazón a Mick Jagger, convirtiéndose en la primera esposa del cantante de The Rolling Stones.

y consentida. Bianca, en cambio, les devolvía un trato indiferente que los sulfuraba. Mick trataba de cerrar el lanzamiento de *Sticky Fingers*, pero la situación financiera apremiaba. El 6 de abril de 1971, los Stones estaban instalados en Francia, Mick y Bianca en un hotel parisino y el resto al sur, en la Costa Azul. La familia Richards había alquilado una villa palaciega llamada Nellcote con vistas a la bahía. Allí grabarían su próximo álbum.

Oh là là, les Stones!

Sticky Fingers se publicó en mayo con diseño de Warhol y un nuevo y flamante logo con unos labios rojos y la lengua, obra del diseñador John Pashe y el propio Mick. Ese mismo mes, Mick se casó con Bianca, pre-firma de un contrato que limitaba mucho la cantidad que ella podría percibir en caso de un posible divorcio. La noticia de la boda se filtró y la pareja, que deseaba un evento discreto, optó por casarse dos veces. Eric Clapton, Ronnie Wood, Paul y Linda McCartney, Ringo Starr, Keith Moon, Robert Fraser... fueron todos invitados a la boda. Keith, supuestamente, suplicó a Mick que no se casara y se pasó buena parte de la boda durmiendo en un rincón, lo que hizo que muchos pensaran que era un nuevo caso Brian Jones.

Mientras tanto, el sótano de Nellcote se convirtió en un estudio de grabación, pero la vieja instalación eléctrica de la villa no estaba preparada para el equipo, así que optaron por conectarlo ilegalmente en las cercanas líneas eléctricas de los ferrocarriles. Las sesiones se harían según las exigencias horarias de un heroinómano y del intermitente sueño de su hijo de un año. Para matar la espera, jamás faltarían drogas. Charlie y Bill solían llegar alrededor de las ocho de la tarde. Keith se presentaba a medianoche para ausentarse durante dos o tres horas al poco tiempo. Mick enfurecía y se largaba con Bianca, y cuando Keith volvía a bajar, enloquecía al enterarse de que su amigo se había largado con aquella mujer (que ya era su esposa). Así iban tirando, ajenos al joven Mick Taylor, decepcionado por cómo se estaba desarrollando la grabación de su primer álbum con los Stones, y molesto con Mick por insinuarse constantemente a su esposa.

Rolling Stones Records publicó su primer álbum en septiembre, *Brian Jones Presents the Pipes of Pan at Jajouka*, una versión editada electrónicamente de las grabaciones que Brian hizo en el norte de África, considerado como proyecto primigenio de la música étnica. Un mes después, Bianca dio a luz a Jade en París al tiempo que entraban a robar once guitarras en la casa de Keith, una de las pocas ocasiones en que se le ha visto llorar. Aquél fue un periodo convulso, y aquélla una casa donde pasaba todo lo imaginable: lo peor, un chute de heroína que Anita Pallenberg le puso a la hija del chef, canguro de Marlon, y las constantes visitas de traficantes de drogas corsos. Hubo un segundo robo en la casa que dejó sin ropa ni dinero a Keith y Anita, e hizo que el resto del grupo y equipo se negara a trabajar allí: alguien, después del continuo devenir de personas, tenía el ojo puesto en Nellcote. No parecía un lugar seguro. Después de veinte canciones nuevas, consideraron que eran suficientes para largarse de allí. Acabarían las grabaciones en Los Ángeles, donde Keith aprovecharía para sustituir sus viejas guitarras Fender, Gibson y Martin.

Tequila Sunrise y amanecer financiero

A principios de 1972, los Stones trabajaban en Sunset Sound Recorders, el estudio de Los Ángeles, y contrataron a Peter Rudge, un inglés de escuela privada que era mánager de los Who. Anita, que consumía mucha heroína, dio a luz a Dandelion, una niña que nació con una fisura del paladar. Mick y Bianca dejaron Los Ángeles por la amenaza de muerte de los Ángeles del Infierno y no regresaron hasta mayo, cuando Mick hizo frente a la demanda impuesta por Allen Klein en Nueva York. Mick tenía tantas ganas de perderle de vista que convenció a los demás para ceder a sus demandas. Klein y su holding empresarial se quedaron con los derechos de sus canciones hasta 1969, además de un importe de catorce millones de dólares.

Vuelta al trabajo, en mayo se lanzaba *Exile on Main St.*, para muchos el mejor álbum de los Rolling Stones y el último de sus cuatro imprescindibles. En junio se inició una gira con avión propio con el logotipo de la lengua impreso en la chapa. Les acompañaba el cineasta Robert Frank, encargado de filmar un documental que lo registraría  todo –salvo las setenta y dos horas que pasaron en la mansión Playboy de Hugh Hefner–, un equipo técnico de cuarenta personas, y los guardaespaldas personales de Mick y Keith. Y, por supuesto, Fred Sessler, el «farmacéutico». Stevie Wonder abría para ellos, y el tequila sunrise era el cóctel oficial rico en vitaminas para que el ritmo no decayera. A lo largo de la gira, se les unirían escritores para dar cobertura mediática a medios especializados, como Truman Capote que iba a escribir un artículo para la revista *Rolling Stone*. La estrategia sirvió para barrer mediáticamente a Led Zeppelin, de gira al mismo tiempo.

A su paso por Boston, la niebla los obligó a aterrizar en Rhode Island, donde un fotógrafo se los encontró en el aeropuerto y aprovechó su oportunidad. Keith se enojó e inició una pelea que terminó con su detención, además de la de Marshall Chess y Robert Frank. Mientras tanto, en el Boston Garden, Stevie Wonder tocaba durante horas para distraer a la multitud ansiosa de ver a unos Stones que no llegaban. Paralelamente, en la ciudad se estaban produciendo unos disturbios con incendios provocados y el alcalde intercedió pidiendo calma al auditorio para poder destinar a las calles policías encargados de la seguridad durante el concierto, además de hacer una llamada para sacar a los Stones del calabozo. De camino al recinto, el grupo vio los incendios y creyó que sus fans habían prendido fuego a la ciudad. Llegaron a la cita con cinco horas de retraso para ofrecer una de las mejores actuaciones de la gira.

Cerca del final del *tour*, Robert Frank se quejó de haber rodado pocas escenas escabrosas, así que en un vuelo montaron una orgía simulada con chicas desnudas, escenas de sexo oral y consumo de drogas. En Nueva York, los Ángeles del Infierno solicitaron una reunión con el nuevo mánager de los Stones; querían que el grupo ofreciera un concierto para ayudarles a hacer frente a sus gastos jurídicos a raíz de los sucesos en Altamont. Peter Rudge les pidió tiempo para pensarlo, pero en su lugar, cambió al grupo de hotel y duplicó la seguridad. Pese a todo, la gira pasó factura a buena parte del equipo técnico: Jimmy Miller, Gram Parsons, Jo Bergman... muchos abandonaron, y Marshall Chess se convirtió en heroinómano. La película *Cocksucker*

Blues de Robert Frank no se distribuyó jamás y Decca no cedió los permisos para publicar versiones en vivo de las canciones grabadas con su sello. La película-concierto *Ladies and gentlemen: The Rolling Stones* fue lo único que salió de allí. La película, y el millón y medio de dólares que hicieron, doscientos cincuenta mil por cabeza. Sin embargo, Mick se enojó al descubrir que Led Zeppelin habían conseguido un reparto de beneficios muy superior.

Después, Mick regresó a Inglaterra para ver a su familia y gozar del *statu quo* británico. Sus compañeros regresaron a Francia, donde sufrieron el acoso de la policía por los rumores que situaban a traficantes de drogas en Nellcote durante el año anterior, salvo Keith, que, tras un breve paso por Suiza, se instaló en Kingston, Jamaica, atraído por la nueva oleada de música reggae, la película *The Harder They Come*, y sus jardines naturales de marihuana. Kingston, cuna de Marley and The Wailers, Burning Spear, Toots and The Maytals, y el Dynamic Sound Studio, de Byron Lee, parecían el relevo ideal para Redlands, y donde los Stones empezarían a trabajar en su nuevo álbum.

En Kingston, Jamaica, se instalaron los Stones atraídos por la nueva oleada de música reggae, la película *The Harder They Come*, y sus jardines naturales de marihuana. Sería su lugar de trabajo para crear un nuevo álbum.

Aguantándole el pulso al punk

(1973-1977)

En enero de 1973, los Stones planificaban una gira por Oriente, pero tanto el gobierno australiano como el japonés la prohibieron por las órdenes de detención francesas sobre Keith y Anita. Tuvieron que pelearlo para lograr tocar en Australia, pero Japón se mostró inflexible. El grupo aprovechó para regresar a Los Ángeles y realizar un concierto para recaudar fondos en favor de Nicaragua tras el terremoto de Managua, antes de continuar trabajando en las grabaciones jamaicanas. Precisamente, en Jamaica permanecía Anita Pallenberg, que aprovechaba su solitud para invitar a la casa a los rastafaris que se le antojaran. Los vecinos de la zona residencial, todos ellos distinguidos personajes, no veían con buenos ojos la presencia de rastas autóctonos sin control en su barrio. Advirtieron a Keith de que debía controlar a su mujer, pero en cuanto regresó a Londres, Anita volvió a las andadas. Finalmente, los vecinos llamaron a la policía, que irrumpió en la casa y la detuvieron por posesión de *ganja*. Anita fue encerrada en un calabozo con hombres presos que la pegaron y violaron repetidamente, además de los diez mil dólares que le impusieron de fianza.

La pareja se reunió en Londres y trató de rehacerse en Redlands durante los siguientes meses, pero el 31 de julio la casa se incendió con Keith y Anita dentro, después de otros tantos episodios de redadas policiales con incautaciones de marihuana, heroína y armas de fuego. Redlands quedó parcialmente destruida y Keith no la podría volver a disfrutar en años. También perdió varias de sus guitarras y muchas antigüedades. Fue por esa misma época cuando en una noche de recreo, Keith se encontró con Krissie Wood, mujer de Ronnie Wood, el guitarrista de los Faces. Keith se creyó afortunado ligando con ella, pero en cuanto Krissie se lo llevó a casa, lo acompañó hasta el estudio de Ronnie, que estaba trabajando con Mick en la prematura versión de «It's Only Rock'n Roll». La situación fue tensa por el constante rumor de que, si Keith moría, el sustituto favorito sería Ronnie, pero el buen humor de éste hizo que el rumor se transformara en risas. Por allí también estaba Uschi Obermeier, invita-

da de los Wood, una hermosa modelo alemana de la que Keith quedó prendado de inmediato. Con Redlands fuera de juego, y seducido por Uschi, la casa en el jardín de los Wood se convertiría en la nueva residencia habitual de Keith.

Los gemelos purpurina (y nadie más)

En agosto se publicó *Goats Head Soup* con «Angie» como plato estrella. Supuso un giro en el sonido del grupo hacia el mundo de las baladas radiofónicas, además de su regreso al número 1 en EE. UU. desde «Honky Tonk Women». Lo siguiente sería una gira europea marcada por la droga, en la que incluso Mick Taylor se había convertido en heroinómano. Pero la palma se la seguían llevando Keith y Anita. En una fiesta en Blenheim Palace, cuna de Winston Churchill, se había reunido todo Londres. Anita decidió esperar en el coche a Keith, que se estaba chutando en el baño con Bobby Keys. Keith se olvidó de ella por completo, y Anita entró por él a todo trapo armando un escándalo. Mick sugirió a Keith que se la llevara y la pareja casi se arranca los ojos en el asiento del coche, que salió escopeteado de allí. Keith estaba en su peor momento: a menudo se le olvidaba la letra de «Happy», perdía la púa y era incapaz de encontrarla, o tropezaba, caía y ya no podía ponerse en pie. La prensa apostaba a ver quién acertaba la próxima fecha de su muerte.

Los Stones tocaban en Manchester cuando Bobby le dijo a Keith que Gram Parsons había muerto de una sobredosis en un motel de mala muerte de Los Ángeles. La noticia cayó sobre él como el hielo sobre el fondo de su copa de whisky, y él y Marshall Chess decidieron ingresar en una mansión suiza para someterse a un tratamiento de hemodiálisis de tres días para limpiar la heroína de sus venas. Bobby no les siguió los pasos y tuvo que abandonar el grupo tras desmayarse en Alemania, demasiado enfermo por su adicción. Fue desterrado y pasaron décadas antes de que le permitieran volver a entrar.

Durante la gira, Keith y Anita fueron multados y condenados a sentencias con libertad provisional por un tribunal francés por el consumo de drogas en Nellcote, y después por un tribunal de Londres por la reciente redada con armas de fuego.

El grupo sólo encontraba espacio para las buenas vibraciones cuando Mick y Keith compartían tiempo con Ronnie. Pese a ello, los Stones fueron a Musicland Studio, propiedad de Giorgio Morodor, en Múnich, para regrabar «It's Only Rock'n Roll» con Billy Preston. Para estas sesiones prescindieron de Mick Taylor, ya con pie y medio fuera de la banda y oficialmente enfermo, y de Jimmy Miller, pues habían decidido producir sus nuevas grabaciones ellos mismos bajo el seudónimo The Glimmer Twins, referido a la dupla Jagger/Richards. Keith aprovechó para regrabar las pistas de guitarra de Ron él mismo. Ni siquiera le acreditaron.

Los Stones se estaban resituando musicalmente para aprovechar el movimiento funk inspirado por la música negra. Earth, Wind & Fire, Curtis Mayfield y The Meters eran las bandas de moda, y Mick sentía devoción por sus coloridas ropas. Por Navidad, el grupo se dispersó y Bill aprovechó para centrarse en su álbum en solitario, algo que Keith rechazó: no le gustaba que un Stone hiciera su propia música fuera del grupo. De vuelta al estudio, el asedio contra Mick Taylor se convirtió en una constante. Keith trataba de humillarlo y borraba sus grabaciones a las pocas horas sin decirle nada; quería sustituir a Mick Taylor por Ronnie, con quien el mismo Keith que se había mostrado contrariado por que Bill trabajara en sus propias canciones, ahora disfrutaba participando en su álbum en solitario. Cuando se publicó *I've Got My Own Album to Do*, el disco de Ronnie Wood contaba con la colaboración de Mick y Keith, además de la de tantos, y sonaba mucho más a los Rolling Stones que a los Faces.

Adiós Mick Taylor/Hola Ronnie Wood

It's Only Rock'n'Roll se publicó en octubre y fue el primer álbum de los Stones cuya producción corría a cargo de The Glimmer Twins. Ese mismo otoño, Mick Taylor dijo «basta» después de haber sido ninguneado a más no poder. Estaba enganchado a la heroína, furioso porque no se le acreditaba como autor de muchas de las canciones en las que había participado, y aburrido por la falta de giras. Además, su matrimonio se había roto, aparentemente sin que Mick Jagger tuviera nada que ver. Nunca se sintió realmente integrado, así que hizo una llamada telefónica a la oficina de los Stones para comunicar que abandonaba. En cuanto Mick se enteró, le propuso a Ronnie que se uniera a la banda. Ronnie lo rechazó por su compromiso con los Faces, así que los Stones se reunieron siendo cuatro más Nicky Hopkins para trabajar en *Black and Blue*.

A mediados de diciembre oficializaron la salida de Mick Taylor después de que un cínico Keith le hiciera llegar un escueto telegrama agradeciéndole el tiempo que habían podido tocar juntos. Mick Jagger dijo: «Todavía no sé realmente por qué se marchó. Nunca lo explicó, al menos a mí. Quería iniciar una carrera en solitario. Supongo que le fue difícil congeniar con Keith». De cualquier modo, los Stones pusieron el foco sobre Taylor, hablando de sus maravillosos discos en solitario, para añadir después que todavía estaban esperando a que los grabara. Mick Taylor, por su parte, siempre apaciguó el rumor de la prensa de que se trataba de una cuestión de dinero y *royalties*, para acabar explotando contra los Stones diciendo que lo habían convertido en un cínico de la industria musical.

El grupo inició audiciones para nuevos guitarristas por las que pasaron Rory Gallagher, a quien no prestaron demasiada atención, y Jeff Beck, que no terminó por convencerse. Peter Frampton y Eric Clapton fueron otros nombres que sonaron, pero nunca se confirmaron. Ronnie llegó con la primavera después de que su esposa Krissie lo abandonara por Jimmy Page. Mick y Keith lo convencieron animándolo a unirse como contratado temporal en la inminente gira, por lo que se le asignó un salario y no una partición. La prensa opinó que los Stones habían escogido al tipo menos amenazante que encontraron, pero su buen humor y la química con Keith decantaron la balanza. Su misión era la de ser el hermano pequeño que mediara entre Keith y Mick, además de aportar su vitalidad y agradable personalidad.

Los ensayos para la gira de EE. UU. empezaron con Mick solucionando los problemas de Keith con el visado para EE. UU., para el que Keith se sometió a otra cura

en Suiza y así hacerse un análisis de sangre que no diera positivo. Para presentar la gira hicieron una actuación sorpresa de «Brown Sugar» sobre un camión descubierto y repartiendo el programa a los periodistas neoyorquinos que comían en el Fifth Avenue Hotel de Greenwich. El espectáculo para la gira contaba con novedades como un especial despliegue de luces y un micrófono inalámbrico para Mick que le daría total libertad de movimiento, pero también un falo hinchable gigante que se desplegaba durante la interpretación de «Starfucker».

Se concedieron muchas entrevistas de promoción y Rolling Stones Records aprovechó para editar el recopilatorio *Made in the Shade*. Allen Klein respondió con *Metamorphosis*, una colección de viejas maquetas y descartes que molestaron al grupo, y ante la que nada pudieron hacer. A los músicos se les sumarían Billy Preston y Ollie Brown, un percusionista que daría mayor libertad a Charlie. Y Tony El Español y Fred Sessler con sus maletines, por supuesto. El nombre de la gira sería *Tour of the Americas*.

A su paso por Los Ángeles, el grupo se reunió con sus mujeres, salvo Keith, pues Anita había sido deportada a Jamaica por la sentencia por posesión de drogas. Keith buscó consuelo en la residencia de Fred Sessler, el farmacéutico que le subía el ánimo con cocaína peruana, además de procurarle visitas de Uschi Obermeier en avión. Por su parte, Mick no pasaba por su mejor momento con Bianca, que había sido vista con otros hombres en Nueva York, y que estando en San Francisco, tomó un avión rumbo a casa para alivio del cantante. Al día siguiente, después de asistir con Keith a un concierto de Toots and The Maytals, Mick mató las penas con varias chicas en su habitación de hotel.

La gira iba a continuar por Sudamérica, pero cancelaron a causa de la situación política de muchos de sus países. Para el cierre de la gira en Buffalo, Mick, Keith y Ronnie tomaron LSD, lo que molestó a Charlie y a Bill. El concierto se retrasó durante horas porque Mick no pensaba salir a cantar hasta que oscureciera. Hubo altercados y se realizaron centenares de detenciones a un público que llevaba horas tomando cerveza. Se atendieron agresiones y sobredosis en lo que parecía un nuevo episodio Altamont. Pero se puso el sol y salieron los Stones, en un concierto tan loco que Mick cantó «Street Fighting Man» mientras la banda tocaba «Brown Sugar».

Al terminar la gira el grupo se dispersó de nuevo, con Ronnie uniéndose a los Faces para su gira particular. Cumplió tocando con ellos durante el otoño, pero a finales de año corrió la noticia de que Rod Stewart abandonaba la formación, dejándole camino libre para unirse a los Stones. Así lo hizo, y estando en Musicland Studio en Múnich, la policía inglesa aprovechó para rendirle su bienvenida particular a los Stones. Hicieron una redada en su casa de Richmond, supuestamente en busca de mercancía de Keith, pues irrumpieron en la casa del jardín. Allí se encontraron con Krissie Wood y su amante, y los arrestaron a los dos por posesión de cocaína.

Mick Casanova Jagger

En enero de 1976, Mick se preparaba para mudarse formalmente con Bianca a Nueva York, ciudad donde se estaba haciendo la mezcla de *Black and Blue*. El ingreso de Ronnie se hizo público a finales de febrero, así como la confirmación de una gira europea durante el verano. Ronnie trasladó a su familia a Malibú, y Anita, que estaba viviendo con Keith en Suiza, dio a luz a un prematuro niño al que llamaron Tara.

Mientras en EE. UU. el imperio era ahora de bandas locales como Aerosmith y Lynyrd Skynyrd, en Inglaterra irrumpía el punk con grupos que no respetaban a los Rolling Stones ni a Led Zeppelin. Sex Pistols, The Clash y The Jam eran el presente que predicaba el «no hay futuro», y la mofa de todo lo que un día representaron las viejas glorias, ahora tratadas de viejos a secas. Pese a todo, *Black and Blue*, con su mezcla de funk y reggae, fue un álbum de relativo éxito que llegó a número 1 en EE. UU. y a número 2 en Inglaterra. No cabe duda de que también contrarió a los seguidores más puristas.

La gira europea empezó en abril con un equipo de cien personas, toneladas de luces y altavoces, 22 guitarras de Keith y un escenario hecho a medida que incluía el ya visto pene hinchable y un dragón verde. Keith tenía un aspecto cadavérico, y tocaba aún peor. Se consumía mucha heroína con constantes problemas en los pasos fronterizos. A menudo, The Meters, la banda elegida como teloneros, sonaban mucho mejor que el cabeza de cartel. Estando en Londres, Mick invitó a Bryan Ferry, que se presentó con su hermosa novia Jerry Hall. Al acabar el concierto fueron a casa de Ferry, donde Mick flirteó con ella delante del anfitrión, y éste lo invitó a irse sin evitar que el de la boca grande dejara huella.

Mick Jagger fue buen amigo de Brian Ferry, hasta que este le presentó a su novia, la guapa modelo Jerry Hall, con la que se casaría en Bali en noviembre de 1990.

Los Stones estaban flojos pero la gira continuó por Alemania, España y Francia, cuando Keith recibió una llamada de Suiza. Anita le contó que Tara, de once semanas, se había ahogado en la cuna. Anita cogió un avión rumbo a París para estar con Keith y pasar juntos el dolor. Se habló de suspender la gira, pero Keith lo rechazó, la amenaza del bajón era demasiado grande. Los restos del niño se incineraron en Ginebra, y al acabar la gira, Keith y Anita se instalaron en un hotel de Londres. Nunca volvieron a Suiza.

Durante el verano se supo que John Phillips, ex The Mamas & The Papas, flirteaba con Bianca Jagger. En cuanto Mick se enteró, reaccionó como un galante caballero, invitándole a pasar un rato juntos jugando al críquet o componiendo. Incluso le propuso grabar un disco suyo utilizando a los Stones como banda. Trabajaron en Olympic Studio y John Pillips convenció a Mick Taylor para que participara en su nuevo álbum que se editaría en Rolling Stones Records. Todo iba bien, hasta que John se volvió adicto a la heroína después de acoger a Keith por un tiempo en su casa. Mick se molestó, perdió interés en el proyecto y la banda lo archivó. Sin embargo, meses después, Mick invitó a John y a su hija Mackenzie a su casa para comer. Envió al padre a por mayonesa, cerró la puerta con llave, y aprovechó su ausencia para seducir a la joven de dieciocho años. Cuando John regresó, no pudo entrar en la casa. Tiempo después, su hija describió el suceso como un único pero muy intenso encuentro con Mick Jagger.

La relación entre Mick y Bianca parecía encontrarse en un punto de no retorno en otoño. Aprovechando que se encontraba en Los Ángeles trabajando con Ronnie en el nuevo álbum en directo de los Stones, Mick recuperó contacto con Bebe Buell, una chica Playboy con la que había mantenido un *affaire*. Y era sabido que no era la única. Bebe siempre describió a Mick como un gran amante, atento y delicado, pero también varonil, y que le enseñó muchos trucos de cosmética. Bebe quedó embarazada y daría a luz a un niño de grandes labios, que no sería de Mick, sino de Steven Tyler, el cantante de Aerosmith y –según sus propias palabras– el mejor amante que ella tuvo jamás.

22 gramos de heroína y 5 de cocaína

En febrero de 1977, Mick y Keith tenían las primeras canciones de su nuevo álbum, el último que debían a Atlantic Records por su contrato entonces vigente. Había una nueva pugna por conseguir sus servicios entre compañías discográficas, que se resolvió en favor de EMI para la distribución internacional de Rolling Stones Records, excepto en EE. UU. El contrato obligaba a EMI a ceder total disponibilidad de sus propios estudios Pathé-Marconi en París.

Mick decidió que el grupo se reuniría en Toronto porque Keith, que había sido multado y condenado por posesión de cocaína en enero, tenía complicaciones para entrar en EE. UU. La banda llegó a Canadá con Peter Rudge para ensayar para tres conciertos a principios de marzo en El Mocambo. Pero Keith no se presentó. Había pasado el invierno en la rehabilitada Redlands con Anita, y con la única visita de narcotraficantes. Hasta la semana de retraso no se dignaron coger el avión de British Airways. En el avión, Keith se preparó un último chute de heroína y echó la cuchara quemada en la bolsa de Anita. En la aduana, Anita montó una de sus habituales escenas por la que intercedió la policía con sus perros. Les encontraron una piedra de hachís y la cuchara, pero los dejaron ir al hotel. Tres días después, la Real Policía Montada de Canadá salió al encuentro de Keith, entrando en su suite para incautar suficiente droga para pasar por narcotraficante. Tuvieron problemas para sacarle de su estado comatoso, y al despertar, Keith les pidió que le dejaran un par de gramos de heroína para salir del paso. A los policías no les hizo ninguna gracia y lo detuvieron. Keith se enfrentaría a un juicio que podría mandarlo a la cárcel con cadena perpetua, lo que supondría la pérdida del nuevo contrato de los Stones con EMI.

Keith trató de dejar las drogas encerrándose en un baño, pero Bill y Ronnie atendieron sus ataques de pánico comprándole un poco de heroína, la suficiente para permitirle continuar el trabajo con el grupo. Los Stones con Billy Preston y Ollie Brown ensayaron en El Mocambo para volver a ser aquella banda de club nocturno. En el público de la primera de las actuaciones estaba Margaret Trudeau, la esposa del primer ministro Pierre Trudeau. Aquella noche, Maggie terminó en el hotel de los Stones. La prensa lo filtró, y se extendió el rumor de que Maggie mantenía una aventura con Mick. En realidad, Margaret Trudeau y el primer ministro canadiense ya se habían separado discretamente para no romper la imagen de familia feliz con hijos, y, además, era por el recientemente separado Ronnie por quien sentía atracción. Al día siguiente, Maggie regresó a El Mocambo, ahora con un equipo para registrar imágenes de los Stones en vivo. Pierre Trudeau tuvo que desmentir que Maggie se hubiera fugado con un Stone ante la oposición que atacaba su credibilidad. Después de aquello, Margaret Trudeau abandonó Canadá pero nunca volvió a ver a los Stones.

El 7 de marzo, Keith se presentó ante el tribunal mientras Mick mantenía una reunión formal con el grupo. Estaba muy preocupado por si Keith iba a la cárcel, y porque se sentía vigilado y se olía una nueva redada en el grupo. Decidió dejar a Keith en Canadá hasta que se resolviera el caso y que el resto de los Stones se marcharan. Al día siguiente, se impuso a Keith una fianza de 25.000 dólares y se le devolvió el pasaporte. Mick se fue de Canadá junto al resto, y dejaron a Keith con Anita en Toronto ante un futuro incierto.

La presión de familiares, medios y amigos sobre la nueva administración de Jimmy Carter hizo que se permitiera entrar en el país a Keith y Anita en abril, para ser tratados en un centro de desintoxicación de Nueva York. Así fue como Keith ingresó en una clínica de Filadelfia e hizo una cura de seis semanas. Funcionó por un tiempo, pero pese a sus recaídas, Keith por fin adoptó la firme voluntad de rechazar la constante oferta de los camellos. Tiempo después, hablaría de la redada en Toronto como de un acontecimiento que le salvó la vida.

Al mes siguiente, Mick dio una fiesta en Studio 54 para celebrar el cumpleaños de Bianca, pero él ya tenía el ojo puesto en Jerry Hall, la modelo tejana con gran sentido del humor y potencia sexual que había conocido a través de Bryan Ferry. Jerry decía que la única forma de conservar a un hombre era abandonarlo todo por dos minutos y hacerle una mamada de vez en cuando.

Mick y Keith empezaron a mezclar *Love You Live*, el álbum en vivo que rendiría cuentas con Atlantic, cuando Billy Preston fue despedido por traer al estudio a su propio ingeniero de mezclas, y Earl McGrath sustituyó a Marshall Chess como presidente de Rolling Stones Records. Liberarlo del cargo dejaría espacio a Marshall para su rehabilitación por su adicción a la heroína. Mientras tanto, Keith se mantenía enganchado a Anita, de quien sus abogados le recomendaron que tomara distancia si quería superar su drogadicción y evitar la cárcel. Se entretenía devorando música reggae, asistiendo a todos los conciertos del género en Long Island y comprando discos en el Bronx. Por su parte, Mick rompió formalmente con Bianca después de un nuevo intento de arreglar las cosas.

Love You Live pisó la calle en septiembre con una portada montada a partir de la sesión fotográfica con Andy Warhol que mostraba a los Rolling Stones mordiéndose unos a otros. Al mes siguiente se reunieron para grabar nuevo material y superar así la expectativa recuperada por el buen álbum en directo, además de vencer la tensión en las filas del grupo: con Keith a un lado, ridiculizando las formas y pretensiones sociales de Mick, y éste tratándolo con condescendencia. Ronnie se mostraba comprensivo con Keith, Charlie estaba asqueado por sentirse en medio, y casi nadie se hablaba con Bill; con todo era el ambiente propicio para las sesiones de *Some Girls*.

El grupo contrató al ingeniero de sonido Chris Kimsey, que sacó gran partido al dúo rítmico formado por Charlie y Bill, y contaron con Sugar Blue, un virtuoso de la armónica que tocaría en los siguientes tres álbumes de los Stones. El teclista Ian McLagan de los Faces sustituiría a Billy Preston, hasta que Keith interrumpió las sesiones cuando tuvo que regresar a Toronto para el juicio. Explicó al juez sus esfuerzos para dejar las drogas, alegando que como adicto necesitaba tomarlas al salir de gira. Sin embargo, ante la opinión pública seguía mostrando su cara más desafiante.

Love You Live pisó la calle en septiembre con una portada montada a partir de la sesión fotográfica con Andy Warhol que mostraba a los Rolling Stones mordiéndose unos a otros.

Éxito comercial: de Jamaica a la MTV

(1978-1982)

Las grabaciones para *Some Girls* se retomaron en París nada más empezar 1978, al tiempo que lo hacían también las discusiones: Keith, plenamente influenciado por la música reggae, quería colorear el sonido Stone con el verde, amarillo y rojo de la bandera rastafari, mientras que Mick pretendía acelerar los característicos riffs de rock'n'roll para que pudieran confundirse con el último movimiento muy en boga, el punk. La comunicación era dificultosa tanto por las drogas como por la voluntad, y rápidamente Keith desistió de presentarse a muchas de las sesiones.

En abril, Rolling Stones Records fichó a su primer gran artista externo a la banda. Peter Tosh, miembro fundador de The Wailers, era un músico reggae más in-

transigente y activista que su compañero, Bob Marley. Cuando el núcleo principal de los Wailers se separó, Marley siguió adelante con el nombre del grupo y Tosh inició su carrera en solitario. Mick y Keith volaron a Kingston para verle abrir el legendario One Love Peace Concert en el National Stadium, el show donde Bob Marley unió a las dos facciones políticas enfrentadas de la isla. Tosh

salió al escenario acusando la hipocresía de los políticos y practicando su apología por la ganja. Su papel le costaría que unas semanas después lo detuvieran y le propinaran una brutal paliza en comisaría. Su primer álbum con el sello de los Stones sería *Bush Doctor*, lanzado el mismo 1978.

Por su parte, el nuevo disco de los Rolling Stones se editó en mayo. Era un álbum más bailable que sus predecesores, que por momentos sonaba al punk rock y new wave. El disco tuvo que publicarse con una pegatina en la portada que advertía del lenguaje explícito políticamente incorrecto en algunas de sus canciones (en la canción «Some Girls», Mick relata sus aventuras sexuales con toda clase de chicas). Vendería ocho millones de ejemplares y se mantendría en los primeros puestos de ventas en EE. UU. durante casi todo el año.

El siguiente paso al lanzamiento del álbum era ensayar para la inminente gira, y para ello, los Stones se reunieron en Woodstock. Mick lo hizo con Jerry Hall, su nueva compañera, y Keith con Anita. Keith se sometió a un duro proceso de desintoxicación para estar en condiciones de ir de gira con la banda, a base de marihuana, píldoras y alcohol que le ayudaran a paliar el dolor producido por las descargas de electrodos. Al poco tiempo, Anita decidió irse de Woodstock y Keith se fue a vivir con Ronnie, que se había juntado con Jo Howard, una hermosa ex modelo. Ronnie la dejó embarazada mientras grababa su tercer elepé en solitario en París, y cuando Krissie Wood se enteró le pidió el divorcio.

El ángel de Keith

Peter Tosh era el escogido como telonero para la gira norteamericana que empezó en Florida en junio, con la utilización de seudónimos como Stoned City Wrestling Champs o Cockroaches. Durante la gira, Keith esquivaba a Jerry, la nueva novia de Mick. No se gustaban el uno al otro, y Keith, con su adicción «bajo control», trataba de recuperar su parcela sobre la dirección del grupo, aparentemente a favor de aliviar presión a Mick. Pero a Mick, esto pareció no gustarle después de casi una década como único líder de la banda. El papel de Ronnie volvió a ser indispensable para que el tándem no se desmoronara. Ejerció de mediador para limar asperezas, acercó a Bill de nuevo a Keith, y se mostró siempre conciliador entre los dos líderes.

Las ciudades iban cayendo, y a su paso por Chicago, el grupo apareció en una jam con Muddy Waters y Willie Dixon en el Quiet Knight. Recorrieron Texas y California, donde Keith volvió a consumir heroína al tiempo que Marsha Hunt acudía a Mick a través de sus abogados para reclamarle la manutención de su hijo. Con varios miembros en procesos de divorcio y juzgados –y Keith de nuevo enganchado–, el grupo mostró una baja forma en buena parte de los directos. El ánimo no iba a levantarse en los próximos meses, cuando Keith Moon, baterista de los Who, falleció en otoño por una sobredosis de antidepresivos después de desintoxicarse de alcohol y drogas. Bill y Charlie asistieron al funeral.

En octubre, los Stones accedieron a participar en el programa «Saturday Night Live», de la NBC de Nueva York, que ya era el mejor de la televisión norteamericana. Pese a abusar de alcohol y drogas, el grupo ofreció un buen espectáculo en los ensayos, para suspender a la hora de la emisión. Además, Mick lamió los labios de Ronnie provocativamente en un primer plano, algo que asqueó al país. En la reemisión del programa, se optó por sustituir el directo por la grabación del ensayo. Meses después, Mick repetiría la proeza con los labios de Tosh en su actuación para el mismo programa, algo que indignó entonces al público jamaicano.

Los Stones actuaron en el programa "Saturday Night Live", en el que Mick lamió en un momento dado los labios de Ronnie, lo que provocó una sacudida emocional en todo el país.

Leah, la hija de Ronnie, nació el mismo mes que Keith tenía su gran cita ante el tribunal. Habían pasado dieciocho meses desde la redada en Toronto, y tras la caída de Sid Vicious de los Sex Pistols, acusado de haber asesinado a su novia Nancy en el Chelsea Hotel, la prensa hacía el agosto especulando con el derrumbe de Keith. Pero el inspector que lo había detenido se había matado en un accidente de tráfico ese mismo año y había rumores de que el Gobierno de Canadá no quería comerse ese marrón. Al final, se le impuso un año de cárcel y se le concedió la libertad provisional, además de la obligación de recibir un tratamiento antidroga y de realizar un concierto benéfico a favor del Instituto Nacional Canadiense para Ciegos en los próximos seis meses. Fue entonces cuando Keith descubrió cómo su buen hacer en la gira anterior terció a su favor: durante varios conciertos, advirtió la presencia de una chica invidente en las primeras filas para la que reclamó especial atención por parte del equipo de la gira, sin saber que la chica en cuestión estaba directamente relacionada con el juez del caso, y que su influencia intercedería después en la sentencia final. Quizá la justicia no fuera ciega, pero su ángel de la guarda, sí. Esto le facilitó las cosas para obtener el visado permanente de entrada para residir en los EE. UU.

Rescate emocional

Enero de 1979. Jamaica era muy inestable cuando los Stones se reunieron en el nuevo estudio de grabación propiedad de Chris Blackwell para trabajar en su próximo álbum, para el que habían reunido piezas reggae y dance, y para el que contarían con

la participación del también músico reggae, Max Romeo. Keith se mostró mucho más activo, recuperando viejas actividades que había abandonado y tomando decisiones en la producción del disco. Paralelamente, Keith, con ayuda de Ronnie, montó The New Barbarians, un grupo para el que contó con Bobby Keys al saxo, Ian McLagan en las teclas, el virtuoso Stanley Clarke al bajo, y Zigaboo Modeliste, el fantástico batería de los Meters. The New Barbarians era el proyecto con el que saldar sus cuentas pendientes con la justicia canadiense. Ensayaron en Los Ángeles en febrero, consumiendo grandes cantidades de vodka, cocaína y heroína comprada a través del actor y comediante John Belushi, que ejerció de presentador en los conciertos donde The New Barbarians abrían para los Stones. El global de la experiencia supuso una importante pérdida de dinero y la creciente tensión entre Keith y Ronnie.

Pero los problemas de Keith le reservaban un último cartucho: la noche del 20 de junio, Anita Pallenberg estaba en su casa con Marlon y algunos invitados, entre los que se encontraba Scott Cantrell, un chico de diecisiete años que miraba la televisión tumbado en la cama de Keith, mientras jugaba a la ruleta rusa con una pistola que había sido comprada ilegalmente. Se voló la cabeza. La policía detuvo a Anita por ello, quedando Keith ex-

culpado, ya que en ese momento se encontraba en París. En cualquier caso, el suceso fue la gota que colmó el vaso, y supuso el punto y final entre Keith y Anita.

Las grabaciones de *Emotional Rescue* encarrilaban su tramo final en otoño con Ronnie en horas bajas. Bobby Keys le había enseñado una sustancia nueva todavía más adictiva que la heroína, era un tipo de cocaína que se calentaban e inhalaba. Ronnie se convirtió en un adicto absoluto a la pipa de cristal mientras el grupo se trasladaba a Nueva York para mezclar el álbum en Electric Lady. Hubo muchas discusiones entre Keith y Mick sobre detalles en la producción y la letra de algunas de las canciones («Dance» iba a ser una pieza instrumental hasta que Mick se presentó en el estudio con una ópera escrita). Al tiempo se resolvían algunas cuentas pendientes: Bianca Jagger obtuvo el divorcio y la custodia de Jade, pero no el dinero que pretendía quitarle a Mick. Anita Pallenberg se declaró culpable de posesión de armas cortas y se le impuso una multa, lo que liberaba en parte a Keith de su responsabilidad. Marianne Faitfull permaneció fiel a las drogas pese al renacer de su carrera con *Broken English*. Y Keith… seguía siendo el estandarte del rock'n'roll con su nuevo anillo de una calavera plateada que le regaló su amigo londinense David Courts.

Keith conoció a su mujer actual el día de su trigésimo sexto cumpleaños. Patti Hansen, que había trabajado de modelo desde los dieciséis, era una de las *top model* del año en Nueva York cuando Jerry Hall la invitó a la fiesta de Keith en el Roxy Roller Disco. Anita también se presentó allí con la intención de recuperarle, pero Keith prefirió a Patti. Ella se mantuvo distante a medida que iba descubriendo que esa estrella del rock era poco más que un chico amable que parecía más interesado en encontrar un apoyo emocional que sexo, y empezó a gustarle. Además, comprendió que Keith necesitaba una influencia que lo apartara de los camellos que lo perseguían por todas las ciudades del planeta.

Cuando Keith y Patti formalizaron su relación, sus peores años quedaron atrás. En marzo de 1980, Keith se fue a vivir con ella y cambió la droga por el alcohol, socialmente más aceptado. Obviamente, hubo daños colaterales, y la figura de Fred Sessler

Patti Hansen se casó con Keith Richards, el 18 de diciembre de 1983 en el Hotel Finisterra en Cabo San Lucas, México.

se convirtió en tabú durante algún tiempo. Ahora, el sitio de honor para el droga-dicto de la banda quedaba para Ronnie, a quien pillaron con 200 gramos de cocaína en la isla caribeña de San Martín. Él y su novia fueron deportados después de cinco días de detención. Además, el bueno de Ronnie se había arruinado al tratar de llevar el tren de vida de Mick y Keith, pero con su irrisoria nómina ajena a la partición de beneficios.

Si me enciendes, nunca me detendré...

Mick y Keith se las tenían cada dos por tres en los estudios de Manhattan mezclando el álbum. Keith odiaba que Mick se hubiera autoerigido rey de todo lo logrado hasta ahora, y Mick detestaba tratar con el temperamento del barriobajero Keith. Tam-poco coincidían en los próximos planes: Keith quería salir de gira, y Mick unas bien merecidas vacaciones. A finales de julio, Mick se largó con Jerry a Marruecos por su cumpleaños para mandar un télex *a posteriori* rumbo a Nueva York en el que avisaba a Keith de que ese verano no habría gira de los Stones. Keith, sin derecho a réplica, se puso furioso.

En octubre de 1980 el grupo se reunió en París para decidir hacer una nueva gira norteamericana en 1981 y en Europa al año siguiente. Peter Rudge fue sustituido por Bill Graham al tiempo que el grupo empezaba a trabajar en *Tattoo You*. Chris Kimsey, el ingeniero que siempre lo grababa todo cuando un miembro del grupo entraba en el estudio, les dijo que podía montar un álbum a base de descartes y temas sin letra de grabaciones pasadas. Aquello sonó a álbum nuevo con poco esfuerzo, y se pusieron manos a la obra. «Start Me Up» pasó de un tema reggae a un potente rock, y recuperaron viejos riffs que reciclarían con gusto. *Tattoo* iba a ser el título original del nuevo álbum de los Rolling Stones, añadiendo el *You* a última hora por orden de Mick. El saxofonista Sonny Rollins participaría en la grabación, pero el buen humor se rompió el 8 de diciembre con el asesinato de John Lennon frente a su casa. El grupo se traumatizó y Mick empezó a llevar siempre un arma encima cuando estaba en Nueva York.

La gira por *Tattoo You* iba a empezar en septiembre, meses después del famoso episodio en que Keith Richards se acercó por detrás a Chuck Berry para saludarle después de un concierto en el club The Ritz de Nueva York, y éste respondió gol-peándole en la cara. Días después, Chuck se acercó a Ronnie, tomándole por Keith, para pedirle disculpas. El grupo estaba en baja forma después de tres años sin salir a la carretera y necesitaba un sitio para ensayar. A finales de julio encontraron Longview Farm, en Massachusetts. Se instalaron allí a mediados de agosto con sus familias y empezaron seis semanas de ensayos. La gira sería vista por dos millones de fans y recaudarían cincuenta millones de dólares. Contaron con el primer patrocinio de la historia en esta clase de eventos, la joven empresa de perfumes Jovan.

Mick vivía en la granja con Jade y Jerry, y salía a correr cada mañana para estar en forma. Bill se trasladó con Astrid desde Francia, y Charlie con su familia desde Inglaterra. Ronnie llegó más tarde con un delicado estado de salud, y Keith le dijo que, o arreglaba sus cosas, o peligraba su lugar en la banda. Sumado al rumor de que George Thorogood podría sustituirle, Mick añadió presión a Ronnie dándole un ultimátum sobre drogas en la granja.

Para la gira se hicieron construir un escenario especial que contaría con una estética pop art japonés, algo que disgustó a Keith, que tampoco se interesó por la venta de derechos de imagen que había gestionado Mick para rodar los conciertos. Habría más cambios: sería la primera gira en la que todos los miembros contarían con equipos inalámbricos que les permitirían total movilidad, y Mick se ocupó unilateralmente de rechazar a Bobby Keys y reemplazarlo con Ernie Watts. Mick, que había tomado prácticamente todas las decisiones, concedió una rueda de prensa para anunciar las fechas de la gira casi a la par que se publicaba *Tattoo You* con «Start Me Up» como gran éxito.

En la granja, Mick corría de aquí para allá como un empresario, con una calculadora y su máxima concentración. En cambio, Keith se hizo montar un salón de billar con barra de bar en el sótano, donde bebía con Ronnie y se quejaba de Mick. Mick impuso la cláusula por contrato de que iba a ser una gira libre de drogas durante las actuaciones, y Keith dio su palabra por Ronnie. A cambio, Keith exigió que Mick no estuviera presente en el escenario cuando él interpretaba sus canciones. Por su parte, el mismo Ronnie que había sido el conciliador entre ambos, ahora podía ser el res-

ponsable del fracaso de su contrato. Mick dejó de
dirigirle la palabra, y Keith, que seguía abusando
del vodka y la cocaína, parecía un buen chico a su
lado.

La gira norteamericana de 1981 duró tres meses y los llevó por cincuenta ciudades. El grupo
empezó ofreciendo actuaciones torpes y desafina-
das, pero a medida que caían las fechas, volvieron
a brillar. Mick se puso en sus cotas altas con su
ropa deportiva, y a Keith le sentaba bien haber re-
emplazado la heroína por un pañuelo en su cabeza
que le sujetara el pelo. Tuvieron a muchos teloneros distintos, desde Van Halen hasta los Neville
Brothers, Etta James o los Stray Cats. En cuanto a Ronnie, Keith le guardaba la espalda: en una
ocasión, Keith oyó que Ronnie estaba inhalando
aquella nueva cocaína, y fue a buscarle a su habitación de hotel con un séquito de
miembros del *staff* encargados de evitar que lo matara a golpes. Pero sí le dio una
paliza para que dejara aquella mierda.

Prince fue otro de sus teloneros, todavía incomprendido, que tras actuar sólo con
slips recibió todo tipo de lanzamiento de objetos por parte de los *rockers*. Dejó colga-

dos a los Stones con cinco conciertos pendientes
por contrato. También contaron con Tina Turner, que volvía a salir al escenario para participar
en «Honky Tonk Women». A su paso por Chicago, los Stones visitaron el Checkerboard Lounge
para ofrecer la famosa *jam* con Muddy Waters,
Buddy Guy y Junior Wells. Fue la última actuación grabada de Muddy Waters, que moriría por
cáncer de pulmón en 1983. Cerca del final, Mick
Taylor participó en dos actuaciones en Hampton
Roads, Virginia, y el director de cine Hal Ashby,
recuperado de una sobredosis, rodó el concierto que se emitió en HBO. Después,
hubo una gran fiesta en honor al cumpleaños de Keith y Bobby Keys antes de la última actuación de la gira.

Juntos, pero no revueltos

En 1982, la MTV revolucionó el negocio de la música con la época del videoclip. Antes había que hacer giras para vender discos, llegando a un público limitado en cada ocasión. Ahora bastaba con hacer un vídeo para que lo vieran millones de personas. La MTV también sirvió para lanzar la carrera de artistas como Madonna, Bruce Springsteen o Michael Jackson. Pero si 1982 empezó de manera problemática, no fue por culpa de la MTV. Mick había despedido a finales del año anterior a Jane Rose, la ayudante ejecutiva que llevaba en los Stones desde 1974. Al momento, Keith la contrató para que llevara sus asuntos personales, lo que enfureció a Mick. Y cuanto más se enfadaba Mick, más competencias le daba Keith a Jane.

El 28 de abril, el grupo se reunió en Londres para anunciar la parte europea de la gira. Ernie iba a ser sustituido en favor de recuperar a Bobby Keys, pero Ian McLagan abandonaba por Chuck Leavell. Se les sumó también el trompetista Gene Barge. La gira arrancó a finales de mayo en Escocia con Ronnie desterrado de los hoteles de los Stones por su consumo de drogas. Keith había logrado mantenerlo en el grupo, pero tuvo que acceder a esta condición de Mick, que se temía nuevas redadas en el seno del grupo.

A su paso por Londres, Mick y Keith dieron una rueda de prensa en la que Mick se quejó a modo de risa de que el nacimiento de Guillermo, hijo de Diana y el Prínci-

pe, les había robado atención, y Keith respondió a las preguntas sobre la heroína diciendo que no se arrepentía porque había aprendido mucho de ella, no así Ronnie, que estaba hecho polvo. Fue por estas fechas cuando Keith se reencontró con su padre después de veinte años sin verse. Bert Richards se convirtió en uno más dentro del mimado séquito de su hijo, y empezó a ser visto con Keith y Marlon en sus continuos viajes de Inglaterra a Jamaica y Nueva York.

Keith Richards fue el hijo único del matrimonio formado por Bert Richards, obrero herido durante la Segunda Guerra Mundial, y Doris Dupree Richards.

La gira europea duró hasta julio de 1982, en lo que serían los últimos conciertos al viejo estilo Stones, antes de dar paso a un sinfín de músicos colaboradores sobre el escenario. Después, Mick y Keith dejaron de hablarse por un tiempo. Jerry Hall quería casarse con Mick, que no parecía muy interesado, por lo que ella se dejó ver con un propietario de caballos inglés, y Mick se la devolvió dejándose ver en Nueva York con distintas mujeres. En noviembre, el grupo se reencontró en París para sesiones en el estudio de lo que sería el último disco que debían a Atlantic Records. Ahmet Ertegün, su director, no tenía interés en renovarlos por la cantidad que pedían, y Mick empezaba a flirtear con el director de CBS Records, Walter Yetnikoff, que también quería su futura carrera en solitario.

Pese a sus diferencias, Mick y Keith se pusieron a componer de nuevo. Después de dos meses de distanciamiento, Mick le pidió matrimonio a Jerry Hall en cuanto ella regresó a Nueva York. La pareja pasó las Navidades en Mustique, una de las islas Granadinas situadas en el Caribe donde se estaban construyendo una casa. Keith y Patti tenían planes similares: también pasarían las Navidades juntos, pero el padre de Patti falleció y aplazaron los planes de boda.

Historia de la Gran Recesión Stone

(1983-1988)

En enero de 1983, los Stones se encontraban en París trabajando en *Undercover* con Chris Kimsey como productor asociado, en unas sesiones en las que el criterio del nuevo Keith al mando empezaba a concretarse, lo que los llevó a muchas discusiones sobre el tempo y el tono de algunas composiciones. En el primer semestre del año se estrenaba también la película *Let's Spend the Night Together* de discreta repercusión, en comparación a lo que supuso *Gimme Shelter* con sus imágenes de la tragedia de Altamont.

Mick y Ronnie viajaron a Manhattan para mezclar el álbum en los estudios Hit Factory. Mick terminó el disco añadiendo vientos y percusiones africanas, con Chuck Leavell a las teclas y el técnico de guitarra de Keith, Jim Barber, tocando en «Too Much Blood». Mientras tanto, Keith había regresado a Jamaica, Charlie se compraba una finca en Devonshire para sus caballos árabes y sus perros pastor, y Bill abandonaba Francia para regresar a Inglaterra con su nueva novia antes de romper con ella.

Era el mes de agosto cuando los Stones firmaban su nuevo acuerdo de distribución en EE. UU. con CBS Records. La firma comprometía sus próximos cuatro álbumes a seis millones de dólares cada uno, más los gastos de promoción, con un total de veintiocho millones: el contrato más importante firmado por un grupo de rock. Además, se permitía a CBS reeditar los viejos discos posteriores a 1971 en Compact Disc, el formato que revolucionaría la industria. Pero para Walter Yetnikoff, director de CBS, la joya de la corona era el compromiso de ceder a Columbia la futura carrera en solitario de Mick.

Tercera Guerra Mundial

Todavía con los Stones, Mick contrató al cineasta Julian Temple para que dirigiera los primeros videoclips del grupo. El vídeo de «Undercover of the Night» mostraba a un grupo de bandidos liderados por Keith Richards secuestrando al burgués Mick Jagger, en una especie de sueño húmedo de Keith. *Undercover* era un álbum en líneas generales muy influenciado por el éxito de *Thriller* de Michael Jackson, como también lo serían sus videoclips, en versión extendida y narrativos. La MTV emitió el videoclip, pero la recepción del álbum fue comedida, y lo explícito de algunas de sus letras –con alto contenido sobre dominación sexual– y sus próximos vídeos («She Was Hot») lo llevó a la censura en algunos programas.

En diciembre, Keith y Patti contrajeron matrimonio en México. Ambos pusieron de su parte para empezar una nueva familia: Patti dejó su carrera aparcada, y Keith, aparcó la heroína. Mick era el padrino en la boda celebrada el día del cuadragésimo aniversario de Keith, el mismo en que sus padres Bert y Doris se reencontraron tras veinte años sin verse. Unos días después, Mick y Jerry hicieron una fiesta por Navidad en su nueva casa en Nueva York, celebrando el buen ambiente antes de cargarse el grupo con las canciones para su álbum en solitario en las que ya estaba trabajando. Walter Yetnikoff lo había convencido para que su primer álbum en solitario fuera el

primer disco editado por Columba tras el acuerdo con los Rolling Stones.

Keith Richards fue quien se refirió al parón de los Rolling Stones en los ochenta como la Tercera Guerra Mundial. La carrera en solitario de Mick primero enfureció a Keith, y luego lo motivó para salir en busca de su vida artística más allá de los Stones. Su relación con Mick siempre había sido una intensa experiencia de amor y odio por igual, pero ver cómo su compañero anteponía sus intereses personales a la dinámica del grupo, desató un mal trago que duró años y que salpicó a los demás miembros (y a todos sus seguidores). Por si esto fuera poco, Alexis Korner, quien les ejerció de cicerón, fallecía de cáncer a los cincuenta y cinco años el día 1 de enero de 1984, y los estudios Pathé-Marconi, donde habían grabado algunos de sus mejores álbumes, iban a destruirse para construir un aparcamiento. Algunas desgracias nunca vienen solas.

El temblor acechaba a los Stones: Bill empezó a ser visto con una joven llamada Mandy Smith, que aparentaba veintitantos, pero no tenía más que trece años. Su edad permaneció en secreto por un tiempo, pero cuando la prensa se enteró se filtró la noticia de que uno de los Stones era un pedófilo, provocando un nuevo escándalo sensacionalista que lo llevó a huir de

Inglaterra de nuevo. Keith, por su parte, furioso con Mick por dar prioridad a su carrera en solitario, quiso desconectar llevándose a Patti a su casa en Jamaica. Después del reciente matrimonio, la idea era ponerse a fabricar niños, pero se encontraron con que la casa había sido ocupada por Peter Tosh y su séquito de rastafaris y cabras. Tosh reclamaba de manera irracional que los Stones le debían un montón de dinero.

Tosh había publicado dos discos más con Rolling Stones Records, pero habían pasado sin pena ni gloria, hasta el punto de no lanzarse a preparar nuevas giras. Keith contactó con él por teléfono llamando a su propia casa, a lo que Tosh respondió que allí lo esperaba con una AK-47, creyendo que eso lo intimidaría. En cuanto Keith se presentó en la casa, no encontró más que un montón de destrozos y heces de cabra por todas partes. Tosh, que consumía ingentes cantidades de ganja, amenazó tiempo después con cortarle el pescuezo a Mick si se lo encontraba. Y así fue que en cuanto se vieron en Nueva York, Mick puso su cuello en bandeja y Tosh se fue sin levantar la voz. En cualquier caso, tras lo de la casa de Keith, Rolling Stones Records y Tosh rescindieron su contrato. Peter Tosh fue asesinado en 1987 en un robo en su casa en Kingston.

Alguien tiene que hacerlo

En mayo de 1984, Mick iba calentando motores para su álbum en solitario, aprovechando todas las colaboraciones que le salían al paso. Participó con Michael Jackson en una canción para *Victory*, el álbum de los hermanos Jackson. Michael notó que Mick cantaba desafinado e insistió en hacerlo ensayar escalas durante horas. Cuando Mick se sintió preparado, se puso manos a la obra con Nile Rogers de Chic, de quien esperaba le ayudara a encontrar el sonido que tanto le había gustado en *Purple Rain* de Prince. Tenía a Jeff Beck como guitarrista y reclutó a Herbie Hancock, Pete Townshend, Jan Hammer, y Sly and Robbie, dos colegas de Peter Tosh. Sólo abrió un paréntesis para reunirse con el resto de Stones en París, sin Ronnie, que se encontraba en una clínica de desintoxicación de cocaína por cuenta y cargo de Mick. A las pocas semanas, la clínica se puso en contacto con Mick para recriminarle el comportamiento de Ronnie, que se había largado de la clínica, lo que enfureció a Mick. De todos modos, en aquella reunión se levantó el tono, y Keith acusó a Mick de abandonar a los Stones. Mick se excusó prometiéndoles un nuevo álbum de los Stones con gira al año próximo.

Cuando Ronnie abandonó la rehabilitación, Keith se ocupó de él: se convirtieron en la nueva pareja compositora de los Stones, improvisando juntos en el taller que Ronnie tenía en Nueva York. El cantante de soul Bobby Womack era un habitual de aquellas sesiones. Así harían tiempo hasta que Mick les diera la orden, y ya tendrían un montón de material listo bajo el brazo. Pero cuando llegó el momento, Mick pospuso el álbum de los Stones sin previo aviso y Keith enloqueció. Estaba preocupado tanto por si el álbum de Mick era un éxito o un fracaso: si sucedía lo primero, los Stones estaban muertos. Si era lo segundo, no morirían, pero quedarían heridos de muerte.

A principios de octubre se reunieron de nuevo en Ámsterdam. Mick asumió su papel de dictador, mostrándose más preocupado por su carrera en solitario que por mantener con vida al grupo con más historia en la música rock. Una noche, Keith y Mick se emborracharon y fueron a su habitación. Allí, Mick cogió el teléfono y llamó a la habitación de Charlie preguntando dónde estaba su batería, citándole de inmediato. Eran las cinco de la madrugada, pero Charlie se levantó de la cama, se vistió con sus mejores galas y subió a su habitación. En cuanto Mick abrió la puerta, le golpeó en la cara y le advirtió de que no volviera a llamarlo *su* batería. Le dijo que él era *su* jodido cantante.

En enero de 1985, Mick se presentó a las sesiones de *Dirty Work* sin más material que ideas descartadas de su álbum en solitario. Keith enfureció al comprender que les traía las sobras, pero Mick, que se había gastado un dineral en su álbum, aprovechó para hacer su promoción personal en Francia antes de abandonar al resto del grupo y largarse. Keith se puso al mando con Ronnie, que ya llevaba en el grupo más tiempo que Brian Jones o Mick Taylor, y a quien por primera vez se le reconocerían créditos en algunas de las canciones.

She's the Boss, el flamante álbum de Mick Jagger, se publicó en marzo. Alcanzó los diez primeros puestos en EE. UU. e Inglaterra y vendió dos millones de ejemplares pese a las pésimas críticas y para alivio de Keith, que continuaba amenazando a Mick por si se le ocurría hacer una gira para promocionarlo con un conjunto que no fueran los Rolling Stones. El grupo regresó al estudio en abril, justo después de que Keith asistiera por primera vez al nacimiento de su hija Theodora Dupree Richards.

Las vibraciones en el estudio eran terribles. Mick estaba molesto porque veía que Keith lideraba en su lugar, y utilizaba otras salas de los nuevos Pathé-Marconi para no coincidir con él. Charlie pasaba por un mal momento personal, abusando de alcohol y tonteando discretamente con la heroína. Bill mostraba un gran desinterés y apatía, mientras que Ian Stewart opinaba que el grupo estaba acabado y no quería participar en la grabación. Si los Stones siguieron adelante, fue por la convicción de Keith, decidido a completar un álbum que giraba alrededor de canciones repletas de

ira y frustración, la que sentían Keith y Ronnie por la deserción de Mick. Así se vio en la participación de algunos de los Stones en Live Aid, dos conciertos celebrados en julio en Londres y Nueva York, ambos en favor de la lucha contra el hambre en Etiopía. Los conciertos, que iban a ser emitidos por todo el mundo, mostraron cómo Mick formó un dueto con Tina Turner para interpretar algunas de sus canciones en solitario y de los Stones, mientras que Keith y Ronnie salían después con Bob Dylan para acompañarle en un set acústico.

Mick y Tina Turner, en uno de los duetos que protagonizaron juntos.

Los Stones en punto muerto

Durante ese verano, el grupo trabajó en RPM Studio en Nueva York. Bill tocaba el bajo sólo en medio álbum. Charlie estaba a disgusto y regresó a Inglaterra tras una sesión fotográfica para la portada. Ian quería retirarse y nunca demostró mucho interés. Así que Ronnie se puso al mando del bajo en varias de las canciones, y a la batería, para la que también contaron con Steve Jordan, el baterista del show de David Letterman. Keith puso el sobrenombre de Biff Hitler Trio a Ronnie, Steve Jordan y él mismo, mientras Mick trabajaba por su cuenta. Bobby Womack, que estuvo presente en varias de las sesiones, creía que el grupo se separaría ese verano.

El álbum se retrasó hasta Navidades, pero se mantuvo vivo gracias al empeño de Keith, que pensaba mucho en el futuro del grupo y en cómo hacer crecer la leyenda, y en cuanto conoció Right Track Studio, tras unas sesiones con Ronnie y Bono de U2, trasladó allí el trabajo. El álbum se terminó a finales de 1985, mientras Charlie y Ian organizaban la Charlie Watts Big Band en Londres, una orquesta de jazz con los mejores músicos del momento. Grabaron un álbum en vivo y Charlie pudo realizar su sueño relacionado con el jazz.

Todavía en diciembre, Ian se encontraba en Londres preparándose para volar a Nueva York y ayudar a los Stones con los últimos coletazos del álbum cuando empezó a sufrir problemas respiratorios. El 12 de diciembre, con cuarenta y siete años, fallecía de un ataque al corazón mientras esperaba la visita del médico en la clínica de West London. A su funeral asistieron todos los Stones, donde se pudo ver llorar por primera vez en público a Mick al son de «Boogie Woogie Dreams», la canción favorita de Stu. Su muerte los puso entre la espada y la pared, pues su sentido común y su sinceridad habían sido un elemento indispensable para ayudar al grupo a permanecer unido.

El 23 de enero de 1986, Keith asistía hecho un manojo de nervios y medio borracho al ingreso de Chuck Berry como primer miembro del Rock and Roll Hall of Fame. Allí coincidió con otros de sus ídolos como Little Richards y Jerry Lee Lewis. Keith sentía vergüenza por creer que había plagiado a todos aquellos grandes músicos. Al final del evento, hubo una gran fiesta en la que Keith y Chuck Berry pudieron tocar juntos por primera vez. A finales de febrero, los Stones ofrecieron un concierto homenaje a Ian Stewart bajo el nombre de Rocket 88 en el 100 Club de Oxford Street. De esta forma se revertían los rumores sobre su separación y el grupo se probaba después de cuatro años. Eric Clapton y Jeff Beck subieron al escenario en una velada que terminó con Mick y Keith saliendo abrazados, visiblemente turbados por las emociones.

Dirty Work, producido por The Glimmer Twins y dedicado a Ian Stewart, se publicó en invierno y es considerado el álbum menos interesante del grupo. Fue el último disco de los Stones editado principalmente en vinilo, y estaba repleto de mensajes cruzados entre Mick y Keith, algo que sentaría cátedra para sus álbumes en solitario. En la contraportada descansaba el mensaje «Gracias Stu, por veinticinco años de boogie-woogie». La gente de CBS se quejó por considerar que no sonaba a Rolling Stones, sino a Keith Richards, pero en la era de Bon Jovi, el disco aguantó con dignidad pese a no contar con una gira que lo respaldara. A Mick no le gustaba el álbum y no se veía cantando esas canciones, así que decidió romper con su promesa y no hacer gira bajo el pretexto de que el grupo estaba en baja forma. Para ello, avisó al grupo con una carta enviada desde su paraje paradisíaco en Mustique, donde trabajaba en su próximo álbum en solitario. Keith se irritó mucho al leerla, y pese a perder una paga estimada en cuarenta millones de dólares por la gira, los Stones desaparecieron por un tiempo y Keith decidió continuar con su vida.

Richards contra Jagger

A principios de 1986, Charlie se rehabilitó de la heroína con la misma discreción con la que se había enganchado, y en mayo, el grupo rodó el videoclip de «One Hit (to the body)» en Londres, en que Keith y Mick se enfrentaban el uno al otro, literalmente. De regreso a Nueva York, en un viaje de tres días en barco por el embarazo de Patti, Keith tuvo tiempo de pensar: decidió que buscaría a gente para grabar su propio disco en solitario. Jane Rose iba a ayudarlo, primero involucrándolo en un proyecto de Chuck Berry que comportaba montar una banda para un concierto por su sesenta cumpleaños. Bobby Keys, Chuck Leavell y Steve Jordan eran músicos que habían tocado con Keith y los Stones, y a los que reclutó para montar la orquesta para Chuck Berry. Sumó al bajista Joey Stampinato, a Eric Clapton, Robert Cray, Linda Ronstadt y Etta James a las voces, todos

Las desavenencias entre Keith y Mick han sido muchas a lo largo de la carrera musical conjunta. El guitarrista y el cantante de los Rolling Stones suelen enfrentarse a menudo, aunque sus pequeñas peleas nunca van a más.

ellos bajo su dirección musical en un concierto que sería grabado por Taylor Hackford para una película. En octubre, empezó a trabajar con Chuck en San Luis.

Chuck Berry no estaba acostumbrado a ensayar y muchas veces se evadía, además de ejercer mucha tiranía contra Keith, al mando de los músicos. Para Keith, trabajar con Chuck fue un ejercicio de paciencia, en el que ejercía de director sadomasoquista más que de director musical. Chuck se peleaba con Keith en ambos conciertos, negándose a cantar en las pruebas de sonido hasta que se lo suplicara. Además, después de diez días de ensayos, a Chuck le dio por cambiar tonalidades de algunas de sus canciones, lo que dejaba desprotegido el trabajo de Keith, que se limitaba a animar al resto de músicos con la mirada, invitándolos a improvisar. Al terminar, Keith comprendió que tenía la habilidad para montar un conjunto y hacerlo funcionar, antes de cogerse unas merecidas vacaciones en su nuevo hogar en Connecticut.

Mientras tanto, Bill permanecía escondido en Francia por el escándalo originado sobre su vida sentimental, Charlie hacía una gira por EE. UU. con la orquesta de jazz, y Mick trabajaba en *Primitive Cool*, su segundo álbum en solitario, entre Holanda y Los Ángeles, para después seguir trabajando en Barbados y finalmente en Nueva York, al mismo tiempo que Keith componía con Steve Jordan en la misma ciudad. En cuanto Keith se enteró de que esta vez Mick sí planeaba hacer gira en solitario, se tomó muy en serio su nuevo álbum, para el que se puso en contacto con Richard Branson de Virgin Records.

Primitive Cool era el título del segundo disco de Mick, con letras más sinceras e íntimas, que ayudaban a superar a su predecesor, pero que también fracasó. Contaba con la canción «Shoot Off Your Mouth», una carta abierta a Keith, que se encargó de difamar el disco públicamente pese a reconocer en privado que le gustaba. Keith estuvo grabando con la formación que llamaba X-Pensive Winos mientras Mick ensayaba con Jeff Beck, la primera opción como guitarrista de la gira. Pero la falta de química entre los dos, y que a Jeff no le gustó la oferta económica que le hizo Mick, hizo que finalmente se decidiera por Joe Satriani. La opinión generalizada del grupo era que Mick se estaba cargando a los Stones saliendo *on tour* con su propia banda.

En enero de 1988 Ronnie estaba de gira con Bo Diddley, y Bill volvía a salir con Mandy, que habiendo cumplido diecisiete años, ya no le suponía un problema legal. Mick giraba por Japón con Satriani y Jimmy Ripp, donde coincidió con Ronnie, que lo animó a reunirse con Keith para arreglar las cosas. Al tiempo, Mick solicitó una reunión del grupo en Londres el 18 de mayo en el Savoy Hotel. Se repitió la historia: Mick dijo que quería salir de gira con los Stones en otoño, pero ahora era Keith quien estaba demasiado ocupado trabajando en su propio álbum con gira programada. El grupo se puso de acuerdo en preparar un nuevo disco y salir de gira en 1989, cuando Keith le dijo a Mick que tenían que entender que los Stones eran mucho más grandes que ellos dos. Además, la noticia del pastón que sacarían los Who por

su próxima gira norteamericana corría como la pólvora. Mick y Keith sabían que los
Stones podrían sacar mayor tajada.

En verano, Mick tenía cuarenta y cinco años cuando canceló su gira de otoño por
las pocas ventas de *Primitive Cool*, al tiempo que se hablaba de que el nuevo álbum
de Keith Richards era brillante. *Talk is Cheap* se publicó con Virgin Records y recibió
críticas positivas generalizadas, que lo tildaban del mejor álbum de los Stones –o de
uno de sus miembros– desde *Exile*. El disco era artístico, alejado de la figura comercial de Mick y sus excesivos gestos. Influenciado por la música negra, también contenía una carta para Mick: «You Don't Move Me» criticaba la avaricia, la ambición
y la superficialidad de su amigo perdido. Keith siempre desmintió que la canción
hablara sobre Mick, pero nadie le creyó. Pese a todo, el álbum no fue un gran éxito
comercial, pero sí uno de los momentos más felices de su creador y de los miembros
de una banda –los X-Pensive Winos– que tuvieron que aceptar que el regreso de los
Rolling Stones les pasara por delante. Pese a todo, Keith y su grupo salieron de gira
por tres semanas sin necesidad de apoyarse en los temas de los Stones, más allá de los
que cantaba el propio Keith con su ronca voz.

The Rolling Stones®: abrazando el modelo empresarial

(1989-1999)

Keith se reunió con Mick en Barbados el 12 de enero de 1989. Antes de partir le dijo a Patti que regresaría en dos días o en dos semanas. Pero para su sorpresa, al llegar se encontró a Mick trabajando en nuevas canciones. A Keith le gustó lo que oyó, y ambos tuvieron una charla en la que estuvieron de acuerdo en emprender el tortuoso camino de resucitar a los Stones en los Blue Wave Studios. El regreso del grupo afrontaba el reto de ilusionar a sus habituales seguidores, pero también el de seducir a nuevas generaciones atraídas por jóvenes rockeros como Guns N' Roses. Así que Keith llamó a Patti desde la isla para confirmarle que seguía con el plan de los quince días.

 El 16 de enero, los Stones fueron incluidos en el Rock and Roll Hall of Fame de la mano del guitarrista de los Who, Pete Townshend. Mick Taylor participó en la ceremonia en la que Mick, Keith y Ronnie fueron los únicos presentes del grupo. Mick dio un discurso en el que habló de Brian Jones y de Ian Stewart, y disculpó al grupo por no estar listos para la habitual actuación posterior. A los pocos días, regresaron a Barbados. Mick y Keith tocaban juntos la guitarra en el balcón del hotel con una botella de vodka y una grabadora funcionando. Keith hacía un riff de guitarra y Mick ponía encima una melodía que servía para la voz. Con las cuatro manos ocupadas en las cuerdas y sus cerebros centrados en la música, los problemas de la pareja saltaron por el balcón. Al llegar la noche, Mick siempre se salía con la suya para llevarse a Keith por los locales nocturnos de la isla, algo que detestaba; él prefería quedarse en la habitación con sus sustancias, su guitarra y su inseparable botella de vodka.

Los Stones vendieron su inminente gira al completo –lo que incluía la venta de entradas, *merchandising*, derechos de cine y televisión– a Concert Productions International, un promotor establecido en Toronto propiedad de Michael Cohl. La venta se cifró en setenta millones de dólares. Budweiser se quedó el patrocinio de la cerveza para que Cohl pudiera garantizar los honorarios a los Stones. Michael asumía también el riesgo financiero a cambio de un porcentaje de los beneficios de la gira. Fue Concert Productions International quien se encargó de poner precios a las entradas, fabricar el escenario y diseñar las camisetas en un acuerdo que pasaría a la historia del rock'n'roll. El nuevo trato rompía relaciones con el hasta ahora promotor Bill Graham, que hizo una contraoferta a la baja que el grupo no aceptó.

Stones, S.A.

En marzo de 1989, los Stones se reunieron con Chris Kimsey en Barbados. Tenían veinte canciones nuevas que trasladaron a los estudios AIR del productor de los Beatles, George Martin, en la isla volcánica de Montserrat. Bill Wyman tuvo que abandonar las sesiones –y la isla– después de que su petición de matrimonio telefónica a Mandy provocara la constante irrupción de *paparazzi*. Bill tenía cincuenta y tres años y Mandy, diecinueve. Ronnie se encargó del bajo desde entonces y grabaron las mejores canciones del futuro álbum. La presión los mantuvo concentrados en el objetivo sin soltar el pie del acelerador, y Charlie se encargaba de arbitrar cualquier disputa entre Mick y Keith. Además, Charlie estaba molesto con Keith porque había contado con un batería distinto para su álbum en solitario, así que utilizó el ritmo para exprimir a su guitarrista.

En mayo estaban de vuelta en Londres mezclando las pistas en Olympic Studios cuando Mick recibió una carta de los Master Musicians of Jajouka de Marruecos,

escrita por una fotógrafa estadounidense, esposa de Bachir Attar, el director de la orquesta. La carta declaraba que el grupo estaba en horas bajas y pedía participar en la grabación de los Stones para conseguir beneficios, aprovechando la antigua relación a través de Brian. Ni cortos ni perezosos, Mick, Keith, Ronnie y el especialista en sintetizadores Matt Clifford con un equipo técnico, volaron en junio a Tánger. Bachir había juntado a doce músicos de las montañas con los que pasarían una semana grabando flautas y tambores. Mick dirigió al grupo mientras un equipo de la BBC filmaba las sesiones.

Los Stones estaban en Londres durante el verano, molestos con Bill que inauguró una hamburguesería llamada Sticky Fingers sin habérselo consultado. Además, a sus esposas tampoco les gustó tener que asistir a su boda con la joven Mandy Smith, carne para prensa sensacionalista. Con el lance resuelto, dieron el último empuje a *Steel Wheels*. La gira se anunció en una rueda de prensa en la Gran Estación Central de Nueva York el 11 de julio, mientras que *Steel*  *Wheels* se publicó en septiembre y alcanzó el número 1 en EE. UU. y el 2 en Inglaterra. Pese a todo, el álbum tuvo una irregular aceptación que aguantó el tirón gracias a la altísima demanda de entradas de los conciertos en una gira que fue un éxito.

Álbum y gira se plantearon como un reflejo del fin de la Era Industrial y el inicio de la Era de la información. El arquitecto Mark Fisher se ocupó del decorado, una especie de fábrica en desuso repleta de antenas y andamios. Se programaron 62 actuaciones para otoño sólo en EE. UU. y se contrató a trescientos cincuenta hombres para transportar la infraestructura, además de una flota de cincuenta camiones. También los acompañaban cincuenta personas con cargos responsables como mánagers, ayudantes, publicitarios y miembros de seguridad. Keith dijo que era como tener a cuatrocientos tíos en el grupo.

Sobre el escenario había quince músicos acompañándolos entre vientos –liderados por Bobby Keys–, teclados y coristas. El nivel de exigencia era máximo y Mick aprovechaba las mañanas para correr 8 km diarios con un entrenador olímpico. Keith, en cambio, consumía vodka a diario, píldoras, hachís y cocaína. Después de siete semanas de ensayos con los músicos nuevos, los bolos arrancarían con «Start Me Up» para continuar con un repaso de clásicos de la carrera de los Stones en un alarde de explosiones y fuegos artificiales, todo sobre un escenario tan grande que podían perderse de vista los unos de los otros durante largos minutos.

La gira arrancó con problemas en Filadelfia, donde sufrieron un apagón durante
tres minutos que mandó a «Shattered» al ostracismo por un posible gafe. El grupo
estuvo regular en su inicio, pero fueron entonándose a medida que caían las fechas.
Los Stones habían entendido la magnitud de su «empresa», y adoptaron normas de
conducta que estaban por encima de los miembros de la banda: horarios estrictos,
sin drogas duras entre bastidores, y pruebas de sonido siempre antes de la actuación.
También adaptaron el uso de más camerinos, barra de bar privada con mesa de billar
para Keith y Ronnie, salas de afinación individuales, etc. Pero la fiesta posconcierto
seguía siendo en la habitación de Keith. Mick no solía asistir, y ordenaba a Matt
Clifford salir con él por la noche. Matt tuvo serios problemas para mantenerse como
aliado de Mick y Keith por igual, algo que lo desgastó hasta la perdición.

En febrero de 1990 el grupo hizo su primera aparición en Japón con diez actuaciones
en el Tokyo Dome, todas ellas *sold-out*. Para Europa el escenario tuvo que simplificar-
se para facilitar el transporte por el viejo continente. El grupo pasó de actuar en una
siderúrgica a hacerlo rodeados de perros salvajes en el *Urban Jungle Tour*. Fueron 45
actuaciones en las que recorrieron Holanda, Francia, España, Alemania, Italia, Alemania del Este, y Checoslovaquia por primera vez, donde fueron recibidos como un
ejército de liberación. Inglaterra puso el broche final con dos conciertos en el Estadio
de Wembley. El segundo sería el último concierto de Bill Wyman con los Stones.

A mediados de 1990 el grupo sale de gira con Urban Jungle Tour usando un salvaje logotipo y un escenario efectista en el que destacaban unos enormes perros salvajes de cartón. El tour fue un gran suceso
financiero, recaudando 175 millones de dólares.

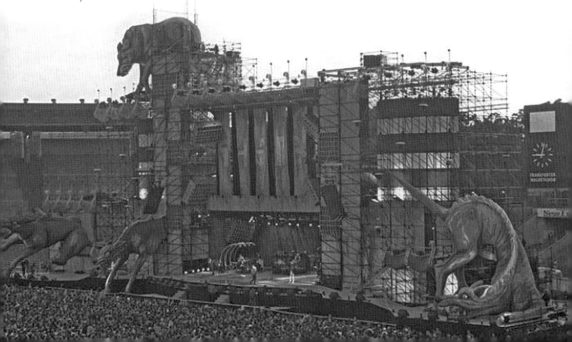

La gira generó doscientos millones de dólares y resucitó al grupo además de reescribir el estándar de los grandes espectáculos de rock. Hubo una gran fiesta final de gira a la que asistieron las recuperadas Anita Pallenberg y Marianne Faithfull, que habían abandonado sus adicciones para tomar el control de sus vidas. Después, Keith regresó a Jamaica, Charlie a Inglaterra, Ronnie se fue a Irlanda, y Mick de vacaciones con Jerry para casarse en una boda no realmente legal en Bali. Pero por si acaso, Jerry también tuvo que firmar un contrato prenupcial. Mientras tanto, Bill publicó *Stone Alone*, unas memorias donde se declaraba el campeón sexual del grupo. El trofeo le sirvió para ganarse el divorcio con Mandy, que tuvo un despertar religioso después de llegar a pesar sólo 30 kilos.

Darryl, el Stone desconocido

En enero de 1991 se reunieron de nuevo para grabar «High Wire», single editado el día que terminó la Guerra del Golfo, con claras alusiones al conflicto bélico en la letra. La canción provocó la solicitud de los partidos conservadores en el Parlamento para que se prohibiera en las emisoras de la BBC. Después, Keith siguió trabajando por su cuenta, participando en álbumes de John Lee Hooker y Tom Waits, para continuar con su segundo álbum en solitario pactado con Virgin Records. Virgin quería contratar también a los Stones, a punto de finiquitar su acuerdo con CBS, ahora propiedad de Sony.

Mientras, Mick participaba en la película de ciencia ficción *Freejack*, antes de mudarse de nuevo a Inglaterra con su esposa embarazada y su familia, pues quería que sus hijos tuvieran una educación formal británica. Charlie se dedicaba a *From One Charlie*, su particular homenaje a Charlie Parker. Ronnie atendía exposiciones de pintura en Londres y Japón. Y Bill les dijo a sus amigos que abandonaba a los Stones. En noviembre, Virgin Records obtuvo los derechos de distribución del catálogo de Rolling Stones Records por un total de 45 millones de dólares, además de adquirir de antemano los próximos tres álbumes de los Stones. Cuatro meses después, Richard Branson vendió la revalorizada compañía discográfica por un buen pellizco a EMI antes de montar su aerolínea.

1992 fue un año poco interesante para los Rolling Stones. En enero se filtró la noticia de que Bill Wyman abandonaba el grupo, el mismo mes que Jerry Hall dio a luz a Georgia May mientras Mick era visto con Carla Bruni en Tailandia. Las fotografías del encuentro se filtraron y Jerry echó a Mick de Downe House, su mansión. Mick aprovechó la ocasión para viajar y preparar un nuevo álbum en solitario con el productor en alza, Rick Rubin. Keith, por su parte, estaba grabando *Main Offender*, su segundo álbum con los X-Pensive Winos. El disco saldría en octubre con una gira mundial que se prolongaría hasta bien entrado 1993, en lo que parecía el mejor momento personal de Keith, que afirmaba en profundas entrevistas que amaba a su esposa y a sus hijos por encima de todo, salvo la música.

Con 1993 llegaron las ganas de revivir a la bestia. Keith quería que Bill siguiera con el grupo, pero Bill no estaba por la labor. Tuvo que pagar un millón de dólares a Mandy tras el divorcio y ahora tenía una nueva novia norteamericana a la que quería dedicarse en cuerpo y alma. Mick y Ronnie bromearon públicamente achacándolo a su edad. Mientras, *Wandering Spirit*, el nuevo álbum de Mick, se publicó en febrero con Atlantic Records tras un acuerdo con Ahmet Ertegün. Mick intentaba hacerse un hueco en la radio entre el hip-hop de negros y el grunge de blancos. El álbum alcanzó el número 11 en EE. UU., lo que fue visto como un relativo éxito después de cuatro años sin disco de los Stones, originando repercusión en medios pese a no contar con gira que lo respaldara. Pero en las entrevistas se hablaba más de la traspuesta vida personal de Mick que de sus canciones.

A finales de febrero, Keith se reunió con Mick en su casa de Nueva York para hablar del nuevo disco. El distanciamiento durante el año anterior les había sentado bien y se pusieron de acuerdo en trabajar en un álbum de rock sin florituras ni arreglos de genios pretenciosos. En abril volaron a Barbados para concentrarse en Blue Wave. Charlie destacó con sorpresa la distendida atmósfera a su llegada al estudio, donde Keith disponía de un rincón como territorio propio con la etiqueta manuscrita de Doc's Office. Una noche de lluvia, Keith llegó empapado con una gatita desamparada de pocas semanas. Le puso de nombre *Voodoo*, y alguien escribió en la etiqueta del Doc: «Doc's Office + *Voodoo* Lounge».

Keith regresó a Connecticut con la gatita *Voodoo* a mediados de mayo. Mick y Charlie volaron a Inglaterra. En junio se reencontraron en Nueva York para auditar a bajistas, pero pese a probar con músicos enormemente talentosos, ninguno los convenció. En julio volaron a la granja irlandesa de Ronnie para ensayar. Ronnie y Keith se intercambiaron en el bajo, hasta que apareció Darryl Jones, un bajista negro de Chicago, funky y versátil, que se había hecho un nombre tocando con Miles Davis. Darryl tenía experiencia saliendo de gira con Peter Gabriel, Sting, Clapton y Madonna, pero la causa de peso fue el inmediato beneplácito de Charlie para contratarle. A finales de noviembre, los Stones anunciaron al nuevo bajista y al tiempo que Ronnie se convertía en miembro de porcentaje del grupo. Supuestamente, Mick se opuso, pero perdió la votación frente a Keith y Charlie.

Darryl Jones, también conocido como «The Munch», es un bajista estadounidense que ha colaborado con importantes músicos de la escena internacional, como los Stones, Miles Davis o el mismo Sting.

En el salón vudú

En enero de 1994, Mick y Keith estaban completando Voodoo Lounge en Los Ángeles. Habían pasado cinco años desde *Steel Wheels*, en lo que era el silencio más largo en la historia del grupo. Los Stones necesitaban un álbum realmente bueno si querían completar con éxito la mastodóntica gira programada para 1995, y las cintas grabadas en Dublín con Don Was, productor que a Keith le recordaba a Jimmy Miller, hacían intuir que lo tenían. Mick dio el nombre de *Voodoo Lounge* a Virgin mientras repasaba con Charlie el diseño del próximo escenario pagado por una cervecera.

Keith finalizó el álbum a finales de abril con Ronnie, Ivan Neville y Bernard Fowler, y el 3 de mayo anunciaron la nueva gira desde el yate presidencial de John Kennedy atracado en el Río Hudson de Nueva York. Con Darryl Jones, el grupo lo completaban Chuck Leavell a las teclas, Lisa Fischer y Bernard Fowler a los coros, y Bobby Keys a los vientos con el trío New West Horns. Todos ellos servirían para apoyar el álbum editado en julio, que alcanzó el número 1 en Inglaterra y el 2 en EE. UU., con un total de cinco millones de copias vendidas.

La gira Budweiser Voodoo Lounge Tour arrancó en Washingon D. C. en agosto. Con una expectación regular entre un público más interesado en mantener viva la llama de Nirvana, la venta de entradas aumentó gradualmente a medida que lo hacía el rendimiento del grupo sobre el escenario, muchas veces salvado por el infalible Charlie. En esta gira, Lisa Fischer adquirió mayor protagonismo con sendos duetos con Mick, mientras la fiesta posconcierto seguía siendo en la habitación de Keith. La gira terminó en EE. UU. con una recaudación de ciento cuarenta millones de dólares pese a las malas críticas de los medios especializados, que los tildaban de dinosaurios desesperados por mantener activa su cuenta corriente. Mick, y sus sobradas formas de cortesano, se pusieron en el centro de la diana. En septiembre, la sacudida fue mayor al recibir la noticia del fallecimiento de Nicky Hopkins y del productor Jimmy Miller.

En 1995 llevaron la gira hasta Sudamérica y Japón, donde aprovecharon para visitar los estudios Toshiba/EMI para grabar unos conciertos semiacústicos con Don

Was a la producción. Continuaron visitando Australia y Nueva Zelanda antes de plantarse en Ámsterdam en el mes de mayo para montar su nuevo espectáculo europeo, mucho más humilde y restrictivo. Sin sección de vientos y con un set más bien acústico, el grupo actuó en un café de cannabis llamado Paradiso frente a setecientos fans. Keith afirmaría que aquello era de lo mejor que habían hecho jamás, y sirvió de modelo para el resto del verano. En líneas generales, los *shows* acústicos fueron un acierto muy bien valorado por la prensa, salvo por la revista alemana *Der Spiegel*, que los acusó de actuar con cintas pregrabadas sonando de fondo, algo que fue desmentido y tuvieron que retractarse. La gira europea se cerró en Rotterdam a finales de agosto con quinientos millones de dólares recaudados tras 126 conciertos ante ocho millones de personas. Había sido un éxito.

Stripped se publicó en noviembre con catorce temas registrados en Tokio, Ámsterdam, París y Lisboa, y muchos especialistas lo consideran el mejor álbum en directo de los Stones. Lo respaldó un juego de ordenador en CD-ROM y un documental sobre las actuaciones acústicas. En Navidades, el grupo se dispersó de nuevo: Mick voló a Richmond para partir de vacaciones a Indonesia y a Mustique. Charlie regresó a Devonshire con sus caballos. Ronnie sufrió un cáncer que requirió de cirugía menor y montó una fiesta de Fin de Año en su casa con Bo Diddley y mil cuatrocientas pintas de Guinness para celebrarlo. Keith regresó a Jamaica para reencontrarse con sus amigos rastas, que le recordaron que había llegado el momento de tocar los tambores comprados veinte años atrás a un artesano. Keith los estrenó grabando en el salón de su casa con un ocho pistas lo que se convertiría en el álbum de Wingless Angels, un grupo de rastafaris tamborileros con Keith a la guitarra, y editado por su propio sello Mindless Records.

¿Dejarías que tu abuela saliera con un tipo así?

A principios de 1996, Charlie realizó su cuarto álbum de estándares del jazz, *Long Ago and Far Away* para salir de gira por EE. UU. A su paso por Nueva York, Keith fue a verlo con Marlon, Patti y su nieta de dos meses. También asistieron al concierto de Marianne Faithfull, que perdió un encendedor sobre el escenario y Keith le dijo que le prestaba el suyo desde el público. Marianne respondió que entonces ella le daría un cigarrillo, en una muestra de la complicidad, admiración y respeto mutuo que siempre se tuvieron.

Don Covay sufrió una apoplejía que casi lo dejó ciego y en silla de ruedas. Los Stones le compraron una furgoneta adaptada, así como otras comodidades asistidas para su hogar.

En mayo de 1996, Donald Cammel, el director de *Performance* se quitó la vida en su casa de Hollywood Hills, y poco después, Don Covay, el cantante a quien Mick sentía haber copiado, sufrió una apoplejía que casi lo dejó ciego y en silla de ruedas. Los Stones le compraron una furgoneta adaptada, así como otras comodidades asistidas para su hogar. Entretanto, Mick se entretenía montando su productora de cine Jagged Films que lo obligaba a pasar largas estancias en Los Ángeles, donde los paparazzi le pillaron besándose con la actriz Uma Thurman. Jerry Hall respondió contratando al abogado que llevó el divorcio de la princesa Diana. Mick reaccionó regresando a casa de inmediato para apagar el fuego.

Era otoño cuando el grupo se reunió de nuevo en Nueva York. Keith y Ronnie sentían que llevaban mucho tiempo alejados de la carretera, y, además, Allen Klein había editado *The Rolling Stones Rock & Roll Circus*, la grabación del circo ambulante de 1968 como álbum y vídeo. Pese a todo, Mick estaba ocupado trabajando en un nuevo álbum en solitario y sentía que no era el momento para un disco nuevo de los Stones. Keith y Ronnie insistieron fervientemente y a Mick no le quedó otra que aceptar, pero con una condición: quería contar con productores distintos, todos ellos jóvenes de la escena techno. A regañadientes, Keith y Ronnie aceptaron.

Un portavoz anunció que los Stones saldrían de gira en 1997, con el título provisional de *Blessed Poison*. Keith y Mick se reunieron en Barbados en enero para empezar a trabajar en el nuevo álbum, y en marzo ya estaban grabando en Ocean Way Studios de Los Ángeles con varios productores del momento, como los Dust Brothers (Beastie Boys, Beck), Danny Saber (Garbage, U2) o Babyface (TLC, Tony Braxton). Keith los detestaba a todos, e incluso echó del estudio a Danny Saber al encontrárselo añadiendo pistas con arreglos de guitarra en temas suyos. También le dijo a Babyface que después de trabajar con Mick su apodo sería Fuckface.

La grabación del álbum se desarrolló con la habitual tensión creciente entre Mick y Keith, que sólo supo que el cantante tenía una buena opinión de las cintas cuando la novia del hijo de Fred Sessler le contó que una amiga suya, que se había acostado con Mick, le dijo que se las había mostrado diciéndole que eran magníficas. Pero unos meses después, su hija Angela y un amigo tomaban té cantando una de las nuevas canciones con una letra distinta. En seguida le saltaron las alarmas e hizo algunas llamadas para descubrir que Mick se había apropiado inconscientemente de una melodía de K. D. Lang. El Compact Disc ya estaba prensado y el videoclip de «Anybody Seen My Baby» se había grabado en el metro de Nueva York. Por suerte, Lang declaró sentirse halagada y aceptó aparecer acreditada en el libreto como coautora de la canción.

Durante el mes de agosto el grupo se reunió en Toronto para ensayar para la nueva gira. Keith no andaba fino y se decía que había vuelto a la heroína. Además, estaba muy apenado por la muerte de uno de sus amigos rastas y por la pérdida de la hermana de Patti, que sacudió a toda la familia. El día 19, los Stones cruzaban el puente de Brooklyn en un descapotable rojo conducido por Mick, camino a ofrecer una rueda de prensa ante doscientos periodistas. Mick se mofó de ellos preguntándole al grupo si sería su última gira, y Keith respondió que sí, ésta y las cinco siguientes. El disco, que gozaría de generosos críticas, tuvo una gran campaña de prensa en clave de humor, a menudo bajo el titular de «¿Dejarías que tu abuela saliera con un Rolling Stone?».

Retomando el trono de Babilonia

La gira arrancó el 18 de septiembre en Chicago, el mismo mes que se publicó *Bridges to Babylon*. El espectáculo se apoyaba en una gran pantalla con forma de ojo, además de fuegos artificiales y una larga pasarela que permitía al grupo trasladarse a una plataforma central. Los Stones ofrecían la oportunidad de que su público escogería un tema del repertorio cada noche a través de internet. Mick a menudo presentaba a Ronnie como un chalado, y Keith pregonaba que Mick era su amistad más larga, y que ambos tenían que «cuidar del niño», refiriéndose al grupo. A media gira, habían recaudado noventa millones de dólares y se habían vendido cuatro millones de unidades del álbum.

Bridges to Babylon se forjó como un gran espectáculo que se apoyaba en una gran pantalla con forma de ojo, además de fuegos artificiales y una larga pasarela.

En enero de 1998 cambiaron los espacios descubiertos por conciertos en locales cerrados, donde los Stones ofrecían mejores sensaciones, además de aprovechar para subir el precio de las entradas. En Las Vegas, el precio alcanzó los quinientos dólares por noche. Mick era el objetivo de sujetadores y bragas que colgaba en el mástil del micrófono a modo de trofeo mientras que Keith actuaba todas las noches con unas bragas de Patti en el bolsillo trasero de su pantalón. El grupo se hacía de oro por momentos –si no lo era ya–, participando también con grandes campañas publicitarias, como ya hizo cediendo los derechos de «Start Me Up» a Microsoft para el spot de «Windows 95». Ahora le llegó el turno a PepsiCo, quien por cuatro millones de dólares se aseguró «Brown Sugar» para su campaña publicitaria, además de un concierto privado de los Stones para todos los empleados de la compañía en Hawái.

Mientras tanto, Bill Wyman estaba de gira por Europa con su nuevo grupo, los Rhythm Kings. Tocaba en pequeños clubes donde aprovechaba para hablar mal de los Stones después de enterarse de que Mick presentaba al nuevo bajista del grupo con favorables comparativas respecto a él. Pero Mick estaba demasiado ocupado para responder. A su paso por Brasil y poco después de haber sido padre de su cuarto hijo con Jerry Hall, conoció a una modelo de lencería femenina de diecinueve años llamada Luciana Morad. Luciana le acompañó por parte de la gira y terminó quedándose embarazada. Cuando Mick desapareció de su vida, Luciana le puso una demanda por la manutención de su hijo.

En verano el grupo programó 36 actuaciones en Europa, pero algunas fechas tuvieron que ser pospuestas porque Keith se rompió varias costillas tras caer de la escalera de su librería. Además, el lluvioso verano terminó por provocarle a Mick una laringitis a su paso por España, dejándole sin voz para suspender Italia y Francia. Cuando se recuperó, continuaron por Ámsterdam y visitaron Moscú por primera vez. La gira terminó con una actuación en Estambul a finales de agosto en honor a Ahmet Ertegün. En total, fueron 107 actuaciones ante casi cinco millones de personas durante dos años, que generaron trescientos millones de dólares. Los Stones seguían siendo el conjunto de rock más grande del planeta.

Virgin Records quería un directo de la gira, y lo obtuvieron en forma de *No Security*, un álbum para el que los Stones seleccionaron cuidadosamente canciones que no hubieran aparecido nunca o bien en mucho tiempo en los anteriores directos del grupo. Lo respaldaron con una nueva  gira que empezaría en enero de 1999 con el patrocinio de la marca de ropa de Tommy Hilfigher. Pero 1998 todavía tenía que terminarse, y fue un duro final para Mick, que vio cómo la prensa británica hacía el agosto publicando su historia con Luciana, a quien Mick había tratado de sobornar para que no filtrara su embarazo. El escándalo hizo que los hijos de Mick y Jerry faltaran al respeto a su propia madre, burlándose de ella por la humillación pública a la que la sometía la prensa. Harta, Jerry le pidió el divorcio a Mick, un hombre de quien siempre diría que era maravilloso, pero un horrible esposo.

En enero de 1999 arrancó la gira *No Security Tour* con un escenario más humilde y menos parafernalia que la anterior. Incorporaron al repertorio canciones antiguas que no habían tocado nunca. Los íntimos de Mick creían que tanta actividad era para compensar lo mal que estaba su vida familiar en Londres. Además, Jerry quería un pedazo de su fortuna estimada en quinientos millones dólares. Los abogados de Mick se defendían diciendo que la boda en Bali no tenía validez, pero declarar bastardos a cuatro hijos en común era demasiado para la opinión pública y para el propio Mick. Alarmada, Jerry llamó a Patti para recomendarle que se enterara de dónde estaba la fortuna de la pareja, en el supuesto de que Keith estuviera haciendo lo mismo. En cuanto Patti habló con Keith, se irritó porque a Keith parecía importarle un carajo saber dónde estaba su dinero.

Sin embargo, Mick continuaba igual. A su paso por Boston, detectó a una chica entre el público a la que animó a ir al Four Season Hotel. Ella se presentó preguntando por David James, el habitual seudónimo de Mick para las ocasiones. Al día siguiente quiso repetir, pero le dijeron que el señor James había dejado el hotel. Era mentira, Mick estaba en su habitación con una chica distinta. En otra ocasión, Mick concertó una cita con Andrea Corr, del conjunto The Corrs. Ella tuvo la precaución de acudir con su hermano y el mánager del grupo. Finalmente, en mayo el grupo se centró en recuperar las fechas pospuestas de la gira anterior en España, Italia y Francia. Para el cierre de *No Security Tour*, los Rolling Stones eran el grupo con más millones recaudados de la historia de la música.

Mick pagó a Jerry Hall una indemnización de ocho millones de dólares y reconoció a su hijo en común con Luciana, nacido en mayo de 1999. Después, se mudó a Richmond para estar cerca de sus hijos porque sentía celos de los nuevos acompañantes de Jerry, todos más jóvenes que él. Pasó cuatro años coproduciendo cine con su productora y fundó una empresa responsable de emitir partidos de críquet por internet.

Millennial Stones: los Rolling Stones tras el efecto 2000

(2000-2018)

Los Stones arrancaron el siglo XXI afligidos por la defunción de la madre de Mick, que lo afectó sobremanera. Puede que su muerte fuera el detonante para que Mick se responsabilizara más de sus hijos e hijas, dedicándoles más tiempo y atención. En una ocasión, puso un avión privado a disposición de su hija Jade y de sus dos nietas tras sufrir un accidente de tráfico en la isla de Ibiza para que fueran atendidas en Inglaterra antes de que se iniciara la investigación policial sobre el accidente. Durante el mismo año 2000, Charlie lanzó *The Charlie Watts/Jim Keltner Project*, un álbum compartido donde los dos bateristas mezclaban música étnica, jazz y techno en homenaje a sus músicos preferidos. El álbum fue grabado mayormente durante las sesiones de *Bridges to Babylon.*

Ronnie optó por ser discreto a principios de siglo, dedicándose a criar purasangres en su granja de Irlanda hasta que en junio ingresó en una clínica para rehabilitarse de su alcoholismo. Por su parte, Keith estuvo junto a su padre en su último suspiro, antes de continuar con su vida a caballo entre Jamaica y Connecticut con una botella –o la destilería completa– de vodka en la maleta. Colaboró con el guitarrista de blues Hubert Sumlin, y se dejó ver con Patti en grandes estrenos de películas, combates de boxeo y fiestas de Nueva York. También ejercía de padre responsable –llevó a sus hijas al concierto de NSYNC, la *boy band* de moda– y alquiló una casa en la pequeña isla Martha's Vineyard, donde valoró hacer los próximos ensayos de los Stones.

Entre otras cosas, el efecto 2000 terminaría por comerse el altavoz de Bill Wyman, que se dedicó a ir de gira con su nuevo grupo de R&B, moviéndose siempre en autocar y hablando regular o mal de los Stones. Mick Taylor siguió haciendo giras con su grupo propio, mezcla de blues y jazz. En cuanto a Brian Jones, su club de fans recaudó fondos para erigir una estatua suya en Cheltenham vendiendo azulejos de la piscina en la que murió. Su guitarra blanca de la marca VOX cuelga de la pared del Hard Rock Café de Honolulú.

Más grandes que el Big Bang

Los Stones querían salir de gira entre 2001 y 2002 antes de que Mick y Keith cumplieran los sesenta, pero se les recomendó abandonar la idea por la crisis económica sudamericana y el enrarecido clima después de los atentados del 11-S. Mick aprovechó entonces para lanzar su cuarto álbum en solitario, *Goddess in the Doorway*, que contó con la participación de Lenny Kravitz y Rob Thomas, vocalista de Matchbox Twenty. También se le pudo ver en el film dirigido por George Hickenlooper, *The Man from Elysian Fields*.

El 3 de septiembre de 2002, el grupo presentó en Boston su inminente gira de-
nominada *Licks Tour*, para la que Virgin Records lanzó *Forty Licks*, una antología
de cuarenta canciones –cuatro de las cuales grabadas en París para la ocasión– que
conmemoraba el 40 aniversario de la fundación de los Rolling Stones. «Don't Stop»,
de puro sonido Stone, fue el adelanto de un álbum que tuvo un éxito inmediato, vendiendo siete millones de discos alrededor del mundo y que alcanzó el número 2 en
EE. UU. y en Inglaterra. La serie de dibujos norteamericana Los Simpsons les rindió
su particular homenaje con el episodio *How I Spent My Strummer Vacation*.

La gira norteamericana *Licks Tour* terminó el 8 de febrero en Las Vegas, para continuar a lo largo del 2003 por Australia, Japón y Singapur, además de la primera visita
del grupo a la India. Actuaciones en China y Tailandia fueron canceladas por la epidemia de neumonía atípica o Síndrome Respiratorio Agudo y Grave. La gira se tras-

ladó a Europa y terminó en Suiza en
octubre. Al mes siguiente, el grupo
visitó China para promover el turismo tras la epidemia, y a finales de
año, Mick se dignó a recibir el título
de «Sir» un año y medio después de
que se lo hubieran dado, para entrar
en una lista junto a los nombres de
Paul McCartney, Elton John, o el
futbolista David Beckham. Keith se
mofó públicamente al respecto.

Cuando Mick recibió el título honorífico de Sir, Keith se
mofó públicamente de tal reconocimiento.

En junio de 2004 se le diagnosticó
un cáncer a Charlie, que le fue extirpado por cirugía y lo tuvo en tratamiento de
radioterapia en Londres durante seis semanas. El grupo suspendió la grabación de
nuevo material hasta su recuperación y aprovechó para lanzar *Live Licks*, un doble
directo de la última gira que contaba con grabaciones junto a Solomon Burke y Sheryl Crow. Ronnie sacó partido al parón actuando varias noches con Rod Stewart, y a
principios de 2005 creó su propio sello discográfico, Wooden Records, para el que
recuperó y editó grabaciones de The New Barbarians.

El 10 de mayo de 2005, los Stones –con un flamante Charlie recuperado– anunciaron una nueva gira mundial y la próxima publicación de un álbum de canciones originales, el primero en los últimos ocho años. *A Bigger Bang* se lanzó el 6 de septiembre
y alcanzó el número 2 en Inglaterra y el 3 en EE. UU. Era un buen álbum en líneas

generales que recuperaba la base de blues y R&B. Fue grabado en Francia y en la Isla de San Vicente con «Rough Justice» como tema promocional – alcanzó la cima en España– que empezó a sonar en agosto. La gira *A Bigger Bang Tour* arrancó en Boston y les sirvió para actuar en el tiempo de descuento de la Super Bowl XL. A su paso por Río de Janeiro, los Stones

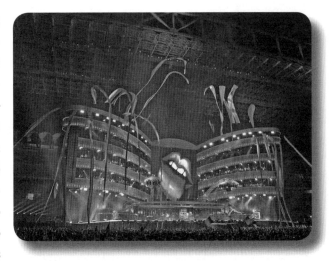

intentaron batir el récord del concierto más grande del mundo, para el que reunieron a un millón y medio de personas en la playa de Copacabana, cifra insuficiente para superar los tres millones de Rod Stewart en el mismo escenario.

Cuando Keith se subió a lo alto de un cocotero

Fue en abril de 2006 cuando Keith protagonizó el famoso incidente del cocotero. Se rumoreó que Keith, ebrio durante sus vacaciones en la paradisíaca isla Fiyi, se había caído tratando de reptar por una palmera, pero él mismo reconoció avergonzado que en realidad estaba sentado en lo alto de un cocotero cuando se cayó de cabeza. El incidente lo mantuvo ingresado durante días en la UCI de un hospital de Nueva Zelanda donde tuvo que ser operado de urgencia, lo que obligó a cancelar parte de la gira europea de la banda británica. Poco después dijo que se había dejado medio cerebro en lo alto de aquel cocotero, y que tras haberse enfrentado en varias ocasiones a la muerte, había aprendido que no volvería a sentarse en la rama de un árbol.

A lo largo del mismo año 2006, el exitoso actor Johnny Depp, protagonista de la saga

Johnny Depp sostiene que se inspiró en la figura de Keith Richards para su papel de Jack Sparrow en *Piratas del Caribe*.

Piratas del Caribe, explicó que se inspiraba en la figura de Keith Richards para su personaje Jack Sparrow. Keith fue entonces invitado a aparecer en las dos siguientes películas de la saga como padre del famoso –pero torpe– pirata. Curiosamente, 2006 también fue el año en que se estrenó *Stoned*, la película de Stephen Woolley que retrata la agitada vida de Brian Jones y su fatídico desenlace. En cuanto a los Stones, el grupo participó en la edición de junio de 2007 del Festival de la Isla de Wight con la participación de Amy Winehouse durante su actuación. Finalmente, la gira se retomó para terminar en agosto en Londres. *A Bigger Bang Tour* fue incluido en el libro Guinness de los Records por ser la gira con más ganancias de la historia de la música.

De las actuaciones en el Beacon Theater de Nueva York los días 29 de octubre y 1 de noviembre salió la película *Shine a Light* dirigida por Martin Scorsese. Los artistas invitados que aparecían en la actuación de los Stones fueron Buddy Guy, Jack White y Christina Aguilera. El film se estrenó en 2008 en el 58 Festival Internacional de Cine de Berlín, y se distribuyó después en DVD además de en Compact Disc, que alcanzó el número 2 en  Inglaterra y el 11 en EE. UU. Fue el primer álbum lanzado tras su nuevo acuerdo con Universal Music después de romper con EMI, propietaria de Virgin. Universal además se agenció con los derechos del material anterior a 1994.

Re-Masters del universo (y del fondo de catálogo)

En abril de 2009, el grupo anunció la remasterización de su discografía completa desde 1971, salvo *Exile*, para el que reservaban una edición de lujo a finales de año. Las reediciones se podrían conseguir individualmente o a través de un box set con los catorce discos, suficiente para adaptarse a los bolsillos de todos los seguidores de la banda en lo que sería ya la dinámica hasta nuestros días. Además, el grupo parecía haber apretado el botón de pausa: Ronnie actuó con Flea, Anthony Kiedis y Chad Smith de los Red Hot Chili Peppers, y junto a Ivan Neville, bajo el nombre de The Insects en un concierto para MusiCares, una fundación de ayuda para músicos con crisis médica, personal o financiera. También participó en la reunión de los Faces con el resto de miembros originales –con Bill Wyman al bajo– salvo Rod Stewart. En cuanto a Keith, habló de que estaba barajando la posibilidad de dedicarse a un nuevo álbum en solitario, para el que corrió el rumor de que Jack White sería su productor.

Keith también habló sobre la posibilidad de que los Stones grabaran nuevo material a finales de 2010, al tiempo que empezó a extenderse el murmullo sobre la posible separación del grupo en 2012, coincidiendo con el 50 Aniversario de la banda. Ronnie lo acalló de inmediato diciendo que los Stones sólo se separarían cuando todos sus miembros hubieran fallecido. Sin embargo, el catálogo no hacía más que ofrecer reediciones también en DVD de los directos *Ladies & Gentleman* y *Live in Texas '78*. También aparecieron en el Festival de Cannes para el estreno del film *Stones in Exile*, un film dirigido por Stephen Kijak que cuenta los días del grupo en el exilio en Francia cuando grabaron *Exile*.

Al año siguiente no habría rastro de ese nuevo álbum de los Stones, sino de un nuevo supergrupo llamado SuperHeavy. Mick anunció el 20 de mayo de 2011 que contaba con el ex-Eurythmics Dave Stewart, la joven cantante soul Joss Stone, el músico reggae y dancehall Damian Marley, y el músico indio A. R. Rahman. El proyecto arrancó con una llamada que Mick recibió de Rod, quien después de haber estado escuchando durante horas en su casa de Jamaica tres discos de diferente género musical en tres equipos de música distintos a la vez, tuvo la idea de fusionar estilos musicales de artistas variopintos. Tras varias llamadas, el grupo se puso de acuerdo para grabar en Los Ángeles 29 canciones en diez días, que resultaron en un álbum de escasa repercusión.

En febrero de 2012, Mick participó junto a B. B. King, Buddy Guy y Jeff Beck entre otros en una actuación en la Casa Blanca para celebrar la música blues, en la

que le puso el micrófono en la boca a Barack Obama para que cantara el verso «Come on, baby, don't you wanna go» del estándar del género grabado por Robert Johnson, «Sweet Home Chicago». También participó en la grabación de *sketches* de humor para el programa «Saturday Night Live» junto a Jeff Beck y miembros de bandas del momento como Arcade Fire y Foo Fighters. Con el año 2012 llegó también el 50 aniversario de los Stones, que celebraron con el lanzamiento del libro *The Rolling Stones: 50*, del documental retrospectivo *Crossfire Hurricane* (dirigido por Brett Morgen), y en especial, de la nueva antología de cincuenta canciones –dos nuevas grabadas en París–, *GRRR!*

50 aniversario

La gira conmemorativa arrancaría en noviembre bajo el nombre *50 & Counting...* con la participación de artistas invitados como Jeff Beck, Eric Clapton o Florence Welch,

de Florence + the Machine en Inglaterra, o Bruce Springsteen y los Black Keys en EE. UU. El recopilatorio *GRRR!* alcanzó el número 3 en Inglaterra y el 19 en EE. UU., y su gira de respaldo fue un nuevo éxito para las arcas de la banda, aunque no tan generoso como la anterior. En 2013, los Stones anunciaron otro concierto en Hyde Park –no gratuito esta vez– para el que Mick prometió que mantendría la poesía –y las mariposas– al margen. Además, del vestido blanco que lució en 1969, dijo que ya no podía cerrarse la cremallera. Los conciertos se celebraron el 6 y 13 de julio y supusieron el broche final para las celebraciones, distribuido en el mercado en sendos formatos CD, DVD y Blu-ray.

Imparables y dispuestos a sacar el último céntimo del tiempo que les quedara, los Stones iniciaron *14 On Fire* en febrero de 2014, un nuevo *tour* que los pasearía por Europa, Asia, el Medio Oriente, Oceanía y EE. UU., pero se suspendió por varios meses después de que la última novia de Mick, L'Wren Scott, se suicidara el 17 de marzo. El 26 de mayo reanudaron las actuaciones y el 4 de junio el grupo hizo su primera actuación en Israel. Al año siguiente, algunos periodistas todavía se atrevían a preguntarle a Mick si pensaba en la jubilación. Mick: «Por ahora no... más bien estoy pensando en la próxima gira».
Keith, que también concedía entrevistas, aprovechaba para expresarse en contra de la música rap, que valoraba como una base rítmica y un hombre gritándole al oyente encima, carente de tono y melodía. También dijo de Metallica y Black Sabbath que eran la gran broma del rock, y que dejó de ser fan de los Beatles en 1967, justo después de que se acercaran al gurú de la India Maharishi Mahesh Yogi. En septiembre de 2015, Keith lanzó *Crosseyed Heart*, un excelente álbum en solitario que sirvió para reunir a los X-Pensive Winos.

A finales de 2015, los Rolling Stones anunciaron su regreso a Latinoamérica con una gira exclusiva por grandes estadios que llamaron *América Latina Olé Tour*. La gira los llevaría por Chile, Argentina, Brasil, Colombia y México, además de visitar por primera vez Uruguay, Perú y Cuba, donde el 25 de marzo de 2016 dieron un histórico concierto que se editó después bajo el nombre *Havana Moon*. La gira en su conjunto se plasmó en el documental ¡Olé Olé Olé! A Trip Across Latin America, dirigido por Paul Dugdale. En junio del mismo año se publicó *Totally Stripped*, versión extendida de su álbum semiacústico *Stripped* en mil y un formatos distintos.

Hasta el infinito, ¿y más allá?

Finalmente, el 2 de diciembre de 2016 salió a la luz el álbum del que habló Keith Richards años atrás. *Blue & Lonesome* era una compilación de doce versiones de grandes artistas de blues como Howlin' Wolf, Jimmy Reed o Little Walter; una forma de devolverles el empujón que sus canciones les sirvieron al inicio de su carrera. El álbum se grabó en British Grove Studios de Londres durante el mes de diciembre del año anterior, y contó con la participación de Eric Clapton en dos cortes de forma más bien improvisada después de encontrárselo grabando en el estudio. El álbum fue número 1 en Inglaterra casi de inmediato.

Durante el verano de 2017, Keith desveló que los Stones estaban trabajando en material original después de una década de silencio, al poco de haber anunciado la gira europea *No Filter*. Alemania, Austria, Suiza, Italia, España, Holanda, Dinamarca, Suecia y Francia fueron los países afortunados para acoger las irregulares actuaciones del grupo, que mostró a un envejecido y en ocasiones torpe Keith Richards, todavía a un infalible Charlie Watts, a un siempre simpático Ronnie Wood, y a un maestro de las finanzas como Mick Jagger. A su paso por Barcelona, Ronnie concedió una entrevista al periódico *La Vanguardia* en la que dijo que los Stones tenían una docena de canciones nuevas, roqueras, pendientes de darles un par de vuelta y grabarlas para un nuevo álbum de canciones originales. Ese mismo verano, falleció la siempre controvertida Anita Pallenberg a los setenta y tres años.

A finales de octubre del mismo año, el grupo presentó *On Air*, un álbum que recoge grabaciones del periodo 1963-1965 en los estudios de la BBC. En febrero de 2018, los Rolling Stones anunciaron nuevas fechas para la gira *No Filter* que los llevarían a su primer *tour* por el Reino Unido desde 2006. Dublín, Londres, Southampton, Coventry, Mánchester, Edimburgo y Twickenham, además de Berlín, Marsella, Stuttgart, Praga y Varsovia son las citas confirmadas hasta julio de 2018.

A dónde irán después todavía no lo han anunciado.

Ni la fecha de su próximo lanzamiento discográfico.

Ya nadie se atreve a hablar de ésta como de la «última gira» de los Stones. O puede que todo el mundo lo haga. Porque, después de todo, tarde o temprano se ha de terminar.

...

¿O no?

THE ROLLING PEOPLE:

Personalidad, vida privada y carrera
en solitario de los Rolling Stones + 1

Echando un vistazo atrás sobre la historia de los Rolling Stones, rápidamente uno alcanza a entender que el verdadero éxito del grupo no radica únicamente en su obra, sino en la capacidad de permanecer unidos pese a las adversidades y, sobre todo, pese a las diferencias que atesoran los miembros que componen el grupo. Es posible que cuando Andrew Oldham se empecinó en que la sociedad Jagger/Richards fuera la responsable de componer las canciones originales, ni siquiera se planteara si eran personalmente compatibles, ni creativamente complementarios. En realidad, lo más probable es que Andrew entendiera que la sociedad creativa de un conjunto se componía de un cantante y un guitarrista, y que con el precedente de los Beatles –y no gustándole el talante de Brian Jones– se decantara por Mick Jagger y Keith Richards. Después de todo, Mick era el cantante principal, y Keith su amigo en la sombra con quien había compartido parte de su infancia. Sin embargo, Mick y Keith nunca fueron realmente amigos, sino dos personas decididas a permanecer juntas en busca de un objetivo común: sentarse en el trono del R&B. Pero ese trono era para una sola posadera, y Mick, más remilgado –y perverso– que Keith, supo conservar a los agentes necesarios a su alrededor hasta que cayeran por su propio peso. Así lo hizo con Brian, y así iba a hacerlo con Keith, cayendo en brazos de la heroína. Prueba de ello es que cuando Keith recuperó su personalidad y parcela de control sobre el grupo, Mick tuvo que lidiar con ello a disgusto para entender que éste se trataba de uno de aquellos casos de juntos es mejor.

Porque en creatividad, lo que parece una frase escrita en una taza que invita al optimismo, es una realidad a voces: dos cabezas siempre piensan más que una, y cuando lo hacen dejando de lado el ego, con profesionalidad, por un objetivo común y en favor de éste, el resultado siempre mejora. Obviamente, creer que los Stones están exentos de ego es más propio de una fantasía de Disney que de un ensayo sobre el grupo. Pero, desde luego, han hallado el modo de sobreponerse a él y de convivir en el mismo espacio –al menos, en la misma fotografía–, para tirarse los platos a la cabeza sin llegar a romperlos. Y cuando estas cabezas empecinadas y obstinadas, se rodean de agentes volcados por la causa, la conclusión puede ser asombrosa. Es el secreto de las grandes empresas, y los Stones hace años que adoptaron este modo de funcionar. Pero como en todas las empresas que manejan elevadas cifras, la presión y el estrés se convierten en factura insalvable que muchas personalidades no son capaces de soportar. Son muchas las personas que han orbitado alrededor de los Stones y que han resultado heridas de algún modo, muchas de ellas enganchadas a sustancias hasta convertirse en una sombra de lo que fueron y perderse por el camino. Pero el bloque permanece, como sellado por un nuevo pacto con el diablo en la historia del blues y el R&B.

Meterse en la cabeza de los Stones es ardua tarea. Tratar de hallar las características de su personalidad que, pese a todo, los hace compatibles para perdurar como las relaciones de larga duración, parece altamente imposible. Y probablemente lo sea, puesto que si los Rolling Stones no fueran la máquina de facturar billetes grandes que son, pongo la mano en el fuego de que se habrían disuelto muchos, muchos años atrás. Pero en este capítulo trataré de ofrecer información adicional sobre cada Stone para comprender más y mejor su papel en la historia del grupo. Por lo demás, ya lo saben: si en la mayoría de los procesos creativos es cierto aquello de «juntos es mejor», en este caso también lo sería aquello otro de «no intente hacer esto en su casa». Me temo que podría resultar gravemente herido.

Mick Jagger

Mick Jagger es desde luego un hombre inteligente, indudablemente atractivo y sensual, cuestionablemente genial, y ¿rebelde? De esto último sólo estoy seguro si pienso en un intervalo espacio-tiempo de su historia, consideró que ser rebelde funcionaría para lograr su propósito, entonces lo sería más que cualquier guerrillero, de la misma forma que adecuó su acento para no sonar demasiado sofisticado, y cambió su nombre para ser más atractivo. «No tenía inhibiciones. Vi a Elvis y a Gene Vincent y me dije: yo puedo hacer eso. Y me gustó hacerlo. Es emocionante ser el centro de atención, incluso si sólo te están mirando veinte personas. Y a la gente parecía gustarle», decía el cantante de los Stones en una entrevista de 1968. No cabe duda de que la presencia y gesticulación de Elvis marcaron sobremanera a ese joven de cuerpo atlético, boca grande, nariz afilada, melena de príncipe encantador y pícara mirada azul. Pero, además, Mick siempre tuvo la habilidad de observar, detectar qué funcionaba, y copiarlo a su manera. Lo hizo con James Brown y su forma de bailar. Lo hizo con Bob Dylan –y Baudelaire– y su forma de narrar. Incluso lo hizo con Brian Jones y Keith Richards para no parecer el remilgado niño pijo del grupo rebelde. De lo que no cabe duda es de que todo lo imita con la profesionalidad de que a menudo carecen sus fuentes originales, prueba de ello son los 19 km que recorre sobre el escenario en una actuación de los Stones a sus –recién cumplidos– setenta y cinco años de edad. Mientras baila, canta y salta, por supuesto.

Pero, ¿qué hay más allá de este habilidoso *copycat* nacido para triunfar? El escritor Philip Norman ha sido el responsable de escribir la última biografía publicada de Mick Jagger, por supuesto sin su consentimiento (desorbitada sería la cifra que pedía para participar). «Mick Jagger es un personaje interesante porque mucho de lo que tiene que ver con él es completamente falso», aseguraba el autor, que añade «Como descubrió su biógrafo oficial, no ve qué beneficios le reporta contar la verdad o haberla contado ni aún, cuando esa verdad pueda descubrir su cara más positiva. Los millones se encuentran en la leyenda. Y los millones siempre son lo primero», para explicar por qué Mick Jagger no terminó por publicar su autobiografía oficial a finales de la década de los ochenta, como inicialmente se propuso. En su texto, Norman insiste en la idea de que el personaje de Mick fue una invención de Andrew Oldham, apostando por la sexualidad que sus labios encerraban, el mismo que le obligó a escribir sus propias canciones con Keith Richards. Sin embargo, Mick es siempre muy meticuloso para pronunciarse en público, dando a entender que la mala vida que ha llevado ha acabado con la memoria que le quedaba, cuando en realidad –insiste Philip– es lo suficientemente como para seleccionar muy bien qué le interesa recordar y qué no.

La infancia de Mick Jagger, a diferencia de la de muchos otros genios que pasaron a la historia de la música o del cine, fue feliz, tranquila y programada. Como hemos señalado, Mick nació en el núcleo de una familia burguesa –a diferencia de Keith, que venía de familia obrera– y fácilmente se vio envuelto por el espectáculo de la televisión y encauzado en la senda del éxito en las filas de una prestigiosa escuela como la London School of Economics. Este gran aficionado al críquet, seguidor del combinado nacional de fútbol y admirador de Margaret Thatcher, siempre tuvo más cabeza de la que le interesaba mostrar, dándoselas de desvergonzado o temerario cuando en realidad era mucho más prudente de lo que mostraba su imagen pública. «La moderación era su lema;

Jagger ha declarado en alguna ocasión, a propósito de su infancia: «Siempre canté de niño. Yo era uno de esos niños a los que les gustaba cantar. Algunos niños cantan en coros, otros prefieren presumir delante del espejo. Yo estaba en el coro de la iglesia y también me encantaba escuchar a los cantantes en la radio, en la televisión y en las películas».

lo era en realidad con todo, excepto la vanidad», resalta el texto de Norman cuando aborda su relación con las drogas. Es cierto que Mick despreciaba a los drogadictos y siempre tuvo una relación comedida, incluso temerosa, con algunos estupefacientes y el alcohol. Era inteligente, conocía los riesgos y peligros de quedarse enganchado. Y la vida le mostró cómo se perdían por el camino otros tantos a su alrededor. Pero supo vender la imagen de transgresor cuando era un motor de venta. Lo único en lo que nunca fue comedido –aparte de la vanidad– fue en su relación con las mujeres.

Vida sentimental

Hasta la fecha, Mick Jagger ha tenido ocho hijos y muchas relaciones sentimentales con mujeres –hay quien dice que también con hombres como David Bowie–, llegando a competir con su compañero de grupo Bill Wyman para ver quién se acostaba con más seguidoras del grupo. Su primera novia conocida fue Chrissie Shrimpton, a la que abandonó en 1966 para enrollarse con Marianne Faithfull, a la que abandonó tres años después. Su siguiente relación relevante fue con la modelo y actriz afroamericana Marsha Hunt, a quien dejó embarazada estando todavía con Marianne. Fruto de este *affaire* nació Karis Hunt Jagger el 4 de noviembre de 1970, mientras Mick se acostaba con Janice Kenner. En 1979 tuvo que aceptar su paternidad en los tribunales y se vio obligado a ayudar a Marsha con su manutención. Desde entonces, no sólo cumplió con

KARIS   JADE   LIZZY   DEVERAUX

JAMES   GEORGIA   GABRIEL   LUCAS

la obligación impuesta por el tribunal, sino que además empezó a cuidar su relación con su hija para la opinión pública.

La primera esposa de Mick fue Bianca Pérez-Mora Macías, con la que se casó el 12 de mayo de 1971 en Saint-Tropez, Francia. Previamente, Mick la obligó a firmar un contrato prenupcial para resguardar su fortuna ante un posible divorcio. El 21 de octubre del mismo año nació Jade Sheena Jezebel Jagger, su hija con Bianca, y pese a prolongarse durante los próximos nueve años, el matrimonio siempre estuvo salpicado por sus infidelidades, de entre las que destacó su relación con la modelo de Playboy Bebe Buell. Y entonces, de la mano de su amigo Bryan Ferry, llegó Jerry Hall, mujer que conquistaría el apetito de Mick durante su último año de matrimonio con Bianca. Tras el divorcio, Mick y Jerry se casaron el 21 de noviembre de 1990 –con firma de un nuevo contrato prenupcial– en Bali, Indonesia. De su segundo matrimonio nacieron Elizabeth, James, Georgia y Gabriel. Nueve años más tarde, los tribunales le concedieron la anulación del matrimonio a Mick, pero no pudo evitar hacerse cargo de sus cuatro hijos en común.

La brasileña Luciana Giménez Morad fue otro episodio de desliz durante el matrimonio, dejándola embarazada de un niño al que llamaría Lucas. Luciana también tuvo que reclamar ante los tribunales el reconocimiento de paternidad de Mick y su respectiva manutención. Años más tarde pero también durante su matrimonio con Jerry, Mick fue visto con Carla Bruni. Durante el año 2000, la modelo Sophie Dahl fue su pareja, y en 2001, la diseñadora de moda L'Wren Scott, quien fue encontrada ahorcada con una bufanda en su apartamento del barrio neoyorquino de Chelsea el 17 de marzo de 2014. Tres meses después, Mick empezó a salir con la bailarina de ballet cuarenta y tres años menor que él, Melanie Hamrick, quien en diciembre de 2016 dio a luz a Deveraux Octavian Basil Jagger. Sin embargo, la pareja pactó el no convivir y posteriormente, Mick ha sido visto con la modelo rusa de treinta y un años Masha Rudenko y con una joven productora de cine norteamericana de veintidós años, llamada Noor Alfallah. Pese a todo, Mick Jagger siempre ha sido muy celoso de su intimidad; en 2012 Marsha Hunt sacó a subasta las cartas de amor que éste le escribió en el verano de 1969. Se vendieron por uno 230.000 a un comprador anónimo del que siempre se ha sospechado que fuera el propio Mick. Otros nombres que han sonado con fuerza en su historial son Madonna, Tina Turner, Milla Jovovich, Uma Thurman, Brigitte Bardot y Angelina Jolie, con quien Norman dijo que se cambiaron las tornas: «Ahora era Mick el encaprichado perseguidor y Angelina la frívola superestrella, tan difícil de apresar como lo había sido siempre la mariposa del rock».

Carrera en solitario

Cuando la maquinaria de los Stones arrancó, Mick Jagger siempre tuvo entre ceja y ceja el éxito, sacarle el máximo provecho a aquello que tenía entre manos sin importarle el precio que tuviera que pagarse. Supo mantener a quien podía hacerle sombra a su lado, hasta que la carga fuera demasiado pesada para ignorarlo –caso de Brian Jones– e incluso hallar la manera de contrarrestarlos: según el periodista Philip Norman, la relación de Mick con David Bowie y su esposa Angie Barnett no fue más que una manera de «tener bajo control a su mayor rival desde Jimi Hendrix». Mick Taylor, Bill Wyman y Charlie Watts tuvieron que lidiar con un ninguneo casi sistemático después de consolidarse la relación Jagger/Richards, en favor del control absoluto de la banda, y por supuesto del mayor índice de *royalties* posible. Con todo, era de esperar que Mick se lanzaría a probar suerte con una carrera en solitario que nunca le dio un gran resultado, para suerte de Keith Richards.

She's the Boss (1985, Columbia) fue su estreno para el que contó con ayuda de Pete Townshend, Jeff Beck y Herbie Hancock entre otros, con Nile Rodgers a la producción. El álbum se lanzó el 19 de febrero con «Just Another Night» como adelanto que alcanzó el número 1 en EE. UU., y que sirvió para que el músico jamaicano Patrick Alley demandara a Mick por plagio alegando que él había grabado la misma canción y con el mismo baterista –Sly Dunbar– en 1979. La demanda quedó en nada, defendiéndose Jagger con que cuando se es famoso, siempre salen personas dispuestas a dispararte. El siguiente adelanto fue «Lucky in Love», y de la canción «Hard Woman» se hizo un videoclip con animaciones que fue uno de los más caros de la época. De este álbum, Keith Richards diría en su autobiografía *Vida*, «Era como el *Mein Kampf*, todos teníamos una copia, pero nadie la escuchaba».

El relativo éxito de su primer álbum –y su obligación por contrato– llevó a Mick a publicar *Primitive Cool* (1987, Columbia). Contó con David Allan Stewart –Eurythmics y Keith Diamond para la producción y Jeff Beck le ayudó con las guitarras. Mick sentía la presión de la constante crítica de Keith Richards, culpabilizándole de haber acabado con los Stones para iniciar su carrera en solitario, y le respondió con dos canciones dirigidas a él: «Kow Tow» y «Shoot Off Your Mouth». «Let's Work» fue el adelanto que disfrutó de menor atención que su antecesor, junto «Throwaway» y «Say You Will». A diferencia de con *She's the Boss*, Mick decidió hacer una gira que empujara las ventas del disco, pero se limitó a Japón y Australia por la falta de interés que parecía despertar en EE. UU. e Inglaterra. El álbum se reeditó en 1993 con Atlantic Records.

Wandering Spirit (Atlantic, 1993) fue su primer disco en solitario durante los noventa. Para él, contó con el productor de moda Rick Rubin en Los Ángeles. La grabación duró siete meses –al tiempo que Keith trabajaba en *Main Offender*– y en esta ocasión participaron Lenny Kravitz y Flea, el bajista de los Red Hot Chili Peppers. El álbum alcanzó el número 12 en Inglaterra y el 11 en EE. UU., con «Sweet Thing» como adelanto, que no funcionó tan bien como su continuación, «Don't Tear Me Up».

Su último álbum en solitario hasta el momento es *Goddess in the Doorway* (Virgin, 2001), para el que repitió con Lenny Kravitz, además del rapero Wyclef Jean y el vocalista de Matchbox Twenty, Rob Thomas, todo ello con ayuda en la producción de Marti Frederiksen y Matt Clifford. Townshend, Bono y Joe Perry también participaron de algún modo, como refleja el documental *Being Mick* (MacDonald, Gable, 2001), pero la colaboración de la artista Missy Elliot no pasó del acuerdo verbal. «God Gave Me Everything» fue el adelanto de un álbum que obtuvo algunas de las mejores críticas de su carrera en solitario. Salvo por Keith, que lo renombró como «*Dogshit in the Doorway*». Sin embargo, a nivel de ventas sólo alcanzó el número 44 en Inglaterra y el 39 en EE. UU. A partir de aquí, regresó al trabajo con los Stones para sólo retomar su carrera en solitario lanzando el recopilatorio *The Very Best of Mick Jagger* (WEA/Rhino, 2007).

Además de músico, Mick Jagger siempre ha tenido interés por los negocios –como prueba su proyecto Jagged Internetworks para retransmitir partidos de críquet por internet, o Jagged Films, su propia productora de cine–, y por el mundo actoral. Así, ha protagonizado varias películas, siendo *Performance* la más destacada. Más tarde llegaría *Ned Kelly* (Richardson, 1970), donde interpretaba a un bandido australiano al que se le tuvo que maquillar la barba por su falta de vello facial, *Freejack* (Murphy, 1992), un film ciberpunk adaptado de la novela *Inmortalidad, Inc.* de Robert Sheckley, y *The Man From Elysian Fields* (Hickenlooper, 2001). También ha tenido pequeños papeles en otras tantas películas, y ha producido cintas importantes como el documental sobre la figura de James Brown, *Mr. Dynamite: The Rise of James Brown* (2014), y la primera temporada de la cancelada serie de HBO, *Vinyl* (2016).

Keith Richards

La icónica imagen de los Rolling Stones, más allá de los labios de Mick Jagger, a menudo ha recaído sobre el controvertido guitarrista. Su anillo de una calavera plateada, su cinta en el pelo, o su *Micawber* –nombre con el que llama a su Telecaster de 1953–, son elementos tan unidos al imaginario Stone como lo son todos esos riffs de guitarra que ha construido alrededor de sus canciones favoritas. Indudablemente excesivo, Keith goza de una credibilidad, honestidad y sinceridad de la que tal vez carezca Mick Jagger, con la tranquilidad de quien se sabe vivo pese a todas las imprudencias que ha cometido. Precisamente, así se llama su autobiografía publicada en octubre de 2010, *Vida*, donde el relato de la experiencia vital en el núcleo de una familia obrera convierte a ese niño admirador del Salvaje Oeste en un superviviente, primero de los Teddys, y después de sí mismo. Porque si hay algo que sobre todo ha hecho Keith Richards a sus actuales setenta y cuatro años, además de buenas canciones, ha sido sobrevivir. Se ha bebido, fumado, esnifado y chutado prácticamente todo lo que ha salido a su paso, con osadía e inconsciencia, para representar la viva –por ahora– imagen del mayor eslogan comercial de la que ninguna marca se ha podido apoderar: sexo, droga y rock'n'roll. Sobre todo, rock'n'roll.

«La música era algo muy parecido a una droga. De hecho, era una droga mucho más potente que el caballo: el caballo siempre lo puedes dejar, la música no. Una nota lleva a la otra, y nunca sabes exactamente qué viene después, y tampoco qué quieres. Es como caminar por una bellísima cuerda floja», diría el protagonista para definir su relación con la música, con las drogas como listón. Puede que desde el momento en que se fijó en Scotty Moore, guitarrista de Elvis y su primer ídolo, y más tarde en Chuck Berry, la batalla entre música y drogas tuviera un final anunciado en favor de lo primero, pues además de drogarse, lo que más ha hecho este ávido lector y coleccionista de guitarras ha sido precisamente leer y tocar la guitarra. «Durante muchos años he dormido, como media, dos veces por semana, lo que significa que me he mantenido consciente a lo largo de unas tres vidas», añade sobre su trepidante estilo de vida, y sin embargo, las drogas las ha tenido que dejar. La música todavía no.

Sobre sus compañeros, Keith promete amor eterno a Charlie Watts y explica cómo se establecieron sus relaciones de amor/odio con Brian Jones –basada en la envidia, pero también en la sentida admiración– y con Mick Jagger, de quien cuenta que su socio jamás imaginó que un día dejaría las drogas. Keith considera que «levantarme de entre los muertos tras haber sido leído mi testamento» fue un problema para los planes que Mick tenía para su gran empresa, los Rolling Stones. Y, sin embargo, añade: «Mick es mi esposa, me guste o no. No podemos divorciarnos» para explicar su diferencia esencial, como que «Mick necesita saber qué hará mañana. Yo soy feliz sólo con despertarme. Mick es rock. Yo soy roll». Pese a todo, el discurso de Keith es siempre el de un hombre que vive sin un gran respeto por su propia vida, inconsciente, que le ha llevado a cometer toda serie de locuras sin resultar herido de muerte, autopropulsado por la seguridad en sí mismo que tal vez le dio su adolescencia de buscavidas y resistencia. Al menos, esa es la imagen que gusta de proyectar. Pues si de una cosa no cabe duda es de que Keith disfruta siendo el niño malo del rock. Mención aparte merece su eterno cargo de conciencia por la defunción de su hijo con Anita Pallenberg, Tara, y su sorprendente solvencia como padre con el resto.

La otra cara de la moneda, sin embargo, la muestra Tony El Español en su libro publicado bajo el título *Yo fui el camello de Keith Richards* (Contra, 2013) donde afirma que la de conseguir drogas era sólo una de las tareas que hacía para Keith, además de cuidar de sus residencias, calmar a sus mujeres y ejercer de guardaespaldas, que incluía el sobornar a la policía, suplantarle en sus numerosos accidentes de tráfico –Keith siempre ha sido muy mal conductor... con drogas de por medio, peor–, o aplicar la venganza de Richards, que consistía en dar una paliza a quien mandara el guitarrista. Además, Tony culpabiliza a Keith y su influencia de su adicción a la cocaína y heroína, y añade: «Indiferente al rastro de caídos, sólo piensa en conseguir lo que necesita (¡y es mucho!) en todo momento. Puede pagar sin rechistar a unos intimidantes traficantes marselleses que venden jaco puro por kilos, pero luego regatea unas libras con infelices que han cruzado fronteras para llevarle cargamentos de emergencia. Utiliza los juguetes (y puede que las ropas) de su hijo Marlon para transportar contrabando. Su instinto de supervivencia no le falla: sabe cuándo exhibir sus armas blancas o de fuego. Semejante monstruo se humaniza gracias a sus épicas meteduras de pata». Sobre estas palabras, Keith ha confesado haberse reído a carcajada limpia mientras leía el libro.

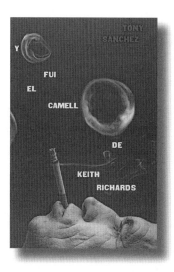

Vida sentimental

Si hay una sola cosa en la vida de Keith Richards que por lo general pone en tela de juicio el tridente formado por el sexo, la droga, y el rock'n'roll, son sus relaciones sentimentales. A diferencia de Mick Jagger y Bill Wyman, e incluso Brian Jones, Keith siempre estuvo en el otro lado de la frontera, junto a Charlie Watts, basando su historial sexual en relaciones más que en encuentros. Su primera novia destacable fue Anita Pallenberg, con quien mantuvo una sonada relación entre 1967 y 1979. Les unieron tres hijos –Marlon, Dandelion y el fallecido Tara–, por los que Keith y Anita siguieron amablemente en contacto después de su ruptura. Keith dijo de ella: «Anita lo sabía todo y encima lo sabía decir en cinco idiomas diferentes. Me

El primer gran amor de Keith Richards fue Anita Pallenberg, con quien mantuvo una sonada relación entre 1967 y 1979.

aterraba». En 1979, Keith conoció a su futura –y actual– esposa, Patti Hansen. La nueva pareja se casó el 18 de diciembre de 1983, el día de su cuarenta cumpleaños y tuvieron dos hijas, Theodora y Alexandra, nacidas en 1985 y 1986. Prueba de que Keith es un hombre familiar es el libro infantil que escribió con ilustraciones de su hija Theodora, con el título original de *Gus and Me: The Story of My Granddad and My First Guitar*. Entre todos sus hijos, a fecha de 2016 le han procurado cinco nietos de los que disfruta activamente.

Carrera en solitario

Empujado por Mick Jagger, Keith Richards inició su carrera en solitario en 1988 y tal vez sea una de las más reseñables de entre los miembros del grupo, llegando a sonar sus discos más a Stones que los propios Stones después de la crisis de identidad en la década de 1980. Se estrenó con *Talk Is Cheap* (Virgin, 1988) después de un tenso distanciamiento con Mick y su desacuerdo con decisiones respecto a la banda. «You Don't Move Me» sería una carta abierta que hablaría abiertamente sobre ello, en un álbum desafiante desde antes de su lanzamiento puesto que Keith se puso de acuerdo con Virgin al margen del trato que los Stones tenían con Sony Music. Para el álbum –que tuvo buenas críticas y alcanzó el número 37 en el Reino Unido y el 24 en EE. UU.– contó con los X-Pensive Winos y la participación

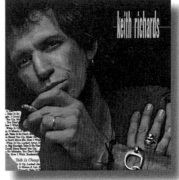

del ex Stone Mick Taylor. La canción «Make No Mistake» apareció en la serie de televisión de la HBO, *The Sopranos*, en 2001.

Live at the Hollywood Palladium, December 15, 1988 (Virgin, 1991) es un álbum en directo que refleja la breve gira norteamericana de *Talk Is Cheap* a finales de 1988. Le acompañan los X-Pensive Winos con Waddy Wachtel, Steve Jordan, Charley Drayton, Ivan Neville y Sarah Dash, además de Bobby Keys. Para los conciertos se utilizó una representación del álbum de estudio además de cortes que cantaba el propio Keith con los Stones, como «Happy», «Too Rude» y «Connection». Además, el álbum presenta «Time Is on My Side» cantada por Sarah Dash. El álbum se lanzó por consejo de Jane Rose después de comprobar las grabaciones piratas que circulaban de la gira con mala calidad sonora. Pese a no suponer un gran éxito comercial, supuso una buena adición a su catálogo y a su credibilidad como músico.

Main Offender (Virgin, 1992) fue el segundo lanzamiento de Keith, para el que repitió fórmula y banda, con Waddy Wachtel además de Steve Jordan en composición y producción. La grabación junto a los X-Pensive Winos tuvo lugar en California y Nueva York entre marzo y septiembre del mismo año de lanzamiento, y se preparó una gira norteamericana y europea para el año siguiente. De la canción «Wicked as It Seems» surgió la posterior «Love Is Strong» de los Rolling Stones. El álbum cosechó buenas críticas sin repetir las cifras de su predecesor, y la recuperación de los Stones llevó a Keith a no lanzarse con un nuevo proyecto en solitario hasta veintitrés años después.

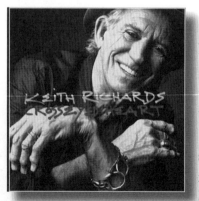

Crosseyed Heart (Republic, 2015) es el tercer y definitivo –por el momento– álbum de estudio de Keith Richards, lanzado en el mes de septiembre y grabado con los X-Pensive Winos. «Trouble» fue el adelanto de un álbum muy bien recibido por la crítica especializada. Pero antes, Keith había lanzado *Vintage Vinos* (Mindless, 2010), una compilación de sus trabajos anteriores con los X-Pensive Winos remasterizados con la canción adicional «Hurricane», que había sido promocionada como recaudación de fondos para Cruz Roja tras el Huracán Katrina. De algún modo, el lanzamiento del álbum recopilatorio acompañó al de su autobiografía.

Charlie Watts

«Nunca me he sentido bajo el estereotipo de rockstar» es una afirmación que sólo podría salir de la boca de uno de los Stones: el callado, intelectual, y siempre pulcro Charlie Watts. Que sea el único Stone que lleva cuarenta y siete años felizmente casado con su esposa Shirley Ann Shepherd –con quien comparte a su hija Seraphina y a su nieta Charlotte–, sin haberle sido infiel una sola vez, habla tanto de su personalidad como el hecho de que fuera el único en llevar sus problemas con alcohol y drogas –episodio definido por él mismo como una crisis de mediana edad– en privado, tanto para la opinión pública como para sus colegas de banda. Es cierto que Charlie parece vivir con un tempo distinto al resto; sus viajes con la banda siempre fueron un momento de relax en su habitación de hotel, dedicado a descubrir músicos locales y rebuscar en tiendas de discos obras perdidas de

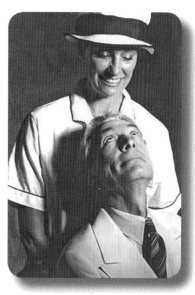

jazz. Keith dijo de él: «Charlie siempre está allí, pero no se deja notar. Hay pocos bateristas así. Todo el mundo piensa que Mick y Keith son los Rolling Stones, pero si Charlie no hiciera lo que hace con la batería, nada de esto sería como es... en abso-

Vinculado inicialmente al blues y al jazz, Charlie Watts fue contratado por los Stones en enero de 1963 para sustituir al anterior baterista, Tony Chapman.

luto», y añade al final «Descubrirás que Charlie Watts *es* los Stones». Para Charlie, la música está por encima de todo. Y el jazz, por encima de toda la música. El rock es sólo una anécdota que lleva durando más de cincuenta años de su vida, y prueba de ello es que siempre que puede da rienda suelta a su inclinación por el jazz desde que en los ochenta iniciara sus proyectos paralelos como la Charlie Watts Orchestra. El jazz es la pasión de este hombre tranquilo, su alma, y el rock, tal vez sea sólo su forma de ganarse la vida desde que se dejara enredar por Brian Jones y compañía.

Este hombre elegante –designado como uno de los hombres mejor vestidos por el periódico *Daily Telegraph* y la revista *Vanity Fair*– es orgulloso y confiado, pero

también humilde y reservado; un verdadero galán que disfruta de su afición por el dibujo haciendo *sketches* de las habitaciones de hotel que visita estando de gira, hecho con el que mantiene una relación de amor/odio. En la década de los setenta se propuso junto a Bill Wyman el dejarse crecer la barba, pero el reto no duró mucho: siempre dijo que el esfuerzo lo dejó exhausto. Sin embargo, lo que no acabó con él fue el cáncer que se le diagnosticó en 2004 ni el fatal

accidente de tráfico sufrido en Francia. Después de todo, este amante de los caballos es un tipo duro. No hay que olvidar que es el mismo que dijo de David Bowie que no era tal genio creativo, y de los Stones, que si se separaban no se molestaría lo más mínimo.

Carrera en solitario

A mediados de los ochenta, Charlie aprovechó para lanzar una prolífica carrera en solitario enfocada al jazz con proyectos de entre los que destaca la Charlie Watts

Orchestra y su álbum *Live at Fulham Town Hall* (Columbia, 1986), así como el Charlie Watts Quintet, con los tributos a Charlie Parker, *From One Charlie* (Continuum, 1991) y *A Tribute to Charlie Parker with Strings* (Continuum, 1992), pero también los álbumes *Warm and Tender* (Continuum, 1993) y *Long Ago and Far Away* (Virgin, 1996). El siglo XXI trajo consigo su proyecto junto a Jim Keltner, *The Charlie Watts-Jim*

Keltner Project (Cyber Octave, 2000) y posteriormente con Charlie Watts Tentet, *Watts at Scott's* (Sanctuary, 2004) y dos lanzamientos bajo el nombre The ABC&D of Boogie Woogie, que son *The Magic of Boogie Woogie* (Vagabond, 2010) y *Live in Paris* (Columbia, 2012). Su último álbum publicado es con el proyecto Charlie Watts meets the Danish Radio Big Band, un magnífico directo de bellísima factura que lleva el nombre de *Live at Danish Radio Concert Hall, Copenhagen/2010* (Impulse, 2017).

Ronnie Wood

Este hijo de una familia de gitanos acuáticos –como se llamaba a los operarios de las barcazas del Támesis– fue el último en llegar y ya lleva más de cuarenta años con la banda. Nació el 1 de junio de 1947 en Hillingdon, Middlesex, y desde niño mamó de la música y de la botella. Su padre, intérprete de armónica y bebedor habitual, montaba a menudo fiestas en casa de las que Ronnie era testigo. Fueron sus hermanos quienes le regalaron su primera guitarra española, que combinó con su otra afición: la pintura. Así unió su paso por los Birds, Creation, Jeff Beck Group y Faces hasta los Stones, con la pintura. Primero lo hizo con rótulos para anuncios publicitarios y después como afición puramente artística. En esta corriente, ha desarrollado retratos de músicos con los que ha compartido escenario, desde los propios Stones hasta Jimi Hendrix, pasando por Jimmy Page y Eric Clapton, pero también actores como Al Pacino o el boxeador Muhammad Ali.

En *Memorias de un Rolling Stone* (Global Rhythm Press, 2008), Ronnie cuenta cómo ganó sus primeros dineros como recadero de una carnicería –además de la pintura de rótulos– mientras trataba de imitar la afición por la música de sus hermanos mayores. También explica cómo pasó de ir de gira en furgonetas desvencijadas a ir en aviones privados cuando fichó por los Stones, con chicas desnudas corriendo de un lado a otro por los pasillos de los hoteles. «Sin la familia me hubiera vuelto loco», y pese a todo, se enganchó a la cocaína, a la heroína y al alcohol, llegándose a beber dos botellas de vodka diarias. «Estaba limpio, pero también asustado» cuenta sobre la gira de 2002, su primer *tour* completamente sobrio. Además, cuenta cómo actualmente pasa largas estancias en su habitación de hotel mirando reposiciones de la serie CSI: «He vivido la mayor parte de mi vida en una cárcel de oro, así es como se siente uno cuando está de gira con los Stones. Tenemos todos los privilegios asociados a la fama, pero desde dentro se ve como un lugar de muros muy altos».

Pese a su mala vida, a sus setenta y un años es el único vivo de los tres hermanos Wood, habiendo sobrevivido a un cáncer de pulmón diagnosticado en 2017. Sigue luchando con su inclinación por el alcoholismo, habiendo ingresado un total de siete veces en rehabilitación hasta 2008. En cuanto a su vida personal, se ha casado un total de tres veces, la última de ellas con Sally Humphreys, propietaria de una compañía de producción teatral, y tiene un total de seis hijos, siendo los últimos dos niñas gemelas nacidas en mayo de 2016. También tiene seis nietos, y planes para «activar una diminuta bomba de relojería» alojada en su cabeza: escribir una novela.

En su autobiografía, Ronnie Wood cofiesa que ganó sus primeros dineros como recadero de una carnicería mientras trataba de imitar la afición por la música de sus hermanos mayores.

Carrera en solitario

Ronnie tiene una prolongada carrera musical al margen de los Rolling Stones, los
Faces, y los New Barbarians, de entre la que destacan álbumes como su debut *I've Got*

My Own Album to Do (Warner, 1974), con título en
alusión a Rod Stewart, quien por aquel entonces
más por la labor de trabajar en su carrera en solitario
que con Wood en los Faces. Se grabó en The Wick,
la casa de Ronnie en Richmond, con la participación
de Mick Jagger en «I Can Feel the Fire» y George
Harrison en «Far East Man», pero también la de
Rod Stewart, Ian McLagan, Mick Taylor (entonces
con los Stones). Algunas de estas canciones entraron
en futuros *setlists* de los Faces. Keith Richards tam-
bién colaboró en buena parte de las canciones del álbum en lo que supuso el inicio de
su amistad. *Now Look* (Warner, 1975) fue su inmediato sucesor, con un sonido más
compacto, pero con canciones menos inspiradas. Bobby Womack participó en la
producción, así como Keith Richards y Mick Taylor, que colaboraron añadiendo
arreglos instrumentales. Willie Weeks y Andy Newmark también repitieron, y «Big
Bayou» entró en el repertorio del último y definitivo *tour* de los Faces. Rod Stewart
grabaría su propia versión de la canción para introducirla en su carrera en solitario.

Gimme Some Neck (Columbia, 1979) es otro álbum
destacado entre su carrera, para muchos tal vez el
mejor. La portada se compone de ilustraciones del
propio Wood, con un autorretrato en el centro. El
álbum cuenta con la participación de los tres Stones –Mick Jagger, Keith Richards y Charlie Watts–
y destaca la versión de Bob Dylan, «Seven Days»,
donde la voz de Ronnie suena como la propia de
Dylan. Ronnie formó a los New Barbarians con
Keith Richards, Ian McLagan y Bobby Keys para

una gira norteamericana que sirviera de promoción del álbum. *I Feel Like Playing*
(Eagle Rock, 2010) es otro álbum que merece mención especial. Lanzado poco después de la publicación de su autobiografía, de su último divorcio y de entrar de nuevo
en rehabilitación, Ronnie se muestra entusiasta en este grupo de canciones en la que

todo el personal está invitado: Slash, Billy Gibbons, Eddie Vedder, Bobby Womack y Flea recorren su visión del rock, reggae y blues junto al Stone, en lo que suena más a una reunión de amigos con el afán de pasar un buen rato haciendo lo que más aman: música.

Bill Wyman

El mayor de los Stones nació el 24 de octubre de 1936 en Lewisham, al sur de Londres, con el nombre completo de William George Perks Jr. Junto a sus cuatro hermanos, John, Paul, Judy y Anne, siempre definió su infancia como marcada por la pobreza. Hijo de un albañil, su padre tocaba el acordeón y el piano y en seguida lo enrolaron en el coro de la iglesia local. De los diez a los trece años tomó clases de piano y con veintitrés se casó con Diane Cory, una empleada bancaria de dieciocho años. Probó a tocar la guitarra, pero el resultado no le gustó, y en seguida se pasó al bajo después de una actuación del grupo humorístico Barron Knights. Tomó su nombre artístico Wyman de un compañero del servicio militar en la Royal Air Force, hasta hacerlo suyo legalmente en agosto de 1964.

Wyman mantiene desde pasada la Segunda Guerra Mundial un diario personal que le ha sido útil en los siete libros que ha publicado, con más de dos millones de copias vendidas. También es fotógrafo aficionado, y sus fotografías han sido expuestas en galerías alrededor del mundo. La arqueología es otra de sus aficiones, así como la búsqueda de reliquias para la que inventó y patentó un detector de metales que ha utilizado para encontrar piezas que datan de la era del Imperio romano. Además, Bill es un empresario nato, dueño de varios establecimientos, que incluyen el famoso Sticky Fingers Café, del que dedica buena parte de las ganancias a obras benéficas. Según Andrew Oldham, Bill es el Stone con mayor paz de espíritu, pero lo cierto es que durante sus años con los Stones fue un promiscuo nato en una desenfrenada búsqueda de nuevas amantes.

El matrimonio de Bill con Diane finalizó en 1969, y ya no se volvería a casar hasta 1989, ahora con Mandy Smith de dieciocho años, y con quien mantenía relaciones desde que ella tenía 14. Sin embargo, las constantes infidelidades de Wyman le valieron un nuevo divorcio en 1991. La guinda para la prensa rosa llegó cuando se destapó que su hijo con Diane, Stephen Paul Wyman, mantenía una relación con la madre de

Mandy. En 1992 se volvió a casar con la modelo y actriz Suzanne Accosta, treinta y tres años más joven que él y con quien tiene tres hijas. Wyman ha afirmado que ha conquistado a cientos de mujeres en su vida, a lo largo de su carrera con los Stones, cuando competía con Mick Jagger en descubrir quién tenía más éxito en este aspecto. En 1991 publicó su autobiografía, *Stone Alone*, donde anticipaba su alejamiento de la banda, aparentemente porque estaba aburrido, aunque pos-

teriormente reconocería tener el anhelo de mayor libertad creativa. A sus ochenta y un años actuales ha superado un cáncer de próstata diagnosticado en 2016. Y pese a todo, insiste en que, aunque cueste creerlo, no echa de menos su vida anterior.

Carrera en solitario

Wyman tiene una interesante carrera aparte de los Stones que arranca con *Monkey Grip* (Atlantic, 1974), un ejercicio que sorprende por la inesperada habilidad del bajista para componer canciones, y que cuenta con la compañía de gente como Dr. John, Leon Russell y Lowell George. «I Wanna Get Me a Gun» es sorprendentemente pegadiza, y su voz cantante suena por lo menos simpática y relajada, y canciones como «Crazy Woman» y «Pussy»

hablan tanto del artista como del personaje. *Stone Alone* (Atlantic, 1976) llegó apenas dos años después y para esta ocasión, el bajista contó con Van Morrison, Joe Walsh, Ronnie Wood, Al Kooper, Nicky Hopkins, Jim Keltner y Dr. John. El álbum pierde consistencia y personalidad respecto a su predecesor, más afín a un ejercicio de ensayo/error para esbozar ideas que a un trabajo sólido y bien desarrollado. «Apache Woman» y «Quarter to Three» fueron consideradas las mejores canciones de un álbum que en general no pasó de la curiosidad.

Bill Wyman (A&M, 1982) era el título de su tercer elepé, que alcanzó el número 55 en el Reino Unido. El estilo mayoritario del disco era pop de sintetizador, que contó con los invitados Brian Seltzer, Slim Jim Phanton, Dave Mattacks, Terry Taylor y Chris Rea. «(Sí sí) Je suis un Rock Star», «A New Fashion» y «Come Back Suzanne» son los éxitos que muestran la calidad musical del disco, al tiempo que evidencian que sus composiciones deben ser tomadas con humor. En Japón y Argentina se lanzó originalmente el posterior *Stuff* (Sanctuary, 1992) como una colección de canciones y descartes de distintas sesiones, todas ellas

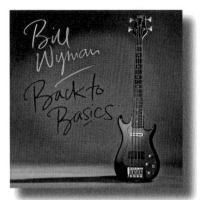

impregnadas de un sonido funk, disco y dance que hace difícil reconocer al ex Stone. El aspecto vocal también sale perdiendo en esta entrega, que contiene una versión de la canción original de Ray Davies, «The Strange Effect». *Back to Basics* (Proper, 2015) es la última entrega de Bill Wyman en solitario, donde tal y como su nombre indica, el bajista regresa a la primera idea de relajarse y disfrutar haciendo música. Y así suena el disco, amable y ligero, con poca pretensión más allá que entretener y pasarlo bien. Paralelamente, desde 1997 Bill Wyman lleva sacando elepés con los Rhythm Kings, un conjunto de blues rock fundado por él mismo por el que han pasado músicos como Albert Lee, Eric Clapton, Peter Frampton, Mark Knopfler, George Harrison, Ray Cooper, o el también ex Stone, Mick Taylor.

Brian Jones

Lewis Brian Hopkins Jones era el nombre completo de Brian Jones, de quien Bill Wyman dijo en su autobiografía: «si alguna vez un hombre vivió genuinamente la vida del rock'n'roll y caracterizó a los Rolling Stones en todos sus aspectos, mucho antes de que los cinco asumiéramos un estilo, ése fue Brian Jones». Brian era un prolífico músico que, si bien no hizo méritos como cantante ni compositor, su presencia nunca pasó inadvertida, ni así su aportación a la banda. No cabe duda de que su personalidad inquieta, curiosa y creativa, pero también egocéntrica y megalómana, le habrían valido para liderar la banda –ésta o cualquier otra–, pero la fricción con sus compañeros y su comportamiento errático por el abuso y dependencia de las drogas, le costaron el cargo mucho antes de que él fuera consciente.

La personalidad de Brian es en realidad bien curiosa, pues si fue su determinación y seguridad en sí mismo la que le llevó a formar el grupo, fue su inseguridad la que lo arrastró hasta la decadencia. Cuando murió su hermana Pamela siendo un bebé, Brian reaccionó al estrés familiar con una crisis de asma que lo afectaría de por vida. De aquí en adelante, la familia mantuvo la muerte de Pamela como un tema tabú, pero cuando el niño Brian se portaba mal, su madre lo amenazaba con mandarlo al mismo lugar que a su hermana fallecida. Según la pediatra psicoanalista Margaret Mahler, quien aportó el concepto de la diferencia entre el nacimiento biológico y el nacimiento psicológico, es a partir de los dos años del   nacimiento   biológico cuando se establece la individualidad y la constancia del amor familiar, como el sentido de pertenencia a una familia. En ese periodo Brian sufrió el abandono de sus padres por la enfermedad de su hermana, que posteriormente se tradujo en una personalidad narcisista con dificultad para establecer vínculos. Así en el futuro, Brian siempre mostraría una forma de relacionarse con las mujeres totalmente desconsiderada, primero seduciéndolas, después maltratándolas y abandonándolas.

Si bien es cierto que las personas narcisistas tienen facilidad para la depresión, todo ello a modo de defensa contra el terrible sentimiento de abandono que atesoran, no hay que olvidar que Brian siempre fue un maltratador nato con el sexo femenino, que sin embargo permanecía a su lado por su gran poder de atracción. Y sin embargo, cuando Anita Pallenberg lo abandonó, él tocó fondo. Su extrema sensibilidad y su tendencia hacia una forma narcisista de autorreverencia hacían que no pudiera asimilar el rechazo. Se sintió humillado y sin la posibilidad de compartir su decepción con sus compañeros de la banda, pues su carácter introvertido y su educación lo inhabilitaban para ello; sus cicatrices internas nunca alcanzaron la categoría de discurso.

El abuso del alcohol y otras drogas le llevó a divorciarse emocionalmente de sí mismo, y a llevar una vida desestructurada en la que no diferenciaba entre día y noche. Vivía en un estado de psicosis que lo tenía ajeno a la realidad, llevándole a protagonizar episodios como el de acudir a un restaurante de madrugada pidiendo

cena y sorprendiéndose de que no hubiera comida para él porque estaban cerrando. Entonces montaría un escándalo. Aparte, que Brian fuera el Stone más admirado por otros músicos nunca le ayudó en el núcleo del grupo, algo que paradójicamente perjudicó a su autoestima. La sociedad Jagger/Richards y su complejo de inferioridad frente al músico que sí sabía de música, los llevó a conspirar contra él para que se sintiera aislado gracias a su frágil estado mental, como una víctima impotente en los estudios de grabación. Brian sufría estrés al acudir a las sesiones, por lo que se refugiaba previamente aterrado en el alcohol. Jimmy Miller declararía que «Brian era por entero un músico y nunca se adaptó completamente a la imagen comercial que demandaba el grupo». Finalmente, su colapso lo llevó a la paranoia con un gran deterioro nervioso hasta la fractura emocional.

Carrera en solitario

A pesar de su corta vida, Brian participó en numerosas sesiones de grabación aparte de con los Stones. Su talento le valió para que los Beatles contaran con él en la grabación de «Yellow Submarine», donde aportó coros y efectos de sonido, y tocó el saxofón en «You Know My Name (Look Up the Number)». Entre otros créditos, destaca su percusión en la inspirada versión que hizo Hendrix de «All Along the Watchtower», y el bombardino en «Is This What I Get For Loving You?» de Marianne Faithfull. En solitario, compuso la banda sonora original de la película protagonizada por Anita Pallenberg, su novia en aquel entonces, *Degree of Murder* (Schlöndorff, 1967) y el póstumo *Brian Jones Presents the Pipes of Pan at Joujouka* (Rolling Stones, 1971) con los músicos Maestros de Jajouka grabados en 1968. El álbum se reeditó en 1995 con notas de William S. Burroughs entre otros, y un segundo disco adicional con remixes producidos por Cliff Mark.

Mick Taylor

Hijo de una familia trabajadora, Mick Taylor nació el 17 de enero de 1949 en We- lwyn Garden City, pero creció en Hatfield, Hertfordshire. Aprendió a tocar la gui- tarra desde los nueve años de la mano de su tío, y con dieciséis estaba subiéndose al escenario con los Bluesbreakers de John Mayall en un concierto al que no acudió Eric Clapton. Mayall quedó satisfecho con su papel y al año siguiente ya estaba en la banda reemplazando a Peter Green, y con veinte a Brian Jones en los Stones. «Estaba un poco molesto por no obtener crédito por un par de canciones, pero ésa no era toda la razón de por qué dejé la banda. Creo que simplemente sentí que tenía suficiente. [...] No sé por qué, pero nunca sentí que iba a quedarme con los Stones para siempre, ni siquiera desde el principio», contaba en una entrevista a Gary James. Posteriormente, añadió: «Solíamos pelear y discutir todo el tiempo. Y una de las cosas por las que me enojé fue que Mick había prometido darme algo de crédito por algunas de las canciones, y no lo hizo. Creí que había contribuido lo suficiente», sin embargo, Mick Jagger sólo se refirió a su salida alegando que no logró llevarse bien con Keith. En el documental *Crossfire Hurricane*, Taylor cuenta que dejó a los Stones para protegerse a él mismo y a su familia de la cultura de la droga que los rodeaba.

Mick Taylor aprendió a tocar la guitarra a la edad de nueve años de la mano de su tío, y con dieciséis estaba subiéndose al escenario con los Bluesbreakers de John Mayall.

Técnicamente, Mick Taylor tal vez fuera el músico más dotado que pasó por la banda, con un gran sentido por la melodía. Esto, añadido a su diferencia de edad con Keith Richards, pudo facilitar que la pareja no se llevara bien pese a que Taylor era inocente y maleable. En 1977 acudió a las sesiones para el álbum de John Phillips, en las que coincidió con Mick y Keith. Taylor añadió inspirados solos de guitarra en «Oh Virginia» y «Zulu Warrior», y tras uno de estos, Keith le dijo, medio en broma medio en serio: «Por eso no me has gustado nunca, ¡bastardo!». Sin embargo, Keith supo cuándo llamarle en sus discos en solitario, y en su autobiografía se refiere a él con estas palabras: «Juntos hicimos cosas geniales, algunas de las mejores que han hecho los Stones. Mick lo tenía todo: el toque melódico, un sostenido magnífico, una movida que conmovía; llegaba donde quería ir yo incluso antes que yo. Había veces que me quedaba embobado escuchándolo [...]. El tipo me encantaba, me encantaba trabajar con él, pero era muy tímido y muy distante».

Viendo cómo le fue a mucha gente que estuvo en la órbita de los Stones, no es raro afirmar que Mick Taylor supo verlo venir y salirse a tiempo. Enganchado a la heroína por la influencia de Keith, es muy probable que tuviera la necesidad de alejarse para, como él dice, proteger a su familia de lo que las drogas ya le estaban haciendo a él. En su periodo como Stone nació Chloe, su hija fruto de su relación con Rose Millar. La pareja contrajo matrimonio una vez él ya estaba fuera del círculo y se divorció unos años después. Posteriormente, tendría otra hija fruto de una relación esporádica con una corista norteamericana de su banda, y su pareja actual –y también su mánager– es Marlies Damming, cuarenta años más joven que él.

En cualquier caso, no es raro pensar que Mick Taylor sufrió por un breve periodo de tiempo un episodio parecido al de Brian Jones, en el que su talento le supuso más un perjuicio que una ventaja dentro de los Stones. Al salir del grupo, la presión sobre su hipotética carrera en solitario era tan grande que nunca llegaría a brillar como se suponía que iba a hacerlo. Y pese a ello, guitarristas como Slash lo consideran su mayor influencia.

Carrera en solitario

Si de algo no cabe duda es que Mick Taylor es un gran guitarrista con el que muchos músicos han querido contar, desde John Mayall y sus Bluesbreakers, a los Stones, pasando por Bob Dylan, Jack Bruce y Carla Olson. En solitario, destaca su homónimo debut *Mick Taylor* (Columbia, 1979), un fantástico álbum de blues que quedó fuera de lugar por el imperante punk y el auge del new wave, pese a las buenas críticas que lo

acompañaron. En él queda constancia del magnífico guitarrista que era, capaz de hacer sombra a Keith con sus solos de guitarra. Cierto es que se desenvuelve con la voz sin ser un cantante de gran personalidad, como se puede apreciar en «Leather Jacket», pero los mejores cortes son instrumentales como «Slow Blues». Posteriormente lanzó *A Stone's Throw* (Cannonball, 2000), un ejercicio entre el blues y el rock donde mejora sus habilidades vocales, y entre las que destaca la relajada «Never Fall in Love Again». Mick también ha lanzado varios álbumes

en directo, entre los que destaca el soberbio *Stranger in this Town* (Kraze, 1990), uno de los mejores ejemplos para entender la magnitud del artista que hay detrás.

Ian Stewart

El escocés Ian Andrew Robert Stewart nació el 18 de julio de 1938 en el concejo de Fife, Escocia. Pianista y cofundador de los Rolling Stones, fue apartado por el mánager Andrew Oldham en mayo de 1963 por considerar que su aspecto físico era poco apropiado para ser un Stone: escocés rudo de 1,80 m de altura, 90 kg de peso y cara de boxeador asesino. Y, sin embargo, fue uno de los mejores pianistas de su época. Fue el primero en atender al reclamo de Brian Jones para formar una banda de R&B, pero terminó por convertirse en el chófer de la banda, el asesor, asistente, acompañante y confidente; en definitiva, el chico para todo, como un *roadie* a quien se le pedía que estuviera disponible para tocar el piano en el estudio o sobre el escenario en sustitución del indispuesto Brian Jones, pero nunca para salir en la portada de un álbum. Andrew consideraba que seis caras eran demasiadas para ser recordadas. Y –de nuevo–, sin embargo, a Ian pareció no importarle.

Keith cuenta de él en su autobiografía: «Ian Stewart, todavía trabajo para él. Para mí, los Rolling Stones son su banda». Ian falleció el 12 de diciembre de 1985 después de llevar una vida más propia de un hombre pausado y calmado que de un Rolling Stone, especialmente durante las giras. Nunca cayó en el pozo de las drogas y se comportó como un bebedor moderado. Era un gran aficionado al golf que a menudo buscaba hoteles para el grupo alejados de las urbes, cercanos a campos de golf que condenaban a muerte la acción que pedía Keith, pero le permitían disfrutar de su afición. Pese a ello, su beneplácito fue siempre importante para el grupo y que aceptara su rol en la segunda línea, además de su gran corazón, le valió el respeto de sus compañeros. Sensible e introvertido, Mick Taylor dijo de él que le afectó mucho lo que le ocurrió a Brian, y nunca congratuló con el ruido y la controversia que la banda –o Andrew Oldham– ge-

neraba a su alrededor para ganar popularidad más allá de la música. Además, como pianista, detestaba tocar acordes menores por lo que levantaba sus dedos de las teclas cuando llegaba uno en los directos. Cynthia, su mujer durante dieciocho años, dijo que cuando nació su hijo Giles, el matrimonio se complicó y el niño vio muy poco a su padre por culpa de los Stones. Y –por última vez–, sin embargo, cuando Ian regresaba a casa siempre disfrutaba de ver a su hijo.

Carrera en solitario

La carrera en solitario de Ian Stewart nunca se prodigó porque nunca abandonó realmente a los Stones, pero participó en grabaciones y directos de otros músicos al margen del grupo. Su aportación más destacada se encuentra en «Rock and Roll», dentro de *Led Zeppelin IV* (Atlantic, 1971), pero también en «Boogie with Stu» de *Physical Graffiti* (Swan Song, 1975), ambos del grupo británico Led Zeppelin. Aportó pianos a George Thorogood en su álbum junto a los Destroyers, *Bad to the Bone* (EMI, 1982) y en la actuación televisada de Ronnie Lane. También participó en las sesiones que conformarían *The London Howlin' Wolf Sessions* (Chess, 1971) junto a Eric Clapton, Ringo Starr, Klaus Voorman, Steve Winwood, Bill Wyman y Charlie Watts, con quien fue miembro fundador de Rocket 88.

Bobby Keys

En el momento en que Ian Stewart se quedó fuera de los Rolling Stones, siempre posaron cinco en la foto: Mick Jagger, Keith Richards, Brian Jones, Bill Wyman y Charlie Watts. Pero desde 1969, Bobby Keys siempre fue el +1 que acompañaba a los Rolling Stones, en palabras de Alfred Crespo, periodista y director de la revista *Ruta 66*, «un músico capaz de dominar su ego para cubrir las espaldas de las grandes estrellas». Robert Henry Keys nació el 18 de diciembre de 1943, curiosamente el mismo día, mes y año que Keith Richards. Lo hizo en el aeródromo del ejército cerca de Slaton, en el estado de Texas, donde su padre militaba en el cuerpo aéreo. Años después, sus padres se trasladaron a Nueva México mientras él permaneció en Texas con sus abuelos.

A los quince años, ya tocaba el saxofón en los Crickets de Buddy Holly, pero el grupo de su vida serían los Stones, sobre todo gracias a su amistad con Keith Richards. Cuenta la leyenda que en 1973 fue despedido por Mick Jagger por llenar una bañera con Dom Pérignon, acarreando una deuda con la banda que liquidó su salario por el *tour*, sin embargo, Bobby dijo muy posteriormente que abandonó el grupo para afrontar su adicción a la heroína por el bien de su familia; estaba casado con Holly Keys, con quien tuvo tres hijos y un hijastro. En 1982 fue reintegrado como principal saxofonista de la banda hasta el día de su muerte en 2014, a punto de cumplir los setenta y un años de edad, a causa de un cáncer de hígado. El saxofonista Dani Nel·lo,

Bobby Keys es un excelente saxofonista que ha colaborado con una lista de renombrados músicos, desde los Rolling Stones hasta George Harrison, Eric Clapton o Joe Cocker.

hoy en los Mambo Jambo y haciendo carrera en solitario, le reconoce como uno de sus ídolos: «Cuando el papel solista del saxofón palidecía en un bosque de *guitar heroes*, Bobby le alargó la vida revitalizando su rol en las bandas de rock sin apellidos».

Carrera en solitario

Al margen de ser recordado como el asalariado de lujo de los Stones que interpretó el fantástico solo de saxofón en «Brown Sugar», Bobby Keys participó en infinidad de álbumes de artistas de la talla de John Lennon, B. B. King, Joe Cocker, George Harrison, Barbra Streissand, Dr. John, Eric Clapton, los Faces, Lynyrd Skynyrd y Marvin Gaye entre muchos otros. Además, sus socios de banda, Keith Richards y Ronnie Wood, también contaron con él para sus ejercicios en solitario y Keith lo sumó a la banda para el concierto de Chuck Berry, *Hail! Hail! Rock'n'roll*. Independientemente, Bobby lanzó su álbum en solitario *Bobby Keys* (Aurora, 1972), que contó con la participación de muchos de estos músicos devolviéndole el favor. En cualquier caso, el resultado es más una colección de sintonías de acompañamiento que de canciones propiamente dichas, pero también una buena adición a una colección de curiosidades relacionadas con los Stones.

THE ROLLING ROOTS:

Raíces de los Rolling Stones

«Generalizando, los artistas negros han tenido peores carreras comerciales que los blancos: sufren contratos miserables, circuitos más reducidos, abruptos cambios de tendencia que les dejan a la intemperie. Sus deslices han recibido un tratamiento más cruel que el de sus colegas caucasianos: James Brown o Chuck Berry conocieron la cárcel por incidentes que, de haber sido protagonizados por un Jerry Lee Lewis, hubieran sido silenciados, como sabemos que ocurrió con historias similares. Hasta que un día mueren y, sí, entonces puedes escribir sobre ellos.»
Diego A. Manrique, *Jinetes en la tormenta* (Espasa, 2013)

Si bien sabemos que los Rolling Stones sufrieron de una severa persecución mediática al inicio de su carrera, con el continuo asedio de campañas en su contra para poner en tela de juicio la influencia que ejercían sobre los jóvenes británicos del momento, la afirmación de Diego A. Manrique no deja de ser cierta. ¿Qué hubiera ocurrido si los Stones hubieran sido negros? Pues seguramente nada, y sus nombres ni siquiera hubiera copado el más mísero artículo de opinión en la contraportada de un periodicucho. Al mínimo escándalo, el poder judicial los hubiera barrido como el polvo del rellano, en el supuesto de que algún local de mala muerte les hubiera permitido dar su primera actuación. Lamentablemente, si los Stones hubieran sido afroamericanos, puede que ni siquiera hubieran existido. Y pese a todo, estos músicos blancos haciendo música de negros no se libraron de la mala prensa.

En los cincuenta, la burguesía británica disfrutaba de una generación dorada de músicos de jazz autóctonos, todos ellos blancos impolutos y bendecidos por la opinión pública. John Dankworth, Ronnie Scott, Ken Colyer, George Webb y Humphrey Lyttelton sobresalían con claras influencias *bebop* y del jazz tradicional de Nueva Orleans. Sin embargo, el jazz, ese género para sibaritas pudientes que había llegado a las islas británicas a finales de la Primera Guerra Mundial, había nacido en la Norteamérica afroamericana de finales del siglo XIX y principios del XX, con máximos exponentes como Miles Davies, Duke Ellington, Thelonius Monk, John Coltrane, Louis Armstrong o Charlie Parker, todos ellos defenestrados afroamericanos con trágicas historias a su alrededor. Como música popular quedaba el pop tradicional, por supuesto también importado de América del Norte. Artistas como Perry Como, Guy Mitchell y Frankie Laine dominaban las listas de ventas con sus orquestadas baladas de importación, y sirvieron para que el músico local y locutor de radio de la BBC, Jimmy Young, o la cantante Alma Cogan, iniciaran su carrera con sendas versiones.

La música folk también vivió una segunda juventud en las islas británicas gracias al musicólogo Alan Lomax –y al catálogo que elaboró–, quien cruzó el Atlántico para trabajar en Inglaterra y Escocia. Como en EE. UU., el género estuvo fuertemente ligado a las políticas de izquierdas, que encontraron a grandes aliados en la figura de Ewan MacColl o A. L. Lloyd, con gran interés por la música española y latinoamericana. Una variante del folk, cercana al jazz, pero también al blues y country, era la música skiffle. El skiffle se caracteriza por el uso habitual de instrumentos raros o caseros, y se popularizó por segunda vez en el Reino Unido gracias a músicos como Lonnie Donegan –conocido como El Rey del Skiffle–, quien utilizó una versión de «Rock Island Line» del afroamericano Leadbelly para proyectarse a lo más alto de las listas, convertido en el primer álbum debut en ser disco de oro después de vender un millón de unidades alrededor del mundo. Grupos populares posteriores como los Shadows o los Beatles estuvieron fuertemente influenciados por este estilo.

Por último, la emergencia del rock'n'roll en EE. UU. como género de música popular llevó a un movimiento mimético en las islas, aunque su impacto fuera mucho menor que el de sus semejantes idiomáticos y culturales. Es evidente que la tan popular *British Invasion* de mediados de los sesenta no se hubiera producido sin el pionero Cliff Richard, y su exitosa y prolongada carrera, directamente influenciada por la música de moda en Norteamérica.

Desde luego, los Stones no fueron los primeros en preguntarse qué se estaba cociendo al otro lado del charco y en tratar de importarlo a su tierra natal. Aunque el Delta Blues ya existiera previamente, se grabó por primera vez a finales de los años veinte, consistiendo mayormente en un hombre de corazón roto –obviamente, de raza negra– tocando la guitarra y cantando. Quizá el más reconocido de entonces sea Robert Johnson –el del famoso pacto con el diablo en el cruce de caminos–, que hizo sus únicas sesiones para American Record Corporation entre 1936 y 1937. Más tarde llegarían otros nombres desde Misisipi, como el de Son House o el del conocido padre del Chicago blues, Muddy Waters. Pese al negocio que pudiera suponer la música de estos intérpretes para las discográficas –todas ellas presididas por hombres blancos que les pagaban irrisorias cantidades por su arte– el género se vio rápidamente ensombrecido por las caras bonitas de Elvis Presley y Gene Vincent. Y, sin embargo, en el viejo continente, jóvenes como Mick Jagger y Keith Richards, necesitados de una identidad propia tras el barrido de esperanza de la Segunda Guerra Mundial, se fijaron en todos aquellos músicos residuales que nunca despertaron el mayoritario interés de su gente. Muddy Waters, Chuck Berry, Howlin' Wolf, pero también Buddy Holly, fueron necesarios para que existieran los Stones. Además, estos blanquitos británicos servirían de altavoz para que, en cierta manera, y dentro de la medida de lo posible, la música hiciera justicia con todos aquellos músicos de sentimiento real que habían pasado sin pena ni gloria por las disqueras. Keith Richards lo dijo: «Los Stones fuimos influenciados por Howlin' Wolf, Muddy Waters, Jimmy Reed, Chuck Berry, Little Richard...», y los primeros álbumes del grupo así lo demostraron, dedicándose mayormente a versionar a todos aquellos artistas de Chess Records cuyos discos compraban por catálogo.

A continuación, una pequeña muestra de trece músicos –el número maldito para la música del demonio–, de los cuales doce afroamericanos de los estados sureños y un blanco de Texas, que influenciaron todos ellos el primer sonido Rolling Stone, y sin los cuales seguramente no sólo no hubiera existido el grupo, sino que la música moderna anglosajona sonaría muy diferente. Pese a la selección, otros nombres como T-Bone Walker, Son House o John Lee Hooker nunca deberían ser pasados por alto. Ni el de Elvis Presley o James Brown que, sin ser influencias musicales tan evidentes, sí lo fue para Mick Jagger y sus movimientos de cadera...

13 músicos malditos que influyeron en los Rolling Stones

Muddy Waters

Well, my mother told my father
just before hmmm, I was born
«I got a boy child's comin'
gonna be, he gonna be a rollin' stone
sure 'nough, he's a rollin' stone
sure 'nough, he's a rollin' stone»
oh well he's a, oh well he's a, oh well he's a
«Rollin' Stone», Muddy Waters

Nacido con el nombre de McKinley Morganfield, oficialmente el 4 de abril de 1913 –nunca se confirmó la fecha real de su nacimiento–, el Padre del blues de Chicago creció en la plantación de Stovall en Misisipi. Su abuela le puso el sobrenombre

La música de Muddy Waters influyó sobremanera en los Stones, aunque también lo hizo en otros grandes músicos, como Jimi Hendrix, Cream, Led Zeppelin o Bob Dylan.

«Muddy» porque le encantaba jugar en las pantanosas aguas del arroyo de Deer Creek. A los diecisiete años ya tocaba la guitarra y la armónica, y en 1941 hizo su primera grabación de la mano de Alan Lomax. Dos años después, Muddy Waters se mudó a Chicago para convertirse en músico profesional grabando sus primeros discos para Columbia.

A finales de los años cuarenta inició su colaboración con Chess Records y en los cincuenta versionó algunos clásicos del blues que lanzaron su carrera como «Hoochie Coochie Man» o «I Just Want to Make Love to You». En 1958 viajó a Inglaterra y en 1960 grabó su primer álbum en directo en el marco del Newport Jazz festival, con el éxito «Got My Mojo Working». Convertido en el icono de Chess Records, el sello trató de acercarle al folk y al soul, cambiando el sonido de Muddy en los siguientes álbumes. Sin embargo, ambos proyectos fracasaron y su carrera se truncó. De capa caída, el principal artista de Chess se convirtió en el pintor oficial de las paredes del estudio, y tuvieron que llegar los Rolling Stones y la década de los setenta para que recuperara la senda del éxito de la mano del músico Johnny Winter. Muddy Waters falleció a la edad de sesenta y ocho años víctima de una crisis cardiaca en Westmont, Illinois.

Su música influyó sobremanera en los Stones, pero también Jimi Hendrix, Cream, Led Zeppelin y Bob Dylan pertenecen a esta interminable lista. Entre su legado se encuentra el nombre de los Rolling Stones, adquirido a raíz de la canción «Rollin' Stone», su propia interpretación del Delta blues «Catfish Blues», datado de los años veinte. Algunos de sus álbumes imprescindibles son *The Best of Muddy* Waters (Chess, 1957), *At Newport* (Chess, 1960) y *Hard Again* (Blue Sky, 1977).

Chuck Berry

Charles Edward Anderson Berry, considerado uno de los pioneros del rock'n'roll, nació el 18 de octubre de 1926 en San Luis, Misuri. Desde niño tuvo un gran interés por la música, pero fue enviado a un reformatorio por un supuesto atraco a mano armada. Al poco de salir, emprendió vida de casado y entró a trabajar en una cadena de montaje de automóviles. Fue Muddy Waters quien, después de viajar a Chicago en 1955, le puso en contacto con Leonard Chess y Phil Chess, hermanos fundadores de Chess Records. Con ellos grabó «Maybellene», su propia adaptación de la canción country «Ida Red». Fue un éxito, y a finales de la década se sucedieron *hits* del calibre de «Sweet Little Sixteen» y «Johnny B. Goode» que le llevaron a participar en varias películas; Berry se había convertido en una total estrella del rock con su propio club nocturno, el Berry's Club Bandstand. Pero en 1962 fue condenado a un año y medio de prisión por haber tenido relaciones sexuales con una joven apache de catorce años. Al salir de la cárcel, su regreso fue fácil gracias a bandas como los Rolling Stones, que se habían declarado auténticos seguidores suyos versionando varias de sus canciones. Grabó cuatro álbumes para Mercury Records antes de volver con Chess, hasta que su continuo afán por ser pagado en efectivo le devolvió a la cárcel durante cuatro meses de 1979 por evasión de impuestos, el mismo año que el presidente Jimmy Carter lo invitó a actuar en la Casa Blanca. Su carrera se prolongó hasta el año de su muerte con el póstumo lanzamiento de grabaciones originales, *Chuck* (Dualtone, 2017). Berry había fallecido el 18 de marzo por un fallo cardiaco en su casa de San Luis.

Chuck Berry fue uno de los primeros músicos en ser incluidos en el Rock and Roll Hall of Fame en 1986. Su música ejerció una gran influencia sobre bandas como los Stones y los Beatles, especialmente sobre Keith Richards, que llegó a colaborar con él en la grabación de *Hail! Hail! Rock'n'Roll* (1987), y sobre John Lennon, que llegó a decir que, si hubiera que ponerle otro nombre a la música rock, el de «Chuck Berry» sería una buena opción. *Chuck Berry is on Top* (Chess, 1959), *St. Louis to Liverpool* (Chess, 1964) y *Chuck* (Dualtone, 2017) son una imperdible escucha que sirve de ejemplo de su obra en distintos periodos de su vida.

Elmore James

El cantante y guitarrista Elmore Brooks, también conocido como Rey del *slide*, nació el 27 de enero de 1918 en Richland, Misisipi. Era hijo de una trabajadora de campo de quince años, y probablemente de Joe Willie «Frost» James, de quien Elmore

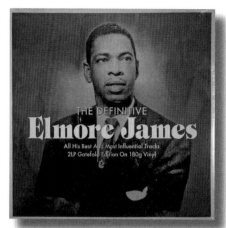

tomó el apellido. Empezó a escribir música a los doce años con un instrumento de una única cuerda, fuertemente influenciado por Robert Johnson y Tampa Red, muchas de cuyas canciones grabó. Durante la Segunda Guerra Mundial se unió a la Marina de los EE. UU., participando en la invasión de Guam, en el océano Pacífico. A su regreso se asentó en la ciudad de Canton, Misisipi, para trabajar en una tienda de componentes eléctricos de donde sacó los elementos necesarios para electrificar su guitarra. Su nuevo sonido le sirvió para grabar con Trumpet Records junto a Sonny Boy Williamson II en 1951, y su debut en solitario con el éxito «Dust My Broom», de quien nunca se confirmó su autoría. Más tarde cambió de sello de la mano de Ike Turner hasta en cuatro ocasiones –pasando por Chess– para llegar a Fire Records, con quien grabó su otro éxito «Shake Your Moneymaker». Elmore James falleció de un infarto en Chicago en 1963 con apenas cuarenta y cinco años.

Puede que Elmore James fuera la influencia más importante sobre Brian Jones –como lo demostró usando su seudónimo de Elmo Lewis claramente inspirado en su nombre–, pero Elmore también ejerció una gran influencia sobre Alan Wilson de Canned Heat y Jeremy Spencer de Fleetwood Mac, además de John Mayall, quien le dedicó la canción «Mr. James». Los Allman Brothers y Stevie Ray Vaughan también versionaron sus canciones, además de Albert King, Eric Clapton y Jimi Hendrix, que usó los seudónimos de Maurice James y Jimmy James, ambos en honor a Elmore. John Lennon lo imita con los Beatles en «For You Blue», del álbum *Let it Be* (Apple, 1970) mientras se menciona su nombre. La compilación *Blues After Hours* (Ace, 1960) es una buena retrospectiva de su obra.

Bo Diddley

Ellas McDaniel nació el 30 de diciembre de 1928 en McComb, Misisipi. Fue adoptado y criado por la prima de su madre, de quien tomó el apellido (su nombre de nacimiento era el de Ellas Otha Bates). En 1934, la familia se trasladó a Chicago, donde Ellas se convirtió en un miembro activo de la Iglesia baptista y aprendió a tocar el trombón y el violín. Actuó con la orquesta hasta los dieciocho años, cuando se pasó a la guitarra, inspirado por John Lee Hooker. Combinaba su pasión por la música con el oficio de carpintero y de mecánico, actuando en las esquinas con amigos. En 1951 actuaba regularmente en el 708 Club, al sur de Chicago, y cuatro años después, publicó los éxitos «I'm a Man» y «Bo Diddley» con Chess Records, al tiempo que aparecía en el *Ed Sullivan Show*, ya con el seudónimo de Bo Diddley.

Bo Diddley dejó tras de sí un legado musical que influyó en artistas como Elvis Presley, los Beatles, los Rolling Stones o The Clash.

En 1963 salió de gira por el Reino Unido con los Everly Brothers, Little Richard y los jóvenes Rolling Stones. Posteriormente, trabajó con Marvin Gaye antes de su entrada en Motown. En los setenta estuvo viviendo en Los Lunas, Nuevo México, donde sirvió durante dos años y medio como ayudante del *sheriff* y en 1979 abría para The Clash en su gira norteamericana. En 1991, Diddley actuó en España junto a George Benson, B. B. King y Albert Collins, y tres años después cantaba «Who Do You Love?» junto a Mick Jagger en un concierto de los Stones. En 1996 lanzó *A Man Amongst Men*, su primer álbum con un gran sello discográfico para el que contó con la participación de Keith Richards, Ronnie Wood y las Shirelles. Su última aparición en un disco de estudio fue con los New York Dolls en *One Day It Will Please Us to Remember Even This*.

Bo Diddley falleció el 2 de junio de 2008 de un paro cardiaco en Archer, Florida. Lo hizo en su cama, con más de treinta y cinco miembros de su familia en casa cantando la canción gospel «Walk Around Heaven». Según su nieto Garry Mitchell, al terminar la canción, Diddley levantó el pulgar y pronunció las palabras «Me voy al cielo». Después cerró los ojos y ya nunca los abrió, dejando tras de sí un legado musical que había influido en artistas como Elvis Presley, los Beatles, los Rolling Stones y The Clash. Sin duda, algunas de sus obras magnas fueron *Bo Diddley* (Spectrum, 1958), *Have Guitar, Will Travel* (Checker, 1959) y *Bo Diddley is a Gunslinger* (Chess, 1961).

Robert Johnson

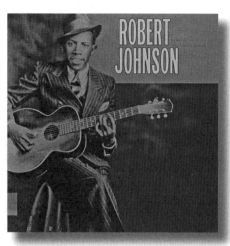

Puede que el blues no se comprenda sin la figura de Robert Johnson. De nombre completo Robert Leroy Johnson, posiblemente naciera el 8 de mayo de 1911 en Hazlehurst, Misisipi. Su vida está muy poco documentada, así como su muerte a los veintisiete años, lo que ha contribuido a la formación de la leyenda del hombre que supuestamente vendió su alma al diablo en un cruce de caminos para ser el mejor guitarrista de blues. En cualquier caso, el éxito nunca le llegó realmente en vida. Robert perdió de vista a su madre a los dos años para partir hacia Memphis, donde vivía el marido de ésta, pero quizá no su padre. En 1919, madre e hijo se reencontraron en el Delta, alrededor de Tunica y Robinsonville, donde se conocía al niño con el nombre de «Little Robert Dusty». El pequeño Robert fue al colegio entre 1924 y 1927, donde se le conocía por tocar la armónica y por sus largas ausencias. En 1929 se casó con Virginia Travis que falleció poco después al dar a luz, y según cuenta la leyenda éste era el precio que tuvo que pagar por su acuerdo con el diablo. Su segunda esposa, Caletta Craft, también falleció dando a luz en 1932. Durante los años siguientes, Robert se dedicó a viajar por Memphis, Chicago, Texas, Nueva York, Kentucky... hospedándose en casas de mujeres con las que mantenía relaciones esporádicas tras seducirlas en su primera actuación utilizando nombres distintos.

Los que le conocieron, lo describirían como un hombre amable y muy educado. Robert Johnson falleció el 16 de agosto de 1938 a los veintisiete años cerca de Greenwood. Las causas de su muerte se desconocen, pero siempre se ha barajado la teoría de que fuera envenenado por el marido celoso de alguna mujer con la que flirteó en su última ciudad. Fue Brian Jones quien introdujo a Keith Richards en su música, de la que más tarde diría que es lo mejor a lo que puede aspirar el blues. Las dos únicas sesiones que Robert grabó en 1936 y 1937 se pueden encontrar en la imprescindible compilación *King of the Delta Blues Singers* (Columbia, 1961).

Howlin' Wolf

El 10 de junio de 1910 nació Chester Arthur Burnett en White Station, Misisipi, y tal vez sea uno de los intérpretes de blues más característicos y personales. Su tamaño rápidamente le sirvió el apodo de «Big Foot Chester», pero el que le procuró su carrera artística vino dado por su abuela, quien le advertía que, si se portaba mal, los lobos aulladores vendrían a por él. De padres separados, al principio de su vida deam-

buló entre la casa de su madre y la de su tío, siendo maltratado en ambos lugares para encontrar un hogar feliz finalmente junto a su padre. El *bluesman* Charlie Patton le enseñó a tocar la guitarra con teatralidad.

Durante los años treinta se mudó a Arkansas, donde tocó con otros músicos hasta que fue alistado en el ejército. Dos años más tardes lo echaron por su difícil conducta. Durante los cincuenta se convirtió en una celebridad local, instalado en Chicago y grabando para Chess Records una serie de hits escritos por Willie Dixon. Su competencia con Muddy Waters fue dura, pero Howlin' Wolf tenía fama de pagar bien y a tiempo a los músicos con los que trabajaba. Durante los sesenta muchas de sus canciones se convirtieron en repertorio de otras bandas –entre ellas, los Stones, que lo llevaron a la pantalla– y participó en sesiones con infinidad de músicos que lo admiraban. En enero de 1976, falleció por las complicaciones en una operación de riñón. Años atrás, cuando tomó la decisión de regresar junto a su madre convertido en un músico de éxito, ella rehusó aceptar su dinero alegando que lo había ganado tocando la música del demonio.

A diferencia de otros músicos de blues, Howlin' Wolf fue siempre fiel a su mujer, de quien permaneció profundamente enamorado desde el momento en que la vio en uno de sus conciertos en Chicago. Además, se preocupó por formarse en el mundo de los negocios, lo que le permitió disfrutar de bienestar económico hasta el punto de pagar seguridad social a los músicos que trabajaban para él. Algunas de sus obras más destacables son *Moanin' in the Moonlight* (Chess, 1959) y *Howlin' Wolf (The Rockin' Chair Album)* (Chess, 1962), pero también merece una escucha *The London Howlin' Wolf Sessions* (Chess, 1971), con la participación de Charlie Watts, de Bill Wyman y del guitarrista Eric Clapton.

Willie Dixon

Nacido el 1 de julio de 1915 en Vicksburg, Misisipi, William James Dixon imitó la habilidad de su madre para rimar las cosas que decía. Ya adolescente, aprendió a cantar con ayuda de un carpintero local hasta que viajó a Chicago, donde apuntaba para boxeador profesional. Sin embargo, su compañero de gimnasio –y guitarrista– Leonard «Baby Doo» Caston lo convenció para formar los Five Breezes, un grupo que grabó con Bluebird Records.

Willie Dixon fue una gran influencia para los grandes del siglo xx, como Bob Dylan, Jimi Hendrix, Jeff Beck, Cream, Led Zeppelin, The Doors, Steppenwolf o los Stones.

Cuando Dixon rehusó el servicio militar, la trayectoria de los Five Breezes se detuvo y Dixon se vio forzado a buscar una nueva banda, participando hasta entonces en improvisaciones como bajista de Muddy Waters. Los hermanos Chess lo contrataron como bajista de sesión y descubrieron su potencial como escritor y compositor. Dixon pasó muchos años trabajando para Chess, en ocasiones tocando sus propias canciones, pero generalmente escribiendo para otros músicos –destaca «Hoochie Coochie Man» con Muddy Waters–, pero el éxito nunca se convirtió en buena remuneración. En los sesenta, Dixon vio el interés que había despertado en bandas británicas –especialmente los Stones y los Yardbirds– lo que le llevó a visitar las islas, pero su relación con Chess se deterioró hasta la venta del sello en 1969. Dixon se probó como intérprete otra vez y montó una banda para promocionar *I Am the Blues* con Columbia. Durante los setenta empezó a ser consciente del dinero que Chess le había ninguneado por los derechos de autor de todas sus canciones, al tiempo que se popularizaban bandas como Cream y su «Spoonful» o «Bring It on Home» de Led Zeppelin. También logró sacar un pellizco por la adaptación que los mismos Led Zeppelin hicieron de «You Need Love», renombrada como «Whole Lotta Love».

En los ochenta se dedicó a trabajar con varias organizaciones en favor de la defensa de los derechos de autor y en 1988 se reconoció su labor con el lanzamiento del box-set *Willie Dixon: The Chess Box*, que incluía sus mayores éxitos para Chess pero también rarezas y caras-b. Al año siguiente publicó su autobiografía y en 1992, después de haber sufrido la pérdida de una pierna a causa de la diabetes, falleció pacíficamente mientras dormía. Dixon fue una gran influencia para los grandes del siglo XX, como Bob Dylan, Jimi Hendrix, Jeff Beck, Cream, Led Zeppelin, The Doors, Steppenwolf o los Stones, todos ellos versionando en algún momento sus canciones. Sus álbumes imprescindibles –firmados con su nombre– son *I Am the Blues* (Columbia, 1970) y *Catalyst* (Tuff City, 1973). Pero hay que recordar que la carrera de otros grandes artistas está repleta de algunas de sus mejores canciones.

Jimmy Reed

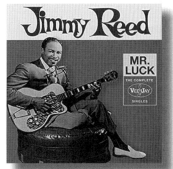

En la plantación de Dunleith, Misisipi, nació Mathis James Reed el 6 de septiembre de 1925. Aprendió a tocar la armónica y la guitarra junto a su amigo Eddie Taylor hasta que en 1943 se fue a Chicago. Sirvió en la Segunda Guerra Mundial antes de convertirse en un músico popular, pese a que no consiguió contrato con Chess Records. En cambio, grabó con Vee-Jay Records su primer éxito «You Don't Have To Go» con Eddie Taylor. Sufrió alcoholismo y epilepsia, muchas veces mal diagnosticada como *delirium tremens*. Falleció en 1976 a causa de problemas respiratorios en Oakland, a punto de cumplir cincuenta y un años. Póstumamente se le incluyó en el Rock and Roll Hall of Fame.

Reed fue una gran influencia para músicos como Elvis Presley, Hank Williams y los Rolling Stones, que solían incluir en sus prontos repertorios canciones como «Ain't That Lovin' You Baby», «The Sun Is Shining» –dentro del concierto en Altamont–, «Shame, Shame, Shame» o «Honest I Do», incluida en el álbum debut de los Stones. En su último disco hasta el momento, *Blue & Lonesome*, se incluye la canción «Little Rain», interpretada originalmente por Jimmy Reed. Otras bandas influenciadas por Reed son los Yardbirds, los Animals, el grupo de Van Morrison, Steve Miller Band o Grateful Dead. Algunos de sus mejores momentos pueden encontrarse en *I'm Jimmy Reed* (Vee-Jay, 1959) y *Rockin' With Reed* (Vee-Jay, 1959).

Slim Harpo

Slim Harpo era el nombre artístico de James Isaac Moore, nacido el 11 de enero de 1924 en Lobdell, Luisiana. Trabajó como constructor en Nueva Orleans tras la muerte de sus padres entre 1930 y 1940. Fue su mujer la que le recomendó tomar el

apodo de Slim Harpo para que se diferenciara de otro músico con su mismo seudónimo hasta la fecha, Harmonica Slim. Su primera grabación, «I'm a King Bee», funcionó a nivel regional, pero fracasó al tratar de llegar a una audiencia mayor, éxito que tuvo que esperar hasta el lanzamiento de «Rainin' in My Heart» en 1961, que le sirvió para grabar un elepé con canciones escritas con su esposa. Aunque solía tocar la guitarra en sus conciertos, en las grabaciones trabajaba con músicos de sesión.

Tuvieron que llegar los Stones, seguidos por los Yardbirds, los Kinks, y los Pretthy Things, todos ellos versionando sus canciones, para que aumentara su popularidad. La banda The Moody Blues incluso tomó su nombre de la canción «Moody Blues». Su mayor éxito llegó en 1966 con la instrumental «Baby Scratch My Back», definido como un intento de rock'n'roll por el propio Harpo, que falleció en junio de 1970 de un ataque al corazón. Sus principales éxitos son *Rainin' In My Heart* (Excello, 1961) y *Baby Scratch My Back* (Excello, 1966).

Eddie Taylor

Edward Taylor nació el 29 de enero de 1923 en Benoit, Misisipi. Autodidacto con la guitarra, se mudó a Chicago en 1949 sin alcanzar nunca el estrellato –lo que complica los datos registrados y contrastados sobre su vida– pese a ser la mayor influencia sobre Jimmy Reed, pero también sobre John Lee Hooker. Fue el gran soporte de Reed durante su carrera, y su propio debut llegó en 1955 con el éxito local «Big Town Playboy», lanzado con Vee-Jay Records. Pese a todo, nunca pasó de la segunda línea viéndose relegado a músico de sesión

o acompañamiento más que *bluesman*. En 1972, «I Feel So Bad» dejó claro que no tenía que rendirle cuentas a nadie en particular.

Falleció el día de Navidad de 1985 a los sesenta y dos años en Chicago, dejando tras de sí a su hijo Eddie Taylor Jr., y a su hija Demetria, que, junto a su nieto, son todos músicos de blues. Lo mejor de su carrera en solitario se puede encontrar en *I Feel So Bad* (Advent, 1972) o en la compilación póstuma *Bad Boy* (Charly, 1993).

Little Walter

Para muchos, el rey de la armónica de blues no es otro que Marion Walter Jacobs, nacido el 1 de mayo de 1930 en Marksville, Luisiana. A los doce años abandonó la escuela y se dedicó a viajar hasta que llegó a Chicago, donde destacó su prematuro manejo con la armónica, y a finales de los cuarenta ya estaba grabando con Muddy Waters en Chess. Se convirtió en músico de sesión en Chess, donde adoptó la técnica de tocar con un micrófono amplificado para no ahogarse entre las guitarras. Encabezó a su propia formación grabando con Checker Records, subsidiaria de Chess, donde produjo su primer éxito «Juke», y la década de los cincuenta fue muy prolífica

para su carrera en solitario –su segundo número 1 fue «My Babe» en 1955–, teniendo más éxito que Muddy Waters o Howlin' Wolf. La mayoría de estas canciones eran composiciones propias o de Willie Dixon, y su sonido característico era en general más rápido que el blues tradicional e inflexible de Chicago, adaptando tintes de jazz. Sin embargo, durante los años sesenta su afición al alcohol y sus repentinos cambios de temperamento le hicieron perder protagonismo y habilidad con el instrumento; se le veía protagonizando violentos altercados en cualquier actuación, y su grabación de 1967 junto a Bo Diddley y Muddy Waters, *Super Blues*, demuestra su estado de decadencia. Finalmente, en 1968 se metió con la persona equivocada y las heridas sufridas durante una pelea le llevaron a la muerte en sus horas de sueño con apenas treinta y siete años.

El virtuosismo de Little Walter con la armónica lo ha llevado a ser comparado con Django Reinhardt, Charlie Parker y Jimi Hendrix, además de ser la principal influencia de posteriores músicos del mismo instrumento como Junior Wells, James Cotton, Rick Estrin, y por supuesto, Mick Jagger. Los Stones incluyeron cuatro canciones de Little Walter en *Blue & Lonesome*, y Keith Richards dijo en las entrevistas de promoción del disco: «Little Walter nos inspiró a todos con sus canciones con Muddy Waters. Su trabajo en la década de los cincuenta fue siempre material destacado», y añadió «Muchas de estas canciones de nuestro último álbum están en mi Top 10 y en el de Mick. Lo que hace Mick con la armónica es buenísimo: aquí es donde Mick Jagger puede brillar y nadie más puede poner un pie». La compilación de *His Best* (Chess, 1997) es la mejor muestra de su trabajo.

Little Richard

Little Richard nació el tercero de doce hermanos de un matrimonio muy religioso, con el nombre de Richard Wayne Penniman el 5 de diciembre de 1932 en Macon, Georgia. Su apodo de «Lil» le vino por su delgadez y ya de niño cantaba en la iglesia, donde la música gospel fue su única influencia puesto que sus padres consideraban que el R&B era la música del demonio. Tenía una gran potencia vocal y aprendió a tocar el saxofón alto rápidamente, lo que le permitió tocar con la banda escolar. Siendo adolescente, vendía Coca-Cola en el auditorio de Macon City, donde Sister Rosetta Tharpe le permitió cantar con él tras oírle antes de una actuación. Aquél fue el comienzo de una vida que lo tuvo enganchado al canto... y al alcohol, el tabaco y la cocaína.

Sus primeras grabaciones en los años cincuenta, mezcla de R&B, blues y gospel, le sirvieron para crear una nueva clase de rock'n'roll que no fue apreciado por las disqueras; su aspecto andrógino –por momentos afeminado– y el color de su piel, lo privaban de la gloria que sí obtendría Elvis, hasta que cambió la lasciva letra de «Tutti Frutti» por una serie de onomatopeyas que le sirvieron para grabar con Specialty Records bajo la condición de reemplazar a su banda personal por músicos de prestigio. Pese a ello, su carrera estuvo llena de idas y venidas, relanzada de la mano de los Beatles y los Rolling Stones, ambos admiradores confesos (Mick Jagger dijo que había sido su primer ídolo). Su obra lo convirtió en una figura muy influyente durante las próximas décadas, también en la música soul y funk. Su éxito «Tutti Frutti», pero también «Long Tall Sally», «Good Golly Miss Molly» y «Lucille», son estándares del rock que popularizó Chuck Berry. Inspiró a artistas como Paul McCartney, David Bowie, Rod Stewart o Michael Jackson, y sus álbumes

Here's Little Richard (Specialty, 1957) y *Little Richard* (Specialty, 1958) son considerados obras maestras del rock.

Buddy Holly

Charles Hardin Holley nació en una familia muy musical el 7 de septiembre de 1936 en Lubbock, Texas. Influenciado por la música gospel, el country y el R&B, se convertiría en un pionero del rock a mediados de los cincuenta. Aprendió a tocar la guitarra que le regalaron sus padres con ayuda de uno de sus tres hermanos. Tocaba con su amigo Bo Montgomery, con quien formó el grupo Buddy and Bob, y tras una actuación de Elvis Presley decidió dedicarse a la música profesionalmente. Poco después estaba abriendo para el propio Elvis y Bill Haley cuando consiguió un contrato discográfico con Decca. En el contrato, Decca se equivocó con su nombre, escribiendo Holly en lugar de Holley. Desde entonces, adoptó el nombre artístico de Buddy Holly. Pero la relación no prosperó, y detrás de mayor control creativo, llegó hasta Nuevo México para trabajar junto al productor Norman Petty. Su grabación de

El trabajo de Buddy Holly influyó en los Stones, pero también en los Beatles, Bob Dylan o Eric Clapton.

«That'll Be the Day» le sirvió para editar el single con Brunswick Records bajo el nombre The Crickets. «That'll Be the Day» llegó a lo más alto de las listas de ventas, seguido de «Peggy Sue». Su éxito le llevó a publicar el álbum *Chirping Crickets* y a aparecer en *The Ed Sullivan Show*, así como a actuar en el Reino Unido y Australia. Después de un concierto en Iowa tomó un avión de camino a Minnesota que se estrelló al poco de despegar, provocándole la muerte junto a Ritchie Valens y The Big Bopper, en un suceso también conocido como «el día en que murió la música». La tragedia quedó retratada en la canción original de Don McLean, «American Pie».

Buddy Holly definió la formación moderna del género, con la inclusión de dos guitarras, bajo y batería. Su música influyó en los Stones, pero también en los Beatles, Bob Dylan, Eric Clapton o la banda de Los Ángeles, Weezer. Keith Richards dijo que Buddy Holly estaba en todas partes, y los Stones hicieron una magnífica versión de su canción original «Not Fade Away». *The «Chirping» Crickets* (Brunswick, 1957) y *Buddy Holly* (Coral, 1958) son indispensables para entender al artista y su legado.

THE ROLLING STONE

STICKY FINGERS

CARA A
33 RPM

1. BROWN SUGAR (M. Jagger-K. Richar
2. MUEVETE «Sway» (M. Jagger-K. Richar
3. CABALLOS SALVAJES (M. Jagger-K. Rich
   «Wild horses»
4. ¿NO ME OYES LLAMAR? (M. Jagger-K. Ric
   «Can't you hear me knocking»
5. DEBES MARCHARTE (M. Jagger-K. Richa
   «You gotta move»

Producido por JIMMY MILLER

UN DISCO PROMOTONE N. V.

DISCOGRAFÍA DE LOS ROLLING STONES

o Legal:
'73-1971
591-01
59100)
EREO

''
''
41''

''17''

2''

POR HISPAVOX, S. A. MADRID - IMPUESTO DE LUJO

Discos en estudio

The Rolling Stones

16 de abril de 1964
Decca Records (Reino Unido)

Route 66 / I Just Want to Make Love to You / Honest I Do / Mona (I Need You Baby) / Now I've Got a Witness (Like Uncle Phil and Uncle Gene) / Little by Little / I'm a King Bee / Carol / Tell Me (You're Coming Back) / Can I Get a Witness / You Can Make It If You Try / Walking the Dog

The Rolling Stones (England's Newest Hitmakers)

30 de mayo de 1964
London Records (EE. UU.)

Not Fade Away / Route 66 / I Just Want to Make Love to You / Honest I Do / Now I've Got a Witness / Little by Little / I'm a King Bee / Carol / Tell Me / Can I Get a Witness / You Can Make It If You Try / Walking the Dog

El primer álbum de los Rolling Stones es una declaración de intenciones a corazón abierto. Si estos muchachos británicos no amaban el R&B por encima del resto de cosas –y personas– que el mundo pudiera ofrecerles, no amaban a su madre. La fama, el dinero, el sexo y las drogas, llegarían un poco después. Lanzado con seis semanas de diferencia en el mercado británico y norteamericano, este prometedor debut se entregaba con la misma portada, a excepción del subtítulo: cinco chicos en la oscuridad con el pelo más largo que los Beatles, vestidos todos ellos con chaleco, americana y corbata. La fotografía original de Nicholas Wright se acompañó en la edición británica de un adhesivo que decía «Los Rolling Stones son más que un conjunto, son un estilo de vida». La pegatina era otra estratagema de Andrew Oldham, quien a su vez ejerció de productor junto a Eric Easton. La sucursal americana de Decca,

London Records, se ocupó de lanzarlo en EE. UU. con el subtítulo *England's Newest Hitmakers* como apoyo para su inminente gira norteamericana.

La grabación del debut de los Stones se realizó durante cinco días repartidos entre enero y febrero de 1964 en los estudios Regent Sound de Londres, y cuenta con un balance de nueve a tres en cuanto a versiones frente a composiciones propias. «Tell Me (You're Coming Back)» fue la primera canción de los Stones acreditada por la dupla Jagger/Richards, pero sin la «s» final en su nombre hasta 1978. «Now I've Got a Witness» y «Little by Little» estaban acreditadas ambas a un tal Nanker Phelge, que no era más que un seudónimo para las canciones que el grupo componía en su conjunto, utilizado entre 1963 y 1965. En cuanto a la alusión a los tíos Phil y Gene en la versión británica de «Now I've Got a Witness», se trata nada más y nada menos que de Phil Spector y Gene Pitney, quienes aportaron maracas y piano a la grabación.

Ambas ediciones sobrepasaban discretamente los treinta minutos de reproducción, con escasas diferencias en el orden de canciones, más allá de cambios en la nomenclatura. «Mona (I Need You Baby» se cayó de la versión norteamericana –más tarde aparecería en *The Rolling Stones Now!*– para incluir como primer single la original de Buddy Holly «Not Fade Away», que, con Keith a la guitarra y Brian Jones a la armónica, había sido lanzado en el Reino Unido como single independiente del elepé. Wille Dixon, Bobby Troup y Chuck Berry acreditan algunas de las principales piezas de este furioso y acelerado R&B que encuentra su contrapunto en forma de blues pesado y lento en la original de Jimmy Reed, «Honest I Do». En la segunda cara de ambas ediciones aparecía «Tell Me», una sorprendente balada folk-rock donde Keith tocaba la guitarra de 12 cuerdas y cantaba los coros en el mismo micrófono en que cantaba Mick. En las primeras tiradas del elepé, «Tell Me» apareció por debajo de los tres minutos de duración con un corte abrupto al final en el que simplemente la banda dejaba de tocar. Posteriormente se recuperó el máster correcto para la versión final que sobrepasaba los cuatro minutos y terminaba con un discreto *fade out*. El álbum cerraba con «Walking the Dog», la original de Rufus Thomas en la que se oye a Brian cantar las pocas o únicas voces que grabaría con los Stones.

The Rolling Stones aparece por méritos propios en el libro de Robert Dimery, *1001 discos que hay que escuchar antes de morir*. En Inglaterra desplazó a *With the Beatles* al número 2 a finales de abril, y permaneció en el número 1 durante 12 semanas hasta que precisamente los Beatles lanzaron *A Hard Day's Night*, mientras que en EE. UU. se tuvieron que contentar con el número 11 en la lista Billboard. En 1984 se editó el CD de la versión británica, que hoy en día permanece descatalogado. Nunca se ha editado en estéreo.

12 x 5

17 de octubre de 1964
London Records (EE. UU.)

> *Around and Around / Confessin' the Blues / Empty Heart / Time Is on My Side / Good Times, Bad Times / It's All Over Now / 2120 South Michigan Avenue / Under the Boardwalk / Congratulations / Grown Up Wrong / If You Need Me / Susie Q*

La presión por conquistar al público norteamericano en la segunda gira del grupo por EE. UU. empujó a Andrew Oldham a buscar un inminente segundo elepé para este mercado que confirmara las predicciones hechas con el álbum debut. Para ello, recuperó el EP grabado en Chicago *Five by Five* que sólo se había lanzado en el Reino Unido debido a que este formato reducido no funcionaba históricamente en el mercado norteamericano. Cogió canciones al azar de las sesiones realizadas en los estudios Chess de Chicago y en Regent Sound de Londres y mandó a David Bailey tomar la fotografía para la portada, la misma que se utilizaría meses después para el lanzamiento británico *The Rolling Stones N.º 2*.

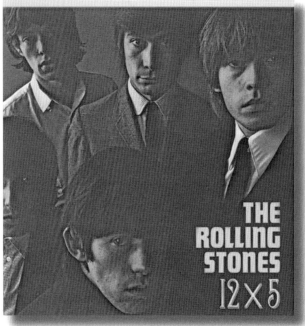

Los singles fueron «It's All Over Now» de Bobby Womack, y la primera versión de «Time Is on My Side» de Norman Meade, con un órgano en la introducción y solo de guitarra de Brian. «Time Is on My Side» fue el primer single de los Rolling Stones en alcanzar el Top 10 de la lista de singles de Billboard. «Under the Boardwalk» de los Drifters, «Around and Around» de Chuck Berry, y «Suzie Q» de Dale Hawkins fueron otros cortes destacados de este álbum R&B que los acercó al soul. Al margen quedaban las composiciones originales de Jagger/Richards: «Good Times, Bad Times» con la armónica de Brian, «Congratulations», una canción de amor enfocada al público masculino norteamericano, y «Grown Up Wrong», una variante rítmica de «Suzie Q» donde Brian toca el *bottleneck*. El conjunto tiene cabida con la instrumental «2120 South Michigan Avenue» y «Empty Heart», acreditadas ambas bajo el seudónimo Nanker Phelge.

El álbum se vendió más y mejor que su debut en EE. UU., alcanzando el número 3 en la lista Billboard, y en 2002 se reeditó con la remasterización del sonido y nuevas mezclas en estéreo para CD y SACD por ABKCO Records, la compañía de Allen Klein. Joe Satriani dijo de él que le sirvió para descubrir las raíces del blues a lo largo de su adolescencia, y en *Los viejos dioses nunca mueren*, de Stephen Davies, se cita a Keith añadiendo: «La lógica de Andrew después del primer álbum era que, si no empezábamos a buscar material nuevo, sólo seríamos capaces de ir tirando para un álbum o dos más antes de caernos de la cima del rock'n'roll y R&B. Con el tiempo los clásicos se agotan. En aquel tiempo, las versiones originales eran superiores de lejos a las nuestras, nosotros tan sólo aprendíamos de ellos. Logramos comunicar con nuestra música porque los chicos blancos no la habían oído nunca, aunque se tocara al lado de su casa. Y nosotros éramos blancos, dieciochoañeros, y parecíamos más presentables».

The Rolling Stones N.º 2

15 de enero de 1965
Decca Records (Reino Unido)

Everybody Needs Somebody to Love / Down Home Girl / You Can't Catch Me / Time Is on My Side / What a Shame / Grown Up Wrong / Down the Road Apiece / Under the Boardwalk / I Can't Be Satisfied / Pain in My Heart / Off the Hook / Suzie Q

Paradójicamente, el segundo elepé de los Rolling Stones salió a la venta tres meses después que su segundo álbum en EE. UU. Sin embargo, mientras que aquél era una prolongación del EP que ya habían escuchado los británicos, éste sí ofrecía nuevas canciones, siete de las cuales tardarían meses en aparecer en Norteamérica —«Everybody Needs Somebody to Love», «Down Home Girl», «You Can't Catch Me», «What a Shame», «Down the Road Apiece», «Pain in My Heart» y «Off the Hook»—. Andrew Oldham, que en esta ocasión ejerció como único productor, fue lo suficientemente hábil para no cambiar la fórmula que tan buenos resultados le había traído con su debut; el título *N.º 2* parece chistoso si se interpreta como un punto y seguido o más de lo mismo. *The Rolling Stones N.º 2* es sin duda una secuela que no llega a mostrar a los Stones que se convertirían en leyenda, pero estaban cada vez más cerca. Además, Andrew seguía urdiendo jugarretas «marketingnianas», pues mandó escribir en la contraportada un texto claramente inspirado en la novela de Anthony Burgess, *La naranja mecánica*: «Busca en tus bolsillos el parné para comprar este disco de *grooves* y palabras elegantes. Si no tienes para comer, busca a un hombre ciego y golpéale en la cabeza, róbale la cartera y asegúrate de tener el botín, esconderlo en la bota, ¡y otro disco vendido!». Obviamente, Decca no tardó en censurar el texto de un elepé que se lanzó con la misma oscura fotografía de David Bailey utilizada en *12 x 5*.

N.º 2 se grabó esporádicamente entre Londres y Chicago y estuvo casi todo el invierno en el número 1, donde permaneció durante diez semanas. La versión de «Time Is on My Side» utilizada en este álbum es tal vez la más popular, con la introducción instrumental de guitarra. Le acompañan tres nuevas composiciones de

Jagger/Richards, «Off the Hook», «What a Shame» y «Grown Up Wrong», ésta aparecida en *12 x 5*. El resto, versiones de Solomon Burke («Everybody Needs Somebody to Love»), Chuck Berry («You Can't Catch Me»), Allen Toussaint («Pain in My Heart») y de Muddy Waters («I Can't Be Satisfied»), la cual curiosamente no llegó a EE. UU. hasta 1973. Jack Nitzsche aparece acreditado junto a los Stones (con Ian Stewart) como pianista en dos de las canciones («Down Home Girl», «Pain in My Heart»). Según Bill Wyman en su autobiografía *Stone Alone*, John Lennon dijo de *The Rolling Stones N.º 2* que era un álbum genial, pero que nunca le gustaron las canciones de más de cinco minutos de duración. La paradoja es que sólo la primera canción del *tracklist*, «Everybody Needs Somebody to Love» supera esa duración, lo que invita a preguntarse si Lennon escuchó más allá del primer corte.

La clara preferencia de Allen Klein y su compañía por los lanzamientos norteamericanos hizo que *The Rolling Stones N.º 2* –que, curiosamente, en Holanda y Alemania apareció con el título *The Rolling Stones Vol. 2*– no se editara en CD en 1986 ni en las reediciones remasterizadas de 2002, lo que incitó a que se convirtiera en afamado objeto de coleccionistas. Sí se reeditó en vinilo para el boxset *The Rolling Stones 1964-1969* en noviembre de 2010, acompañado de la versión digital para descarga y plataformas de *streaming*. El 30 de septiembre de 2016 se lanzó en CD para incluirlo en el boxset *The Rolling Stones in Mono*. Como su primer álbum lanzado en el Reino Unido, *N.º 2* nunca se ha editado en estéreo.

The Rolling Stones, Now!

13 de febrero de 1965
London Records (EE. UU.)

Everybody Needs Somebody to Love / Down Home Girl / You Can't Catch Me / Heart of Stone / What a Shame / Mona (I Need You Baby) / Down the Road Apiece / Off the Hook / Pain in My Heart / Oh Baby (We Got a Good Thing Goin') / Little Red Rooster / Surprise, Surprise

The Rolling Stones, Now! está considerado el mejor álbum de los Stones lanzado en EE. UU. en la era pre-*Aftermath*. Publicado apenas un mes después de *N.º 2*, los dos álbumes compartieron siete canciones y un mensaje: el texto inspirado en *La naranja mecánica* escrito por Andrew. Fue Mick Jagger quien afirmó tiempo después que el grupo nunca tuvo nada que ver con aquello, que se lo encontraron con la carpeta del álbum en la mano. Para la fotografía se escogieron nuevas fotografías de David Bailey, y para el contenido se recuperó el single que llegó a número 1 en el Reino Unido, «Little Red Rooster», inédito hasta el momento en EE. UU. El clásico de Willie Dixon se sumaba a otras versiones como «Everybody Needs Somebody to Love», de la cual incomprensiblemente, por un error habitualmente atribuido a Chrissie Shrimpton –por aquel entonces la novia de Mick–, se utilizó una toma inferior a la aparecida en *N.º 2*, destinada a servir de ensayo y no como grabación final. Todas las canciones aparecidas salvo «Mona» habían sido grabadas entre el 10 de junio y el 8 de noviembre de 1964 en el estudio de Chess Records en Chicago, y los estudios de RCA Records en Hollywood, California. «Mona» se grabó entre el 3 y 4 de enero de 1964 en los estudios Regent Sound de Londres.

La original de Jagger/Richards «Heart of Stone» fue el segundo sencillo escogido, y para esta edición se recuperó «Mona (I Need You Baby)», la canción de Bo Diddley descartada en su primer álbum. La sociedad Jagger/Richards veía cómo aumentaba su presencia con dos cortes por cara, «Heart of Stone» y «What a Shame», además de «Off the Hook» y «Surprise, Surprise». Para el resto, se seguían sintiendo cómodos con el rock'n'roll tradicional norteamericano, el R&B y el blues negro, lo que logró empujar al disco hasta el número 4 de la lista Billboard 200. Críticas en retrospectiva dijeron del álbum que, mientras que los anteriores lanzamientos tenían puntos débiles, éste era fuerte y sólido de principio a fin, conteniendo algunos de los mejores cortes R&B que se habían escuchado jamás. La revista *Rolling Stone* lo sitúo en el número 180 de los 500 mejores álbumes de la historia. En 2002, *The Rolling Stones, Now!* fue remasterizado para su reedición en CD y SACD, incluyendo mezclas en estéreo de

«Heart of Stone», «What a Shame» y «Down the Road Apiece».

Out of Our Heads

30 de julio de 1965
London Records (EE. UU.)

Mercy, Mercy / Hitch Hike / The Last Time / That's How Strong My Love Is / Good Times / I'm All Right / (I Can't Get No) Satisfaction / Cry to Me / The Under Assistant West Coast Promotion Man / Play With Fire / The Spider and the Fly / One More Try

Out of Our Heads

24 de septiembre de 1965
Decca Records (Reino Unido)

She Said Yeah / Mercy, Mercy / Hitch Hike / That's How Strong My Love Is / Good Times / Gotta Get Away / Talkin' 'Bout You / Cry to Me / Oh, Baby (We Got a Good Thing Going) / Heart of Stone / The Under Assistant West Coast Promotion Man / I'm Free

Y finalmente, en 1965 llegó la madurez creativa de los Rolling Stones con su primer
número 1 en EE. UU. gracias a la inclusión del single «(I Can't Get No) Satisfaction», lanzado en EE. UU. un mes antes que el álbum. Con un título sugerente, un
pegadizo riff de guitarra y la provocativa letra que capturaba el sentimiento de alie-
nación de la juventud, además de permitir la connotación sexual, los Stones se habían
hecho con una grabación que podía ser promocionada en EE. UU. antes que en el
conservador Reino Unido. Tomaron una fotografía de la misma sesión de *12 x 5* de
David Bailey, armaron una colección de versiones soul y caras B, y lo acompañaron
de «The Last Time», la canción que según Keith Richards supuso el verdadero salto a la madurez compositora de los Stones, con la serpenteante y pegadiza guitarra
de Brian Jones. *Out of Our Heads* fue
el álbum que confirmó a los Rolling
Stones, que ya eran capaces de componer canciones tan importantes
como las de los músicos negros a los
que versionaban. El cuarto disco de
los Stones en EE. UU. llegó rápidamente al número 1 y se mantuvo
en los primeros puestos de la lista
Billboard 200 durante los siguientes
nueve meses, lo que lo convirtió en
el más exitoso hasta 1978.

En la versión norteamericana, a
«The Last Time» –su primera com-
posición madura– y «Satisfaction» –de la que Keith dijo que nunca pensó que pasaría
de cara B– se sumaron «The Spider and the Fly» y «One More Try», que junto a
«Play with Fire» y «The Under Assistant West Coast Promotion Man», acreditada
al conjunto a través de su seudónimo Nanker Phelge, lo convirtieron en el álbum
con más canciones originales de los Stones hasta el momento. Marvin Gaye («Hitch
Hike») y Sam Cooke («Good Times») hacían virar el sonido al soul, aun conservan-
do la presencia de Bo Diddley con la versión extraída de un directo en el Reino Unido de «I'm Allright», donde Mick exclama sobre el griterío del público una y otra vez
«Do you feel it?» («¿Lo sentís?»). La edición norteamericana aparece en el número
116 de la lista de los 500 álbumes más grandes de la historia de la revista *Rolling Stone*.

La versión británica de *Out of Our Heads*, esta vez con fotografía de Gered Mankowitz en la portada, añadía canciones que todavía tardarían en aparecer en EE. UU. –de hecho, no lo harían hasta el siguiente *December's Children (And Everybody's)*– además de canciones inéditas que no habían sonado en el Reino Unido. El disco de mismo título no logró emular el éxito de su versión norteamericana, en parte por «Satisfaction», que pese a haber sido número 1 como sencillo, después de reproducirse únicamente en emisoras de radio piratas por ser considerada demasiado sugerente sexualmente, se eliminó de la versión elepé. No obstante, el álbum alcanzó el número 2, justo por debajo de *Help!* de los Beatles. En agosto de 2002 ambas ediciones se reeditaron en CD y SACD con el sonido remasterizado por la compañía de Allen Klein, ABKCO Records. Además del grupo –y de Ian Stewart–, Jack Nitzsche y Phil Spector aparecen acreditados.

December's Children (And Everybody's)

4 de diciembre de 1965
London Records (EE. UU.)

She Said Yeah / Talkin' About You / You Better Move On / Look What You've Done / The Singer Not the Song / Route 66 / Get Off of My Cloud / I'm Free / As Tears Go By / Gotta Get Away / Blue Turns to Grey / I'm Moving On

Según el libro *Rolling with the Stones* de Bill Wyman, Mick Jagger dijo de *December's Children* que no podía ser considerado como un disco, sino más bien como una colección de canciones. Y, sin embargo, esta *colección de canciones* llegó al número 4 en los EE. UU. El título fue obra de Andrew Oldham, muy dado a la poesía de la *beat generation*, muy en boga en la década de los sesenta, aunque lo acreditó en las notas de la contraportada a un ficticio Lou Folk-Rock Adler. La fotografía de la portada es la misma que en la versión británica de *Out of Our Heads*, obra de Gered Mankowitz.

Recopilatorio o no –Brian Jones lo definió como un álbum de desechos–, la realidad es que el quinto álbum estadounidense de los Stones se lanzó al mercado con el objetivo de saciar al público norteamericano, lo que hizo que ningún miembro de la banda realmente lo considerara una importante adición a su catálogo. Pero la realidad es que por fin un álbum de los Stones ofrecía tantas versiones como canciones originales, con especial atención a la exitosa «Get Off of My Cloud», su segundo sencillo en llegar al número 1 en EE. UU. después de «Satisfaction». También se incluyó «As Tears Go By», la primera canción escrita por Jagger/Richards que interpretó Marianne Faithfull, y para la que, en esta ocasión, se contó con los arreglos de Mike Leander.

La más antigua de estas grabaciones es «You Better Move On», con fecha 8 de agosto de 1963 en los estudios de Decca en Londres, mientras que el resto fueron grabadas a lo largo de 1965 entre Chicago (Chess Records), Hollywood (RCA Records) y Londres (IBC Studios). Las únicas tres canciones inéditas son la versión de Muddy Waters «Look What You've Done», y las originales «As Tears Go By» y «Blue Turns To Grey», mientras que «Get Off of My Cloud» había sido lanzada como single previamente. A este conjunto se le sumaron la versión de Larry Williams, «She Said Yeah» y «Talking About You» de Chuck Berry, ambas aparecidas en la versión británica de *Out of Our Heads* junto a las originales «I'm Free» y «Gotta Get Away».

En cualquier caso, el elemento más importante de este álbum quizá no sean las canciones, sino la consolidación y crecimiento de la sociedad Jagger/Richards como compositores, pues *December's Children* sería el último disco con versiones de otros artistas clásicos del blues y R&B. En agosto de 2002, el álbum fue reeditado en CD y SACD con audio remasterizado, y «Look What You've Done», la única canción en verdadero estéreo.

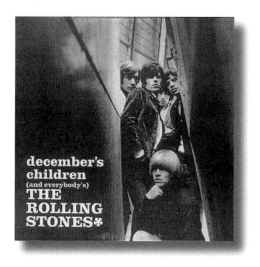

Aftermath

15 de abril de 1966
Decca Records (Reino Unido)

Mother's Little Helper / Stupid Girl / Lady Jane / Under My Thumb / Doncha Bother Me / Goin' Home / Flight 505 / High and Dry / Out of Time / It's Not Easy / I Am Writing / Take It or Leave It / Think / What to Do

Aftermath

20 de junio de 1966
London Records (EE. UU.)

Paint It Black / Stupid Girl / Lady Jane / Under My Thumb / Doncha Bother Me / Think / Flight 505 / High and Dry / It's Not Easy / I Am Waiting / Goin' Home

Hay un momento en la carrera de todo gran artista en que se produce un salto cualitativo que le transporta de lo bueno a lo superlativo. Ese momento en la carrera de los Rolling Stones se llama *Aftermath*: su primer elepé enteramente original, no sólo en los créditos sino también en los riesgos que toma la banda para alterar su sonido R&B tradicional, flirteando con instrumentos exóticos –gracias al talento de Brian

Jones– y produciendo algunas de las melodías vocales que se volverían eternas. Por primera vez, los Rolling Stones encontraron en *Aftermath* el que iba a ser su sonido por el resto de los tiempos.

Aftermath se lanzó primero en el Reino Unido significando su cuarto elepé en las islas. Fue uno de los primeros discos rock en superar la barrera de los cincuenta minutos de duración, además de contener «Goin' Home», un único corte de más de once minutos. El álbum se grabó enteramente en los estudios RCA de Hollywood, llegando a registrar más de 20 canciones gracias al clima pausado y relajado que contrastaba con las grabaciones anteriores, apresuradas y bajo presión. Jack Nitzsche también tomó parte de estas sesiones en las que la capacidad creativa de Brian Jones fue de vital importancia: se dedicó a experimentar con instrumentos como el sitar de la India, la marimba africana, el koto japonés y el dulcimer de los Apalaches, creando un contraste con el habitual sonido blues y rock, resultando en una mezcla de estilos nunca vista. Esta constante búsqueda de Brian hizo que la mayoría de las guitarras usadas en el álbum recayeran sobre Keith Richards, lo que resultó vital para que desarrollara su destreza con el instrumento de aquí en adelante. Finalmente, 14 de las 21 canciones grabadas llegaron a un vinilo que se mezcló en estéreo real por primera vez. «Paint It Black», una de las composiciones más importantes de esta era, se quedó fuera del elepé por su lanzamiento en forma de sencillo, puesto que en Inglaterra no era habitual que se incluyeran en los discos de larga duración. *Aftermath*, con una fotografía de Guy Webster en la portada, alcanzó el número 1 en el Reino Unido y permaneció allí durante ocho semanas.

La versión norteamericana del álbum suponía el sexto disco de los Stones en los EE. UU. y sufrió múltiples modificaciones. Se recortó el número de canciones para entrar en los estándares de la época dentro del país, que consideraba que 11 canciones eran más que suficiente, y se sustituyó «Mother's Little Helper» –lanzada como sencillo en julio de 1966– por «Paint It Black», que se seleccionó como adelanto del disco y permaneció durante dos semanas en el número 1 durante el verano de 1966. Esta versión reducida de

Aftermath alcanzó el número 2 en EE. UU. y fue incluido en el número 109 entre los 500 mejores álbumes de todos los tiempos según la revista *Rolling Stone*, además de entrar en los *1001 álbumes que has de escuchar antes de morir* de Robert Dimery. La revista *NME* (*New Musical Express*) lo sitúa en el número 6 de los 10 mejores discos de los Rolling Stones.

El periodista Ritchie Unterberger afirma en su crítica en *Allmusic* que pese al evidente mérito de *Aftermath*, no deja de ser un álbum un tanto ingenuo «ya que Mick

Jagger y Keith Richards aún eran propensos a escribir canciones inconsistentes» y señala «Goin' Home» como «una conflagración de blues de 11 minutos, que fue notable más por su longitud que por su contenido». Y puede que así sea, pero únicamente desde esa retrospectiva. Cuando escucho «Goin' Home» en disco de vinilo, con auriculares, y trato de empatizar con un joven de veinte años en 1966, dudo de que pudiera encontrar algo más transgresor, valiente y atrevido. En agosto de 2002, ABKCO Records reeditó ambas ediciones de *Aftermath* con sonido remasterizado en CD y SACD.

Between the Buttons

20 de enero de 1967
Decca Records (Reino Unido)

Yesterday's Papers / My Obsession / Back Street Girl / Connection / She Smiled Sweetly / Cool, Calm & Collected / All Sold Out / Please Go Home / Who's Been Sleeping Here? / Complicated / Miss Amanda Jones / Something Happened to Me Yesterday

Between the Buttons

11 de febrero de 1967
London Records (EE. UU.)

Let's Spend the Night Together / Yesterday's Papers / Ruby Tuesday / Connection / She Smiled Sweetly / Cool, Calm & Collected / All Sold Out / My Obsession / Who's Been Sleeping Here? / Complicated / Miss Amanda Jones / Something Happened to Me Yesterday

Between the Buttons es el último álbum editado por separado en el Reino Unido y EE. UU., y una obra clave para entender la transición de los Rolling Stones entre los primeros álbumes de versiones R&B y las futuras obras maestras durante el cambio de década. Es su quinto álbum en el mercado británico y el séptimo en el estadounidense, éste en el número 357 de los 500 mejores álbumes de la historia según la revista

Rolling Stone. Between the Buttons es también el último álbum producido en su totalidad por Andrew Oldham, que abandonaría durante las sesiones del siguiente ejercicio psicodélico, *Their Satanic Majesties Request.*

Propenso a perderse entre la discografía de los Stones, la versión norteamericana aguanta el tipo mejor que la británica gracias a la inclusión de los éxitos «Let's Spend the Night Together» y «Ruby Tuesday», ambos editados en el Reino Unido únicamente como sencillo (que llegó al número 3). El álbum se grabó mayormente en Londres utilizando máquinas de cuatro pistas; se hacían premezclas de las sesiones iniciales con tal de dejar espacio para grabar encima en las pistas restantes, lo que, según Mick Jagger, restó claridad a las canciones: «la rebobinamos para hacer regrabar tantas veces que perdimos el sonido que buscábamos». Los Stones –sobre todo Mick– sintieron que las canciones sonaban bien, pero quedaron muy disgustados con el conjunto del disco.

La fotografía de la portada fue obra de Gered Mankowitz, tomada al amanecer después de una noche de grabación en Olympic Studios, lo que propició sus caras desangeladas y agotadas, especialmente la de Brian Jones, cuya imagen desaliñada perturbó a muchos de sus fans. En la contraportada aparecen unos dibujos obra de Charlie Watts, corresponsable del título del álbum tras preguntar a Andrew Oldham cómo se llamaba el álbum, y éste responderle que estaba «between the buttons», que en inglés es una expresión utilizada para mostrar indecisión. Charlie dio el título por bueno.

Musicalmente, a diferencia de *Aftermath*, la edición estadounidense salió favorecida gracias a la inclusión de «Let's Spend the Night Together», un cántico sexual fuertemente influenciado por los Beach Boys con Keith al bajo y Jack Nitzsche a las teclas. Sin embargo, su sugerente título la llevó a ser sometida a una dura censura que la retuvo en el número 55 de las listas de singles. Brian tocaba la marimba en «Yesterday's Papers» y la flauta en «Ruby Tuesday», que llegó a número 1 a principios de 1967. Brian también tocaba saxo y trombón en «Something Happened to Me Yesterday» con Nicky Hopkins al piano, que se convertiría en habitual colaborador de la banda junto a Nitzsche y Stewart. Canciones como «Who's Been Sleeping

Here?» y «Complicated» muestran a un Mick Jagger con claras influencias de Dylan, aprendiendo a expresarse sobre sus problemas sentimentales con Marianne Faithfull, mientras que «My Obsession» es una casi explícita canción sobre su obsesión por el sexo femenino. Y, sin embargo, su canción favorita sólo se encontraba en la versión británica del álbum: «Back Street Girl» no llegaría a EE. UU. hasta *Flowers*.

Between the buttons, que llegó a número 3 en el Reino Unido y a número 2 en EE. UU., se reeditó por partido doble en CD y SACD con sonido remasterizado y estéreo de la mano de ABKCO Records. La mayoría de estas reediciones han utilizado la lista de canciones de la versión americana. En 2012, la revista *Rolling Stone* situó la edición estadounidense en el número 357 de los 500 mejores álbumes de todos los tiempos, y en 2016, se reeditó en mono en CD, vinilo y descarga digital.

Their Satanic Majesties Request

8 de diciembre de 1967
Decca Records (Reino Unido)
London Records (EE. UU.)

Sing This All Together / Citadel / In Another Land / 2000 Man / Sing This All Together (See What Happens) / She's a Rainbow / The Lantern / Gomper / 2000 Light Years from Home / On with the Show

Si *Aftermath* supuso el gran salto a la cúspide del rock, *Their Satanic Majesties Request* pudo haber sido otro salto, pero mortal. Era un álbum a rebufo de los Beatles, destinado a rivalizar con *Sgt. Pepper's Lonely Hearts Club Band*... ¿Habrase visto idea más loca? Pues en aquel momento les debió de parecer una buena idea. Según Mick, primero hicieron «She's a Rainbow», después la escrita en la cárcel «2000 Light Years from Home», luego «Citadel», y de aquí en adelante la locura se les fue de las manos (o les vino a cabeza). Fue grabado entre febrero y octubre de 1967 en Olympic Studios en Barnes, Londres, durante uno de los periodos más difíciles de la banda. Fue un proceso largo y tedioso, continuamente interrumpido por comparecencias judiciales, redadas y algunas noches entre barrotes que aportan esa inconsistencia al conjunto. Escuchando *Their Satanic Majesties*... uno tiene la sensación de estar prestando atención a un grupo de personas improvisando con instrumentos raros –incorporaron el mellotrón y ritmos africanos– más que a una banda de rock.

Con arreglos propios de una orquesta, el primer álbum de los Stones con una única lista de canciones para todo el mundo arranca con «Sing This All Together», que invita a relajarse y abrir la mente para vivir una experiencia extrasensorial. Le sigue «Citadel», la canción más corta del álbum, conducida por una guitarra distorsionada que ha sido versionada por infinidad de bandas punk y protopunk, entre ellas los Damned y Redd Kross. «In Another Land» fue el primer sencillo del álbum y la primera pieza compuesta y cantada por Bill Wyman. Bill se ha referido en múltiples ocasiones a este periodo como un momento en que él se sentía el más equilibrado, al margen del grupo. Desinteresado por las drogas y sin saber quién aparecería por el estudio ni para hacer qué, utilizó sus emociones para escribir esta parodia que termina con sus ronquidos. En su libro *Rolling with the Stones* reconoce que odia profundamente aquella etapa, y que Andrew Oldham también lo hacía, por eso «simplemente se rindió». La cara A continúa con «2000 Man», una bonita canción rock con guitarra acústica que recuerda a los Beatles, pero termina con desganada segunda parte de «Sing this All Together»; un sinsentido.

«She's a Rainbow» es sin duda el plato estrella del álbum, esta especie de carta de amor con preciosas armonías hacia Marianne, musa de las fantasías sexuales de Mick y gurú en su arranque psicodélico. «The Lantern» tal vez sea una de las canciones más infravaloradas de los Stones, incluso por ellos mismos, y en «Gomper» el sonido de la India está presente de principio a fin: suena el sitar, la tambura y el arpa de boca en manos de Brian Jones mientras Charlie Watts toca las tablas. «2000 Light Years From Home» es el otro plato estrella con sintetizadores de Brian, hasta que «On with the show» se burla de *Sgt. Pepper's...* y del negocio del espectáculo y la industria de la música en general.

Their Satanic Majesties Request se bautizó en honor al pasaporte británico, con el mensaje «Her Britannic Majesty's Secretary of State requests and requires...», salvo en Sudáfrica y Filipinas, donde la censura por la palabra «satanic» lo renombró como

The Stones are Rolling. Para la portada se propuso una imagen de Mick desnudo en una cruz, pero la discográfica tumbó la idea. Finalmente se apostó por una tirada inicial con una fotografía tridimensional de Michael Cooper con la que se conseguía un efecto similar al del cuadro de la Mona Lisa: los Stones te miraban a los ojos los miraras desde donde los miraras. Para las siguientes ediciones se recortaron costes con la fotografía plana, y la versión tridimensional no se volvió a ver hasta en una edición limitado en la década de los ochenta. A su alrededor, entre la vegetación, se encuentran escondidos los rostros de los Beatles, en respuesta a la alusión a los Stones en la portada de *Sgt. Pepper's...*, y más allá del recuadro, bocanadas de humo de hachís enmarcando la imagen. Para el interior de la carpeta se reservó un *collage* de fotografías de Michael Cooper y un laberinto sin salida.

Mick se refirió al álbum como una colección de «cantos fúnebres para seguir el compás con el pie». Keith directamente lo llamó basura. Brian dijo que el grupo no había conseguido desarrollar las buenas ideas, sólo las había ensamblado mal, de forma caótica. Efectivamente, el álbum fue poco valorado por la banda. Y cuando salió, la crítica no fue más generosa. Lo tildaron del peor álbum del grupo y dijeron que los Stones habían perdido el rumbo, que se les había ido de las manos. Mick reconoció que, tras abandonar Andrew, el grupo se sintió perdido, con demasiado tiempo y drogas en sus manos, sin un productor que pusiera mando y orden en unas jornadas de trabajo sin rumbo. Creyeron que todo lo que hacían era inmenso, perdieron la capacidad de juicio. Aun así, el álbum llegó al número 2 en EE. UU., y aunque las ventas rápidamente menguaron, con los años se revalorizaron las canciones de este álbum que supuso un sendero en la carrera del grupo por el que nunca volverían, convirtiéndolo en una anomalía dentro de su discografía.

Beggars Banquet

6 de diciembre de 1968
Decca Records (Reino Unido)
London Records (EE. UU.)

Sympathy for the Devil / No Expectations / Dear Doctor / Parachute Woman / Jigsaw Puzzle / Street Fighting Man / Prodigal Son / Stray Cat Blues / Factory Girl / Salt of the Earth

Los Stones se caracterizan por ser un grupo que ha logrado permanecer unido, superando adversidades, hasta convertirse en una máquina imparable. No es raro entonces que también superaran su flirteo con la psicodelia de la mejor manera: regresando a sus raíces blues. *Beggars Banquet* es otro álbum que lo cambió todo para el grupo, y que inició el mejor periodo de los Stones; un brillante ejercicio musical de princi-

pio a fin grabado en Olympic Studios por primera vez bajo la supervisión de Jimmy Miller, quien también metería baza en los siguientes cuatro discos. Rock'n'roll, blues y baladas inolvidables marcarían la seña de identidad de un grupo cuya creatividad no conocería límites. Los Rolling Stones volvieron a nacer en 1968, y así hasta hoy.

Con Brian Jones muy tocado emocionalmente por las drogas, Mick y Keith se echaron el grupo a sus espaldas trabajando con Jimmy Miller. De vez en cuando, Brian aparecía con un sitar o algún instrumento exótico que hubiera adquirido – cuando lo hacía, puesto que en la mayoría de las sesiones estaba ausente– y Jimmy se las ingeniaba para ponerle en una cabina y grabarle con una cinta que realmente no necesitaran. No obstante, hay bastante de Brian todavía en este álbum, y de su sitar en «Street Fighting Man», interpretada con la tan popular a partir de aquí afinación abierta de Keith. Utilizaron ritmos africanos e inspiración vudú para la guitarra de Keith en «Sympathy for the Devil», y «No Expectations» es una reinterpretación de «Meet Me in the Station» en la que Brian toca el *slide* y la guitarra hawaiana en uno de sus grandes momentos de concentración.

«Dear Doctor» es un intento de canción country, o más bien una parodia de un género que todavía no habían investigado, mientras que «Stray Cat Blues» es un *shuffle* grotesco, grosero y sexual que serviría de banco de pruebas para provocativas canciones futuras. El disco se acerca al final con la improvisación india «Factory Girl» y cierra con «Salt of the Earth», con Keith en la primera estrofa y su guitarra *slide*, sustituyendo al ausente Brian en la sesión. Nicky Hopkins, Dave Mason, Rocky Dijon y Ric Grech, además del coro de Watts Street, participaron en la grabación de uno de los mejores álbumes de rock/blues de todos los tiempos; el último disco de los Stones lanzado con Brian en vida.

Beggars Banquet fue aclamado inmediatamente por la prensa del planeta –la revista *Time* describió a los Stones como lo más subversivo que había salido de Inglaterra después de la banda de Fagin en *Oliver Twist*–, llegando al número 3 en el Reino Unido y al número 5 en la lista Billboard de EE. UU. La transgresora «Sympathy for the Devil» y la inteligente «Street Fighting Man», vinculada a la turbulencia política de 1968, se convirtieron en clásicos instantáneos. Pero no todo fueron buenas noticias: «Prodigal Son», acreditada a Jagger/Richards, se convirtió en un homenaje forzoso a Robert Wilkins, el primer músico blues en grabar una canción con el nombre «Rolling Stone», después de que sus abogados les obligaran a reconocerla como una versión de su canción original «That's No Way to Get Along». El disco se demoró meses –su lanzamiento estaba previsto para verano– por la fotografía de la portada, obra de Michael Joseph, censurada por Decca y posteriormente reemplazada por el blanco impoluto, que lo llevó a una nueva comparación con el disco blanco de los Beatles.

En 2003, *Rolling Stone* lo situó en el número 58 de los 500 mejores álbumes de todos los tiempos, y también se ganó por méritos propios aparecer en los *1001 álbumes que hay que escuchar antes de morir.* ABKCO Records lo reeditó en CD y SACD con una diferencia con la grabación original: *Beggars Banquet* se había estado escuchando durante treinta años por debajo de su velocidad real por un error en el máster. La corrección de este dato hizo que la reedición durara 30 segundos menos que la edición original. En 2013, *Beggars Banquet* se reeditó en LP con la portada original.

Let It Bleed

5 de diciembre de 1969
Decca Records (Reino Unido)
London Records (EE. UU.)

Gimme Shelter / Love in Vain / Country Honk / Live with Me / Let It Bleed / Midnight Rambler / You Got the Silver / Monkey Man / You Can't Always Get What You Want

El disco que Keith quería nombrar *Hard Knox and Durty Sox*, se convirtió en *Let It Bleed* tras casi un año de producción. Era el octavo álbum de los Stones en el Reino Unido y el décimo en EE. UU.; una obra maestra que junto a *Beggars Banquet*, *Sticky Fingers* y *Exile on Main St.* formaría parte de lo mejor del grupo, y de la historia de la música.

Let It Bleed empezó a grabarse en los estudios Elektra Sound Recorders, en Los Ángeles, por donde pasaron muchos músicos que fueron invitados a participar –Bobby Keys entre ellos–, antes de continuar en Olympic Studios, en Londres. *Oscuro*, *violento*, *agresivo* y *sexual* son algunos de los adjetivos más utilizados al referirse al álbum que arranca con «Gimme Shelter»: heroína, Guerra del Vietnam y sexo en una canción donde Merry Clayton y su arranque vocal se proclamaba la primera mujer en tener un papel vital en un disco de los Stones.

Continúa con «Love in Vain», original de Robert Johnson donde Mick Taylor se estrena con la guitarra *slide* y Ry Cooder toca la mandolina, para avanzar hacia «Country Honk», una versión country de «Honky Tonk Women» –lanzada previamente como sencillo– influenciada por Gram Parsons, mucho más cercana a la idea original de Keith. Byron Berline añade el violín en la canción mientras Jimmy Miller le da a la bocina del coche. «Live With Me» supuso el debut de Bobby Keys con los Stones, precedente de su sonido soul en directo durante la década de los setenta, y «Let It Bleed» cierra la cara A con Ian Stewart al piano.

«Midnight Rambler» abre la cara B para confirmar el talento y estilo propio de Mick Jagger con la armónica, seguida de «You Got the Silver», con Nicky Hopkins acompañando en el órgano a Keith, con la guitarra acústica, hasta que la banda se arranca a media canción. El toque Burroughs de «Monkey Man» enfila hasta «You Can't Always Get What You Want», una preciosa pero triste canción de amor y desolación de la que poco hay que decir. Salvo que The London Bach Choir, el coro acompañante, decidió distanciarse del grupo al comprender la oscuridad que rodeaba al disco, y en consecuencia, a los Stones.

El gran ausente de este álbum fue el fallecido Brian Jones, a quien se le puede escuchar en «You Got the Silver» tocando las congas, y en «Midnight Rambler» con el
autoarpa. También fue el primer álbum en el que participó Mick Taylor, encargándo-
se de aquí en adelante de las técnicas de guitarra más complejas. Keith, por su parte,
se estrena sin la compañía de Mick a las voces en «You Got the Silver».

Para la portada surrealista se contó con Robert Brownjohn, quien hizo la escultura
sobre el disco de vinilo con un pastel, un neumático, una pizza, un reloj y una cinta
de película, todo ello flotando sobre la aguja del fonógrafo. Sobre el pastel, la banda
en figuritas de boda. La contraportada muestra los mismos elementos de forma desordenada, como lo está el orden de canciones por cuestiones estéticas. En algunas
ediciones, «Gimme Shelter» aparece como «Gimmie Shelter».

Let It Bleed, siendo más hard rock que *Beggars Banquet*, alcanzó el número 1 en el
Reino Unido y el número 3 en EE. UU., además de ser el último álbum lanzado también en mono de forma oficial, ejemplar que hoy por hoy es pieza de coleccionista.
En 2002 se reeditó remasterizado en CD y SACD por la compañía de Allen Klein, y
al año siguiente la revista *Rolling Stone* lo situó en el número 32 de los 500 mejores álbumes de la historia. *Let It Bleed* ha vendido más de 7 millones de copias desde 1969.

Sticky Fingers
23 de abril de 1971
Rolling Stones Records

*Brown Sugar / Sway / Wild Horses / Can't You Hear Me Knocking / You Gotta
Move / Bitch / I Got the Blues / Sister Morphine / Dead Flowers / Moonlight Mile*

Después de haber roto su relación con Decca/London Records, por primera vez los
Stones fueron libres para sacar sus propias canciones y con su propia portada. Pues
aunque *Sticky Fingers* esté en el medio de su mejor época, no deja de ser «el primero» en muchos sentidos: es el primer disco de los Stones de la década de los setenta,
el primero con su nuevo sello Rolling Stones Records, el primero sin créditos para
Brian Jones, y el primero con Mick Taylor siendo un Stone a jornada completa. Si es
que llegó alguna vez a serlo.

Allen Klein se había quedado con los derechos de todas sus canciones anteriores, pero fue éste el primer álbum de los Stones en alcanzar el número 1 tanto en el Reino Unido como en EE. UU. durante cuatro semanas. Mick y Keith habían aprendido a componer con mayor fluidez, sabiendo sobradamente de qué pie cojeaba cada uno, y mientras Charlie permanecía imparable a la batería y Bill seguía a lo suyo, Mick Taylor se convirtió en un fichaje de lujo con espacio para lucir su técnica con la guitarra.

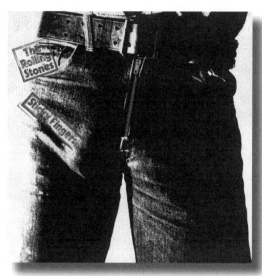

El álbum se grabó esporádicamente entre marzo de 1969 y enero de 1971, mayormente en el estudio móvil de los Stones en Stargroves durante el verano y otoño del 71. Por aquel entonces también grabaron primeras versiones de algunas canciones del futuro *Exile*. El disco era compacto como el que más, y una vez superado el impacto inicial del sencillo de «Brown Sugar» –que llegó a número 1 en EE. UU. pero se quedó en el 2 en el Reino Unido con un gran Bobby Keys en el saxo tenor en lugar del habitual solo de guitarra– se descubrió que además era un notable disco de blues tranquilo. Basta con escuchar «Sway» para percibir la diferencia de estilo –y habilidad– entre Keith y Mick Taylor a la guitarra pese a aminorar la marcha.

«Wild Horses» es seguramente una de las mejores, si no la mejor balada que han escrito los Stones; una canción que habla de la soledad, del no estar donde uno quiere estar, y para la que Keith tuvo claro el riff y la línea del estribillo. Por primera vez, Mick Jagger demostró amor por el country y entró al trapo para escribir los versos acompañado por Mick Taylor a la guitarra rítmica. Keith se había reservado para él el solo de guitarra en esta canción tan sentida.

Sticky se levanta de nuevo con «Can't You Hear Me Knocking», la pieza más cañera junto a «Bitch» y la del azúcar moreno. Es un *groove* ideado por Keith demasiado agudo para que Mick se sintiera cómodo a la voz principal, por lo que optó por gritar más que cantar. La canción deriva en una improvisación instrumental que se decidió conservar en la pista final. Le sigue la tradicional afroamericana «You Gotta Move», acreditada a Fred McDowell antes de pasar a la cara B que arranca con los vientos marroquíes de «Bitch».

«I Got the Blues» es el siguiente gran blues con Billy Preston al órgano que pasa el relevo a la oscura «Sister Morphine», con *slide* de Ry Cooder y Jack Nitzsche al piano, y con Marianne Faithfull como co-compositora, inicialmente obviada en los créditos de la versión Stone. Esta versión de «Sister Morphine» se grabó en las sesiones para *Let It Bleed* pero se mantuvo fuera de aquel lanzamiento. El álbum continúa con el country rock «Dead Flowers» para despedir a la reina del *underground*. Keith adoraba el country, pero Mick nunca lo contempló realmente como un género serio. «Moonlight Mile» es la responsable de cerrar el disco con Jim Price al piano, Jagger y Taylor a las guitarras y los arreglos de cuerda del director de orquesta Paul Buckmaster.

Pero aún hay otra cosa en la que *Sticky Fingers* fue el primero de tantos: estrenando el logo más grande en la historia de la música, esos labios con la lengua fuera. Mick le sugirió a John Pasche que copiara la lengua de Kali, la diosa hindú. Pasche se mostró reticente, pero en cuanto la vio cambió de opinión. Craig Braun, que se había encargado de llevar a la práctica la idea de Andy Warhol para la portada con la famosa cremallera, recibió el diseño en la oficina de los Stones en blanco y negro. La pasó al rojo y se creó el logo más famoso de la historia de la música.

En cuanto a la portada, Andy Warhol presentó la idea originalmente para *Let It Bleed* pero fue desestimada por la discográfica con Allen Klein a la cabeza. Sin embargo, ahora la situación era distinta. Billy Name fue el encargado de fotografiar a un modelo con pantalones ajustados cuya identidad no está confirmada. (Muchos creyeron que se trataba de Mick Jagger. Después se habló del hermano de Jed Johnson, amante de Warhol. También se especuló con que se tratara de Corey Tippin, artista de la compañía Factory, hasta que Joe Dallesandro, modelo habitual de Warhol en aquella época, dijo haber sido él.) Y Craig Braun trabajó en el diseño final del disco. La cremallera real dañó las primeras copias prensadas, por lo que se optó por lanzarlo a la venta con la cremallera entreabierta para que quedara a mitad del disco.

Esta portada fue la famosamente censurada en España por el régimen fascista de Franco, reemplazando los pantalones ajustados con la forma del miembro fálico por la lata de melaza abierta con los dedos de mujer, también diseñada por el estudio de John Pasche y Phil Jude. Además, «Sister Morphine» se reemplazó por la versión de Chuck Berry, «Let It Rock». En 1992, Rusia tuvo una portada similar a la original, pero en esta ocasión se trataba de una chica con los tejanos azules ajustados, un cinturón del ejército soviético y una estrella, el martillo y la hoz en la hebilla. De todos modos, la cadena VH1 valoró la portada original de *Sticky Fingers* como la mejor de todos los tiempos y, tanto en Rusia como en España y el resto del mundo, Rolling Stones Records lo catalogó como COC 59100, provocando el juego sonoro con la palabra «cock».

Charlie Watts dijo de Jimmy Miller que hizo una gran contribución a los Stones durante aquellos años porque tenía un buen paladar auditivo y porque además era músico. Puede que eso tuviera algo que ver para que la revista *Rolling Stone* situara a *Sticky Fingers* en el número 63 de los 500 mejores álbumes de todos los tiempos. En 1994, Virgin Records lo remasterizó y reeditó en CD, en una mini réplica del vinilo original, incluida la cremallera. En 2009 fue Universal quien lo reeditó otra vez, y en 2015 repitió con distintas ediciones de lujo y súper lujo, que incluían material adicional, tomas alternativas, canciones en directo, y el show completo del 13 de marzo de 1971 en Leeds.

Exile on Main St.
12 de mayo de 1972
Rolling Stones Records

Rocks Off / Rip This Joint / Shake Your Hips / Casino Boogie / Tumbling Dice / Sweet Virginia / Torn and Frayed / Sweet Black Angel / Loving Cup / Happy / Turd on the Run / Ventilator Blues / I Just Want to See His Face / Let It Loose / All Down the Line / Stop Breaking Down / Shine a Light / Soul Survivor

Cuando uno escucha *Exile on Main St.*, tarda muy poco en apreciar que se trata de un álbum diferente. Arduo desde el comienzo, ya sea de un tirón o cara a cara, la voz enterrada de Mick, por debajo del tono al que nos tenía acostumbrados, le da un aire húmedo y oscuro, como una colección de maquetas previa a la mezcla final. Las letras son incomprensibles en mayor parte, y las canciones parecen improvisaciones entre colegas pasando un buen rato: rock'n'roll, blues y un country por fin bien asimilado con naturalidad, sin prejuicios, que se une al soul y al gospel para concebir un álbum con sonido americano, el último de sus cuatro obras maestras, que serviría de referente para medir éxito y fracaso de tantos otros.

En la primavera de 1971, los Stones huyeron de sus problemas fiscales para instalarse en Francia, donde continuaron con las sesiones iniciadas en octubre de 1970. Entre junio de 1971 y marzo de 1972, el alcohol y las drogas tomaron el control del sótano de Nellcôte, la villa alquilada por Keith en Villefranche-sur-Mer, donde se crearon dos bandos, los que consumían (con Keith al mando, Jimmy Miller, Bobby Keys, Mick Taylor y el ingeniero Andy Johns) y los que no consumían o simplemente consumían mucho menos (con Bill Wyman, Charlie Watts, y un Mick Jagger que faltó a muchas de las sesiones, todas ellas de madrugada). A Bill Wyman tampoco le gustaba el ambiente en la casa, y fue el bajista de sesión Bill Plummer quien tocó las cuatro cuerdas en varias de las pistas, siempre bajo la supervisión de Jimmy Miller.

Las sesiones de grabación eran tan caóticas que nunca se sabía quién iba a presentarse –el propio Keith era propenso a faltar–, lo que frustró a muchos componentes del grupo. Además, la aparición de continuos invitados, entre ellos William S. Burroughs, Gram Parsons o Marshall Chess, dificultaba la concentración, además de los continuos incidentes que se sucedían, como cortes de luz, robos de material... La policía también tenía mucho interés en la casa, y en un arrebato Keith echó a Gram Parsons, acomodado en la villa, para tratar de alejarse de los yonquis, lo que no deja de ser una paradoja teniendo en cuenta que él tomaba heroína a diario.

El trabajo continuó en los estudios Sunset Sound Recorders de Los Ángeles. Se regrabaron pistas y se añadieron arreglos con un Mick Jagger mucho más implicado, sintiéndose más cómodo fuera de la morada de Keith. Junto a Billy Preston, visitaron una iglesia evangélica que le inspiró las aportaciones gospel en varias de las canciones. El disco se lanzó para llegar al número 1 de forma instantánea y al poco Allen Klein reaccionó denunciando a los Stones porque cinco de las canciones («Sweet Virginia», «Loving Cup», «All Down the Line», «Shine a Light», «Stop Breaking Down») habían sido grabadas durante su contrato en vigor. Los Stones tuvieron que pagarle *royalties*.

Exile se llevó críticas dispares en su lanzamiento, pero a los dos años ya era considerado uno de los mejores álbumes de la historia. Con un montaje fotográfico de Robert Frank en la portada y Nicky Hopkins, Jimmy Miller, Bobby Keys y Jim Price aportando instrumentación, el disco arrancaba con «Rocks Off», un rock que suena a los Stones con un no-sé-qué diferente que se confirma de inmediato en «Rip this Joint», la canción más rápida que habían grabado hasta el momento. «Shake Your Hips» se acredita a Slim Harpo con Mick a la armónica y Ian al piano, mientras que «Casino Boogie» es una de esas improvisaciones en las que Bobby Keys cobra protagonismo.

«Tumbling Dice» es un viejo blues que nunca hubiera existido si el ama de llaves no hubiera tenido una conversación con Mick sobre su afición por apostar a los dados. La canción creció con los coros femeninos grabados en Los Ángeles, hasta convertirse en el primer sencillo del álbum, que escaló hasta los diez primeros puestos. El disco continúa con el country acústico en «Sweet Virginia», la parodia del estilo de vida de Keith en «Torn and Frayed» y la activista de los Panteras Negras, Angela Davis, en «Sweet Black Angel», con Richard Washington de la banda de Dr. John a la marimba. «Sweet Black Angel» fue la cara B del sencillo de «Tumbling Dice».

«Loving Cup» es una canción acústica con reminiscencias funk donde Nicky Hopkins toca el piano, y «Happy» nació de un riff de Keith un día en que sólo Bobby Keys y Jimmy Miller estaban en su sótano. No tenían nada mejor que hacer, así que agarró su guitarra con afinación abierta en sol, Jimmy se sentó a la batería, y Bobby hizo lo suyo con el saxofón barítono. El resto de partes se añadieron después. El álbum llega a su tramo final en la cara D con «All Down the Line», una antigua improvisación de los Stones de la época de *Let It Bleed* a la que se sumó la cantante de soul Kathi McDonald. «Stop Breaking Down» es otra versión de Robert Johnson con Ian al piano y Mick en la armónica, y «Shine a Light» se recuperó de una maqueta de 1968 para recibir un tratamiento gospel antes de despedirse con «Soul Survivor».

Mick dijo de *Exile on Main St.* que en absoluto era su álbum preferido. No pretendía que fuera un álbum de rock, sino que en aquel periodo sentía el anhelo de experimentar con nuevos géneros, calificándose a sí mismo como el más experimental del grupo, negándose a hacer siempre lo mismo. Estaba aburrido del rock y quería explorar nuevas vías, mientras Keith había perdido interés por componer grandes éxitos; él sólo quería componer «buena mierda». Y consideraba que este álbum lo era.

Es cierto que *Exile* produjo pocas canciones irremplazables en su repertorio en directo (sólo «Happy», «Tumbling Dice» y «All Down the Line» se convirtieron en habituales), y sin embargo, la revista *Rolling Stone* lo situó en el número 7 de los 500 mejores álbumes de la historia, y Robert Dimery también lo incluyó en *1001 álbumes que hay que escuchar antes de morir*. Además, son muchísimas las bandas que han homenajeado el disco, tanto en estudio como en directo: la banda de garaje Pussy Galore grabó su propia interpretación del álbum completo, y bandas como Alabama 3, Matchbox Twenty o la cantante y guitarrista Liz Phair, han editado álbumes con el nombre precedido por *Exile on...* La banda Phish lo interpretó por completo en su actuación en Indio, California, la noche de Halloween de 2009.

Exile on Main St. –del cual, el humorista Jimmy Fallon es un declarado fan– se reeditó con sonido remasterizado en 1994 de la mano de Virgin Records en una réplica en miniatura del vinilo. Universal hizo una nueva revisión en 2009, y en 2010 se lanzó en formato de lujo con diez canciones adicionales de las cuales dos eran tomas alternativas. En 2012, el álbum entró en el Salón de la Fama de los Grammy.

Goats Head Soup

31 de agosto de 1973
Rolling Stones Records

Dancing with Mr. D / 100 Years Ago / Coming Down Again / Doo Doo Doo Doo Doo (Heartbreaker) / Angie / Silver Train / Hide Your Love / Winter / Can You Hear the Music / Star Star

Darle continuidad a *Exile on Main St.* era un reto por sí mismo, pero con Keith funcionando con el piloto automático, en su modo zombi particular, lo sería todavía más. Mick, por su parte, estaba en un modo celebridad en el que su imagen pesaba más que los logros del grupo. Así, con uno en las estrellas y el otro en el pozo de la adicción, no sería raro que su próximo álbum sonara irregular, por momentos apático, como si los miembros del grupo tuvieran la cabeza en otra parte o estuvieran ocupados con cosas más importantes que hacer. En *Goats Head Soup*, los excesos de las estrellas de rock pesarían más que el propio rock. Pero llegó al número 1 en el Reino Unido y EE. UU.

Después de meses sin verse, los Stones se reunieron en los estudios Dynamic Sound de Jamaica en noviembre de 1972, uno de los pocos países donde dejaban entrar a Keith –el otro era Suiza, pero nunca le gustó esquiar–, para comprobar en la primera improvisación que la sinergia continuaba presente. La primera canción que grabaron fue «Winter» y las sesiones continuaron en Village Recorders en Los Ángeles, y en Island Records y Olympic en Londres, todavía con Jimmy Miller en la producción, antes de que su adicción a  las drogas lo incapacitara, y con la colaboración de Billy Preston, Nicky Hopkins y Ian Stewart.

El álbum es irregular desde su inicio, con «Dancing with Mr. D» sólo realzada por Mick Taylor, y una de las mejores interpretaciones vocales de Mick Jagger en «100 Years Ago». «Angie» es claramente el plato fuerte, una balada que sigue la senda de «Wild Horses», sincera y vulnerable, que, aunque se rumoreó que trataba sobre la primera mujer de David Bowie, Keith y Mick lo negaron diciendo que se trataba de Dandelion Angela, la hija de Keith. Pero en *Vida*, Keith sostiene que cuando puso nombre a la canción ni siquiera sabía que estaban esperando a una niña; según sus palabras, el nombre le vino fruto del azar, sin pensar en nadie.

«Star Star» es la otra pieza clave del álbum: con aires de Chuck Berry, la canción iba a llamarse «Starfucker», pero la censura pesó más que la intención, y muchas emisoras de radio se opusieron a pincharla, lo que le dio una gran publicidad gratuita al álbum. Además, en los prensados americanos de Atlantic Records, se omitió la frase de Mick: «I bet you keep your pussy clean». «Star Star» fue una cruda canción sexual que marcaría el camino del todavía lejano *Undercover*.

Aunque Mick sostuvo que *Goats Head Soup* le gustaba más que *Exile* por ser más atrevido e innovador, la crítica fue dispar, correcta pero también desconcertada. Ian

Stewart lo describió como un álbum insípido. De todos modos, el álbum con portada diseñada por Ray Lawrence y fotografías de David Bailey, funcionó en las listas de ventas, habiendo vendido alrededor de los 7 millones de copias alrededor del mundo. Virgin lo reeditó remasterizado en 1994 con «Star Star» sin censurar, y Universal hizo lo propio en 2009. Pero sin la frase maldita.

It's Only Rock 'n Roll

18 de octubre de 1974
Rolling Stones Records

If You Can't Rock Me / Ain't Too Proud to Beg / It's Only Rock 'n Roll (But I Like It) / Till the Next Goodbye / Time Waits for No One / Luxury / Dance Little Sister / If You Really Want to Be My Friend / Short and Curlies / Fingerprint File

El nuevo álbum de los Stones iba a ser un disco con una cara A de grabaciones en vivo y una cara B con más versiones de sus canciones favoritas R&B. Pero cuando Keith y Mick se juntaron en Musicland Studios en Múnich en noviembre de 1973, se dieron cuenta de que tenían muchas ideas para material nuevo, y sólo se aprovechó la original de The Temptations «Ain't Too Proud to Beg» de la idea original. *It's Only Rock 'n Roll* es importante en la carrera de los Rolling Stones por varios motivos: el primero, porque supondría el último disco en el que trabajaría Mick Taylor. Después, porque sería el pie de entrada para Ronnie Wood. Finalmente, porque Jagger/ Richards volvían a la producción desde *Their Satanic Majesties...* pero ahora sabiendo mucho más, y bajo el seudónimo de The Glimmer Twins.

Keith afirmó que tanto él como Mick sentían que ya habían hecho todo lo que podían hacer con Jimmy Miller, que era momento para un cambio. Sabiéndose con más experiencia después de diez años de lanzamientos discográficos, se decidieron a ser sus propios productores con sus propias ideas sobre cómo querían que sonara el disco. En cuanto a Mick Taylor, sentía que sus aportaciones no se correspondían con los créditos que le otorgaba la banda. Estaba profundamente decepcionado con Jagger, pues consideraba que eran buenos amigos y que trabajaron mucho tiempo juntos en el disco, sobre todo teniendo en cuenta que Jagger ya se había distanciado de Richards. Después de *It's Only Rock 'n Roll*, el grupo decidió entrar de nuevo en el estudio en lugar de salir de gira, y Mick Taylor dijo basta. Mick Jagger sólo reconoció tiempo después que a lo mejor aportó un par de acordes a las canciones.

La homónima «It's Only Rock 'n Roll (But I Like It)» es el corte principal de un disco que recupera el compromiso del grupo con el rock purista. Fue compuesta junto a Ronnie Wood en su estudio privado, alternativamente con Keith y Mick. Sin embargo, a Ronnie sólo se le reconocieron créditos por tocar la guitarra de 12 cuerdas, además de reconocerle como principal inspirador de la canción, que pese a ser un relativo fracaso como sencillo –sólo llegó al número 10 en el Reino Unido y al 16 en Norteamérica–, se convertiría en un clásico dentro del repertorio de los conciertos de los Stones.

«Till the Next Goodbye», así como «If You Really Want to Be My Friend», son baladas radiofónicas, mientras que «Luxury» es una canción que muestra el interés que los Stones estaban desarrollando por el reggae. Se hicieron videoclips de «It's Only Rock 'n Roll», «Ain't Too Proud to Beg» y «Till the Next Goodbye» y con su apoyo el álbum llegó al número 1 en EE. UU. y al número 2 en el Reino Unido. La prensa le otorgó buenas críticas, destacando que los Stones habían recuperado su sendero, pese a que algunas voces les recriminaron sonar blandos o el haberse acomodado en un sonido poco exigente. Con todo, el álbum es más sólido y compacto que *Goat Heads Soup*.

La portada es obra del pintor Guy Peellaert, que rechazó firmar un contrato de exclusividad y el mismo año trabajó con David Bowie en la portada de *Diamond Dogs*. Su pintura le mereció el premio a la mejor portada del año. Las reediciones en CD de 1994 y 2009, así como la original europea en vinilo, tienen una versión extendida de «Luxury», por encima de los cnco minutos de duración, mientras que la edición de 1986 se quedó alrededor de los cuatro minutos y medio.

Black and Blue

23 de abril de 1976
Rolling Stones Records

Hot Stuff / Hand of Fate / Cherry Oh Baby / Memory Motel / Hey Negrita / Melody / Fool to Cry / Crazy Mama

Keith definió *Black and Blue* como una excusa para hacer audiciones a guitarristas en busca del sustituto ideal de Mick Taylor. Y seguramente es cierto, pues más que un recital de canciones propiamente dicho es una colección de *grooves* e improvisaciones en la que tiene cabida el rock pero también el funk, el reggae, el soul y hasta el jazz. Por méritos propios, este ecléctico surtido cosechó críticas polarizadas, poniendo enfermos a los críticos que más habían venerado a los Stones, que pasaron a considerar que su música ya no valía para nada. Aun así, alcanzó el número 1 en EE. UU. y el número 2 en el Reino Unido.

Comercialmente, los Stones eran más fuertes que nunca, pero detrás de las cámaras estaban en baja forma. Prueba de ello es que emplearon un año y medio entre Múnich y Montreux para terminar el disco en febrero de 1976 en Nueva York. Durante el proceso, pasaron por Rotterdam para probar a grandes guitarristas sin concretar ningún acuerdo: sonaron Peter Frampton, Rory Gallagher e incluso Jeff Beck, quien dijo que después de pasarse dos horas tocando tres acordes, se había dado cuenta de que necesitaba motivaciones más grandes en su forma de tocar. Finalmente, seleccionaron a Ronnie Wood, quien sólo toca la guitarra en tres de las canciones.

«Hot Stuff» es el primer corte con aires disco y funk, recordando a Ohio Players con Harvey Mandel (Canned Heat, Charlie Musselwhite, John Mayall) a la guitarra, pero en «Hand of Fate» el guitarrista es el músico de sesión Wayne Perkins. Prueban el reggae en «Cherry Oh Baby» con un sonido no del todo compacto y un Charlie Watts probablemente desacertado en el ritmo. «Memory Motel» es una bonita balada con Mick Jagger al piano, quien posteriormente reconocería que siempre utiliza este instrumento para escribir canciones lentas.

«Hey Negrita» tiene un pie en el funk y otro en el reggae, acreditando inspiración a Ronnie Wood, así como la infumable «Melody», donde se le reconoce la inspiración a Billy Preston. Wyman grabaría su propia versión de «Melody» con los Rhythm Kings más adelante, pero él sí le reconoció la autoría completa de la canción. «Fool to Cry» quizá sea la mejor canción del álbum, o la más recordada, de un álbum que salió al mercado con una fotografía en la portada del japonés Yasuhiro Wakabayashi, más conocido como Hiro. En 1994, Virgin reeditó el álbum en CD con sonido remasterizado en una cuidada réplica del vinilo original, y en 2009 Universal hizo lo propio.

Some Girls

9 de junio de 1978
Rolling Stone Records

Miss You / When the Whip Comes Down / Just My Imagination (Running Away with Me) / Some Girls / Lies / Far Away Eyes / Respectable / Before They Make Me Run / Beast of Burden / Shattered

En 1978 los Stones se encontraban en caída libre. Aunque la venta de discos no lo hubiera notado, su popularidad descendía en picado y su momento vital no era mucho mejor. Aerosmith y Kiss les ganaban terreno mientras que el punk del Reino Unido los hacía parecer reliquias del pasado; les habían arrebatado las portadas de las revistas y periódicos. Estaban atrapados creativamente, no habían logrado lanzar un éxito a la altura de *Exile on Main St.*, y Keith se enfrentaba a un juicio por posesión de heroína que podía mandarlo a la cárcel y acabar con el grupo. Como un yonqui necesitado de un buen chute, *Some Girls* fue esa inyección de energía que devolvió al grupo a la primera fila sin renunciar a su identidad: alcanzó el número 1 en EE. UU., el 2 en el Reino Unido, y devolvió a Keith la «s» final de su apellido.

Debido al mal momento por el que atravesaba Keith, Mick fue la fuerza motriz que tiró de *Some Girls*. Influenciado por el dance, la música disco, el punk e incluso los ritmos latinos, pero sobre todo por la ciudad de Nueva York junto a otras grandes urbes como Londres y París, se atribuyó buena parte de la composición de canciones del álbum. Además, había aprendido a tocar la guitarra durante los últimos años, lo que facilitó cortes como «Respectable» con tres líneas de guitarra sonando a la vez.

Some Girls fue el álbum con menos músicos de sesión desde *Beggars Banquet*, con Ian McLagan al piano, Sugar Blue a la armónica, Mel Collins al saxo en sustitución de Bobby Keys, y Simon Kirke a la percusión. Ian Stewart no participó, pues entendió que con Mick tocando la guitarra su papel era superfluo. También fue el primer álbum con Ronnie Wood como Stone, cuyo estilo encajó perfectamente con el de Keith y recuperó el sonido de guitarra *slide*.

Las sesiones del álbum arrancaron en octubre de 1977 y terminaron en marzo de 1978, deteniéndose sólo por Navidad y Año Nuevo. Gracias al nuevo acuerdo con EMI, el álbum se grabó en los estudios Pathé-Marconi de París, donde se registraron cincuenta canciones de las cuales muchas aparecerían en *Emotional Rescue* y *Tattoo You*. Chris Kimsey actuó de ingeniero de sonido, logrando un sonido más directo y agresivo para las guitarras.

Some Girls arranca con «Miss You», la canción estrella y primer sencillo, obra de Mick. Mel Collins interpretó el solo de saxofón y Sugar Blue se lució en la armónica, pero es sobre todo Mick quien brilla. Regresan al rock con «When the Whip Comes Down» y Bill Wyman con su línea de bajo sostiene «Just My Imagination», original de The Temptations con un larguísimo solo de guitarra de Keith al final. «Some Girls» fue un corte controvertido con Mick mofándose de sus obsesiones sexuales con todo tipo de mujeres de todo tipo de raza, clase social y etnia. La cara A se cierra con «Lies», la pieza más cercana a los Sex Pistols y a Sham '69 que hayan escrito jamás.

«Far Away Lies» insiste con su interpretación del country, «Respectable» con el estilo de Chuck Berry, y Keith se despide de las drogas en «Before They Make Me Run», para continuar diciendo adiós –o más bien suplicando– a Anita Pallenberg: le pide que no lo arrastre al fondo del pozo de la drogadicción en su zambullida sin oxígeno, en una de las baladas más memorables de los Stones, de nombre «Beast of

Burden». El álbum termina con «Shattered», otro clásico de los Stones con algunas inolvidables interpretaciones televisivas.

Some Girls se publicó con portada de Peter Corriston, que también diseñaría la de sus siguientes tres discos. Las ilustraciones eran obra de Hubert Kretzschmar en una portada que mostraba fotografías de mujeres reconocibles (Lucille Ball, Raquel Welch...) sobre un anuncio de pelucas baratas. Pero muchas de estas celebridades se reconocieron y forzaron al grupo a sustituirlas por sus propias fotografías. Mick pediría disculpas por esto personalmente a algunas de estas mujeres.

La revista *Rolling Stone* situó *Some Girls* en el número 269 de los 500 mejores álbumes de todos los tiempos, y cuando el disco se reeditó en 2011, se lanzó con una versión de lujo que incluía doce canciones adicionales grabadas mayormente durante las mismas sesiones en los estudios Pathé-Marconi de París. También se lanzó una edición superior que se acompañaba de un DVD, un libro de cien páginas, cinco postales, póster y un siete pulgadas de «Beast of Burden». Independientemente del resultado de esta súper edición en el mercado, *Some Girls* fue un álbum que en su momento salvó la carrera de los Rolling Stones.

Emotional Rescue

20 de junio de 1980
Rolling Stones Records

Dance (Pt. 1) / Summer Romance / Send It to Me / Let Me Go / Indian Girl / Where the Boys Go / Down in the Hole / Emotional Rescue / She's So Cold / All About You

Si *Some Girls* fue el álbum que rescató a los Stones, *Emotional Rescue* fue el que los devolvió al número 1 a ambos lados del Atlántico, algo que no sucedía desde 1973 con *Goat Heads Soup*. Y aunque la prensa lo recibió con los brazos abiertos, muchos lo valoraron como si los Stones estuvieran faltos de ideas, tratando de vivir al rebufo del éxito cosechado con *Some Girls* con más de lo mismo, pero nunca mejor. Sólo dos canciones se convertirían en clásicos («Emotional Rescue» y «She's So Cold»), pero el disco en su conjunto marcaría la evolución del grupo.

Emotional Rescue se grabó a lo largo de 1979 entre los estudios Compass Point en las Bahamas, Pathé-Marconi en París y The Hit Factory en Nueva York. Los habituales Ian Stewart, Nicky Hopkins, Bobby Keys y Sugar Blue formaron parte de unas sesiones en las que se grabó más canciones de las que forman el álbum, varias de las cuales encontrarían su lugar en el siguiente *Tattoo You* («Little T&A», «No Use in Crying», «Heaven», «Neighbours» y «Hang Fire»). Disco y punk, dos géneros punteros en la época, dejaron huella en el aura alrededor de un álbum que arranca con «Dance (Pt. 1)», un proyectil directo a los años ochenta.

«Summer Romance» suena a algunos himnos punk de finales de los setenta, entre «Hurry Up Harry» de Sham 69 y los Generation X de Billy Idol. Continúan probándose en el reggae con «Send It to Me», donde Charlie se muestra más cómodo mientras Ronnie le acompaña al bajo antes de pasarse al *steel guitar* en «Let Me Go», un certero country rock. «Indian Girl» fue recibida como una de las canciones más raras que han compuesto los Rolling Stones, a medio camino de revivir «Beast of Burden» con aires latinos. «Where the Boys Go» es otro ejercicio punk con Ian Stewart al piano y «Down in the Hole», un blues de Keith con Sugar Blue luciéndose a la armónica. El álbum termina con los hits «Emotional Rescue» y «She's So Cold», el primero con su mezcla de estilos oteando alrededor del falsete de Mick, y segundo con aires a Chuck Berry. Finalmente, «All About You» es otra canción a pecho descubierto de Keith, diciéndole adiós a Anita Pallenberg, de quien pese a todo sigue enamorado.

Peter Corriston repitió en el diseño de la portada, para el que contó con el fotógrafo Roy Adzak y su cámara de medición térmica en blanco y negro, la misma técnica que se empleó para el videoclip de «Emotional Rescue», aquí en color. Para parte de la crítica, los Stones habían tirado por la borda la oportunidad de ofrecer un digno sucesor a *Some Girls*. Y aunque *Emotional Rescue* tiene mucho relleno, ese relleno sigue estando por encima de la media de muchos otros. El álbum se reeditó en 1994 de la mano de Virgin, y en 2009 por Universal.

Tattoo You

24 de agosto de 1981
Rolling Stones Records

Start Me Up / Hang Fire / Slave / Little T&A / Black Limousine / Neighbours / Worried About You / Tops / Heaven / No Use in Crying / Waiting on a Friend

En 1981 los Stones querían salir de gira, pero necesitaban un álbum que la respaldara. Sin tiempo material para entrar en el estudio en un arduo proceso de composición en el que la relación entre Mick y Keith seguía siendo tortuosa, apareció la figura de Chris Kimsey para decirles que había estado buceando entre los descartes y el material inacabado de los últimos cinco discos, y que había reunido material bueno, muy bueno, suficiente para justificar un nuevo lanzamiento. Pero muchas de estas canciones estaban inacabadas, sin letras ni melodía vocal en las que Mick tuvo que ponerse a trabajar. *Tattoo You* fue el resultado, un álbum que estuvo nueve semanas en el número 1 de EE. UU.

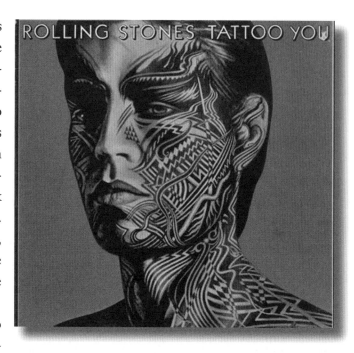

El álbum se lanzó dividido en dos caras claramente diferenciadas, donde la primera aglutina los temas más rápidos y rockeros, y la segunda se centra en las baladas. «Tops» y «Waiting on a Friend» son los cortes más antiguos, fechados del periodo con Mick Taylor entre 1972 y 1973. Taylor no fue acreditado como guitarrista de estas canciones, pero la banda tuvo que pagarle *royalties* después de que los denunciara. Nicky Hopkins, Ian Stewart y Bill Preston aparecen a las teclas en varias canciones y Pete Townshend, el guitarrista de los Who, añade coros en «Slave».

Pero la canción más conocida es «Start Me Up», la responsable de abrir el disco con energía renovada después de haber sido grabada como un tema rock, el único conservado de veinte tomas encorsetadas en la música reggae, todas ellas en una sola noche de 1978. Su título original era «Never Stop» y no había logrado entrar en la selección de *Some Girls*. «Worried About You» acredita a Wayne Perkins a la guitarra, del periodo *Black and Blue*, pero algunos de los mejores momentos vienen precedidos por el saxofonista Sonny Rollins, en sustitución de Bobby Keys.

Michael Lindsay-Hogg hizo cinco videoclips en apoyo al álbum, entre los que destacaron «Neighbours», única canción nueva del disco cuyo vídeo sirvió de homenaje a *La ventana indiscreta* de Hitchcock. Fue censurado en algunas cadenas de televisión por la crudeza de las actividades de algunos de los vecinos, mientras que el vídeo de «Waiting on a Friend» contaba con la participación de Peter Tosh sentado en la escalera del edificio aparecido en la portada de *Physical Graffiti* de Led Zeppelin. Para la portada se contó con Peter Corriston, que trabajó con una ilustración de Christian Piper; les valió un premio Grammy en 1982.

La crítica se reenamoró de los Rolling Stones con *Tattoo You* en lo que quedaría como su último gran disco, definido como un episodio de juventud redescubierta: era visto como un álbum que superaba con creces algunos de sus últimos trabajos, pese a tratarse de una colección de descartes. La revista *Rolling Stone* lo situó en el número 213 de los 500 mejores álbumes de todos los tiempos.

Undercover

7 de noviembre de 1983
Rolling Stones Records

Undercover of the Night / She Was Hot / Tie You Up (The Pain of Love) / Wanna Hold You / Feel On Baby / Too Much Blood / Pretty Beat Up / Too Tough / All the Way Down / It Must Be Hell

Los Rolling Stones empezaron a trabajar en *Undercover* en noviembre de 1982 en los estudios Pathé-Marconi de París, con Chris Kimsey acomodado en la butaca de la mesa de sonido junto a los Glimmer Twins. No debió de ser fácil, con Mick y Keith en fase de divorcio, más preocupados por iniciar sus carreras en solitario que por hacer crecer a los Stones. Mick quería probar con estilos diferentes a los tratados hasta ahora mientras que Keith, más sereno que en los últimos quince años, quería centrarse en el rock y el blues de siempre. Este estado de ánimo afectó al disco, que se convirtió en una rara mezcla de estilos entre hard rock, pop, new wave, reggae y soul, además de contener algunas de las letras más salvajes, violentas, sexuales y provocativas de Mick.

El primer álbum con composiciones nuevas de los Stones en la década de los ochenta arrancaba con «Undercover of the Night», una canción de Mick en la que Keith poco más tuvo que hacer que tocar la guitarra. Es una de las pocas canciones en las que los Stones exploran ideas políticas, inspirada en la novela *Ciudades de la noche roja* de William S. Burroughs. El disco continúa con «She Was Hot», una canción dentro del familiar territorio de las aventuras sexuales de Mick, con Chuck Leavell y Stu al piano, además del lucido solo de guitarra de Ronnie. «Tie You Up» suena a *Exile*, «I Wanna Hold You» a clásico rock de Keith, y «Feel On Baby» puede ser uno de sus peores temas reggae con Sly Dunbar a la batería.

Inspirada en el crimen real de un estudiante japonés de la Sorbona, la histórica universidad de París, que asesinó a su pareja para comérsela, «Too Much Blood» se mantiene en la línea de obras gore como *La matanza de Texas* con solo de saxofón de David Sanborn. Le sigue «Pretty Beat Up», un tema original de Ronnie retitulado por Mick, que originalmente se llamaba «Dog Shit». Mick y Keith se mostraron recelosos de incluirla en el álbum, pero al final aceptaron compartir a tres bandas la autoría. El disco cierra con la arrepentida «Too Tough», «All the Way Down», y la de afinación abierta en sol, «It Must Be Hell», con clásico sonido Stone y Ronnie tocando al *slide*.

Undercover fue la primera aparición de Chuck Leavell en un álbum de los Stones y el último disco con la participación de Ian Stewart antes de su defunción. Su sonido ecléctico muestra cómo Mick andaba siempre con los ojos abiertos y la antena puesta en qué se cocía, qué escuchaban los jóvenes, para después estudiar cómo podían aplicarlo los Stones. Es un disco de debate entre su sonido clásico y su sonido moderno, como también debatió la crítica a la hora de valorarlo como un débil ejercicio Stone. Además, algunos colectivos feministas se les tiraron encima, pues partiendo de una portada obra de Peter Corriston con ilustración y fotografía de Hubert Kretzschmar, en que una chica desnuda tenía sus partes cubiertas con pegatinas reales, hasta el contenido explícitamente sexual de las letras, *Undercover* es considerado uno de los álbumes más agresivos y provocadores de los Stones. En la era de la MTV, había que conseguir que no dejaran de hablar de ellos.

Dirty Work

24 de marzo de 1986
Rolling Stones Records

One Hit (To the Body) / Fight / Harlem Shuffle / Hold Back / Too Rude / Winning Ugly / Back to Zero / Dirty Work / Had It with You / Sleep Tonight / Key to the Highway – Piano Instrumental

De lleno en la Tercera Guerra Mundial, Mick y Keith apenas se dirigían la palabra, por lo que no es raro pensar que el título de «trabajo sucio» viniera dado porque necesitaron muchas terceras personas para sacar adelante el álbum. Steve Lillywhite ejerció de productor –y mediador– junto a los Glimmer Twins en un disco que prácticamente escribió Keith, puesto que Mick se dedicó a grabar sus voces al margen del resto del grupo. Los Stones pasaban por uno de los peores momentos de su historia, con la reciente pérdida de Ian Stewart, Charlie Watts secretamente adicto al alcohol y a la heroína –en realidad, para la grabación del álbum tuvieron que contar con Steve Jordan, Anton Fig y el propio Ronnie Wood a la batería– y Ronnie haciendo malabares entre Mick y Keith. Pese a todo, el álbum fue uno de los discos más vendidos en el año de su lanzamiento, y hubiera funcionado todavía mejor si Mick no se hubiera negado a salir de gira.

La primera «One Hit (to the Body)» suena a total declaración de intenciones como retrato de la tensión en el ambiente, o las ganas de golpearse entre uno y otro. Jimmy Page ejerció de invitado de lujo con dos solos de guitarra antes de levantarse el ánimo con el sencillo del álbum, «Harlem Shuffle», original de 1963 compuesta por Bob Relf y Ernest Nelson para la que contaron con Bobby Womack. Ivan Neville puso el bajo funk en «Hold Back», pero una de las mejores del disco quizá sea «Too Rude», cantada por Keith y Ronnie junto al artista reggae Jimmy Cliff. Mick respondía refugiándose en las voces femeninas de Janice Pendarvis y Dollette MacDonald en «Winning Ugly», otra canción sobre trapos sucios. Chuck Leavell aportó «Back to Zero», destino a donde parecía que se dirigían los Stones, y en «Dirty Work» Mick canta que empieza a odiar a Keith. El álbum termina con «Sleep Tonight», donde Keith advierte a Mick sobre su pérdida de dignidad con Tom Waits en los coros. Y sólo después, treinta segundos instrumentales con Ian Stewart interpretando un fragmento de «Key to the Highway», de Big Bill Broonzy.

La crítica fue dura con los Stones, o sincera. Se habló sobre la tensión masticable, sobre la portada horrible, y sobre la sensación de que Mick estaba reservando sus mejores canciones para su recién estrenada carrera en solitario. Se les criticó que sonaban cansados, se les dijo que estaban viejos, y ni siquiera hubo condescendencia por la bonita dedicatoria final a Ian Stewart escrita en la carpeta del álbum: «Gracias Stu, por 25 años de boogie-woogie». Sin embargo, un disco flojo de los Stones es mejor que un disco bueno de muchos. Y todavía no habían dicho la última palabra.

Steel Wheels

29 de agosto de 1989
Rolling Stones Records

Sad Sad Sad / Mixed Emotions / Terrifying / Hold On to Your Hat / Hearts for Sale / Blinded by Love / Rock and a Hard Place / Can't Be Seen / Almost Hear You Sigh / Continental Drift / Break the Spell / Slipping Away

Después de tres años de ausencias discográficas que podrían haberse convertido en un tiempo infinito, los Stones cambiaron sus neumáticos pinchados por unas relucientes ruedas de acero, dispuestos a construir puentes entre sus diferencias. Mick y Keith se reconciliaron, sanearon su amistad, y se pusieron manos a la obra para sacar adelante cincuenta canciones. Junto a Chris Kimsey, los Glimmer Twins y el resto del grupo trabajaron entre marzo y junio de 1989 en Air Studios, en Londres, para mantener con vida su gran obra. *Steel Wheels* no sería su mejor disco, pero en absoluto el peor, y aunque la crítica reaccionó escéptica –calificándolo de un álbum sin alma– supuso el regreso de los Stones. También sería el último trabajo de estudio de Bill Wyman.

Steel Wheels arrancaba con «Sad Sad Sad», un despliegue de rock que describía el estado de ánimo por el ambiente previo al trabajo. «Mixed Emotions» fue el primer sencillo que calificaba de emociones enfrentadas las sensaciones al volver al trabajo. Mick continuaba con sus obsesiones sexuales y extraños deseos en «Terrifying» y el punk hacía acto de presencia en la terrible «Hold on to Your Hat». «Blinded by Love» era otro ensayo country, como «Rock and a Hard Place» un fallido retrato político sobre el muro de Berlín. Keith lidera a los Stones en «Can't Be Seen» y «Continental Drift» es el último resquicio de Brian Jones con el viaje del grupo a Tánger para grabar a los músicos de Jajouka. «Break the Spell» se acerca al final con Ronnie al dobro y Mick recitando, jugando a ser Leonard Cohen o un sobreactuado Tom Waits. Keith cierra con la notable «Slipping Away».

Si no tuviéramos en cuenta el contexto alrededor del grupo en el momento en que sacaron este álbum, *Steel Wheels* podría ser pasado de largo en un repaso discográfico de los Stones, sin que los cortes más inspirados le salven el pescuezo. Y, sin embargo, si no deja de ser uno de los discos favoritos de Keith, es por lo que supuso, sintiéndolo como el álbum que marcó el momento de regresar para el grupo. *Steel Wheels* alcanzó el número 1 en EE. UU. y el número 2 en el Reino Unido.

Voodoo Lounge

11 de julio de 1994
Virgin Records

Love Is Strong / You Got Me Rocking / Sparks Will Fly / The Worst / New Faces / Moon Is Up / Out of Tears / I Go Wild / Brand New Car / Sweethearts Together / Suck on the Jugular / Blinded By Rainbows / Baby Break It Down / Thru and Thru / Mean Disposition

Es curioso que, tras haber resucitado al muerto, los Rolling Stones dejaran pasar cinco años hasta su siguiente álbum de estudio. Pero nuevos ejercicios en solitario, el adiós de Bill Wyman, y la llegada de Darryl Jones –no como miembro formal de la banda– requirieron del paso del tiempo. Lo grabaron entre 1993 y 1994, en los estudios Windmill Lane de Dublín y A&M en Los Ángeles con Don Was, experto productor de ganadores de premios Grammy que haría un buen trabajo, pues *Voodoo Lounge* se llevó el Grammy al mejor álbum de rock.

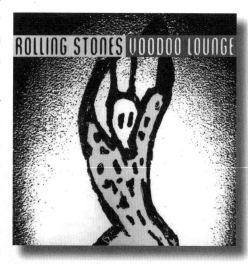

«Love Is Strong» fue el primer sencillo, y aunque dentro del álbum es uno de los mejores cortes con una gran armónica de blues de Mick, de forma individual funcionó horriblemente mal. «You Got Me Rocking» muestra la solidez de Darryl Jones y no deja dudas al acierto en su elección, mientras que «Sparks Will Fly» es un lujurioso himno de Mick. A la vieja usanza, *Voodoo Lounge* continúa con «The Worst», un corte de Keith con Ronnie a la guitarra *steel* y el violinista irlandés Frankie Galvin. «New Faces», «Moon Is Up» y «Out of Tears» son baladas de Mick que como casi todas suenan insinceras, pero ganan y dejan huella con la escucha. «I Go Wild» es un cántico sin ningún tipo de sentido y «Sweethearts Together» tienes aires latinos alrededor de una amorosa canción grabado con Mick y Keith frente a frente en el local de estudio al son del acordeón del artista mexicano Flaco Jiménez.

Darryl Jones se luce de nuevo junto al funky riff de «Suck on the Jugular» y «Thru and Thru» suena fresca, sincera y entregada con la voz de Keith, todo lo contrario a una canción de Mick. Además, esta canción sonó en la serie televisiva de la HBO, *The Sopranos*. «Main Disposition» era el tema adicional sólo disponible en el CD, una especie de rockabilly «stoniano», como para hacerles un hueco a Sus Satánicas Majestades en la banda sonora de una película de Tarantino.

Aunque *Voodoo Lounge* llegó a número 1 en el Reino Unido y a número 2 en EE. UU., Mick no quedó contento con el resultado. Afirmó que salvaba tres o cuatro baladas, pero que Don Was les censuró muchas de sus ideas más transgresoras, con ritmos africanos y basadas en el groove. Más tarde, Don respondió que él no era anti-groove, sino sólo anti-groove sin sustancia, y que, si por encima del groove no había nada interesante, no podía tener cabida en el álbum. De esta forma, optó por recuperar el sonido clásico de los Stones, arraigado al blues, R&B y country, pero con la técnica del momento. Parte de la crítica lo avaló, diciendo que *Voodoo* recordaba los puntos fuertes de los Stones y los ponía al día. Y aunque no tiene grandes clásicos dentro de la historia del grupo, es un álbum lleno de canciones *high-class*.

Bridges to Babylon
29 de septiembre de 1997
Virgin Records

Flip the Switch / Anybody Seen My Baby? / Low Down / Already Over Me / Gunface / You Don't Have to Mean It / Out of Control / Saint of Me / Mighty as Well Get Juiced / Always Suffering / Too Tight / Thief in the Night / How Can I Stop

Después de *Voodoo Lounge*, Keith dijo que le gustaba trabajar con Don Was, pues era un gran músico, igual que Jimmy Miller. Pero Mick tenía otros planes para *Bridges*: contar con distintos productores, uno para cada canción, todos grandes productores de éxitos de los noventa. Finalmente, Don permaneció dentro de la ecuación y se las procuró para que Mick y Keith coincidieran poco en las sesiones de grabación. Aun así, los Stones contaron con un elenco de colaboradores para *Bridges to Babylon* que actualizaron el sonido del grupo, además de oscurecerlo hasta convertirlo en el punto medio entre una colección de canciones radiofónicas pop y un álbum de rock de los Stones. Si *Voodoo Lounge* afirmaba que los Stones podían envejecer bien, con *Bridges to Babylon* confirmaron lo dicho con un aura de modernidad.

Mick y Keith empezaron a componer en verano de 1996 para grabar demos en Nueva York y Londres antes de continuar componiendo en Barbados en enero de 1997. En marzo se reunieron en los estudios Ocean Way de Los Ángeles para concentrarse hasta haber terminado el álbum en julio, en lo que resultaría uno de los periodos más concentrados de la última época. Los Dust Brothers, Danny Saber, o Jim Keltner pasaron por allí para producir, mezclar, y tocar la batería con Charlie,

entre tantos otros, resultando en un álbum en que, si bien nada es brillante, tampoco es malo. Y tiene «You Don't Have to Mean It», la mejor canción reggae de Keith.

Bridges to Babylon arranca con «Flip the Switch», la canción más rápida que los Stones han grabado jamás. Le sigue la pretenciosa pero efectiva «Anybody Seen My Baby?», con crédito cubierto para K. D. Lang. «Low Down» de Keith, «Already over Me» y «Gunface» suenan a rabiosa actualidad, como si no se tratara de un grupo con más de treinta años a sus espaldas. «Out of Control» es uno de los puntos álgidos del álbum, un descenso a la perversión, obsesión y desarraigo emocional de Mick con un brillante directo en la gira que siguió al álbum. «Might As Well Get Juiced» flirtea con el techno funk, «Always Suffering» es el habitual tema country y «Too Tight» la canción rock en afinación abierta en sol. Keith se queda el final del álbum para él con «Thief in the Night» con fondo soul y «How Could I Stop» a su estilo intimista.

En los días de *Bridges* el grupo estaba decidido a hacer perdurar la empresa hasta el fin de sus días, pero la relación entre sus miembros –al menos entre Mick y Keith– ya había alcanzado un punto de no retorno. El mismo Charlie abandonó de inmediato las sesiones de grabación en cuanto hubo terminado su parte para no aguantar la tensión, y el álbum se repartió prácticamente a tres terceras partes iguales, reservando una para cada uno de los Glimmer Twins y la restante para el conjunto. Stefan Sagmeister se encargó del diseño con el león de Babilonia para un álbum que se comparó con un hipotético *Exile on Main St.* a las puertas del siglo XXI.

A Bigger Bang

5 de septiembre de 2005
Virgin Records

Rough Justice / Let Me Down Slow / It Won't Take Long / Rain Fall Down / Streets of Love / Back of My Hand / She Saw Me Coming / Biggest Mistake / This Place Is Empty / Oh No, Not You Again / Dangerous Beauty / Laugh, I Nearly Died / Sweet Neo Con / Look What the Cat Dragged In / Driving Too Fast / Infamy

Los Rolling Stones entraron en el nuevo milenio con el que para muchos críticos es su mejor disco desde *Some Girls*. A diferencia de en sus dos ejercicios anteriores, en *A Bigger Bang* los Stones suenan relajados, a ellos mismos –sin tratar de serlo– y lo hacen dejando de lado la sobreproducción de *Bridges*, basándose en el sonido de grupos de éxito de su mismo tiempo como los White Stripes o los Black Keys. Después de haber demostrado en las últimas giras que el grupo pasaba por un buen momento sobre el escenario, enseñaron al mundo que también sabían hacerlo en el estudio con un sonido rudo y directo.

En esta ocasión, Mick y Keith trabajaron desde cero, codo con codo, en lugar de juntarse cada uno con sus ideas por separado. El resultado fue un álbum de rock y blues que Mick se ocupó de comparar casi a diario con *Exile on Main St.* durante las entrevistas de promoción. Don Was repetía en la producción junto a los Glimmer Twins, y el sencillo con «Streets of Love» y «Rough Justice» hacía prometer lo mejor después de ocho años sin nuevo material de estudio. Ambos cortes se convirtieron en fijos en la inminente gira de apoyo al álbum.

«She Saw Me Coming», «Look What the Cat Dragged» o la genial «Oh No, Not You Again» son canciones de rock en las que los Stones suenan como en algunos de sus mejores momentos, mientras que «Back of My Hand» es puro blues. Se abren a la música pop y al disco groove con «Let Me Down Slow» y «Rain Fall Downs», y por su parte, Keith añade otra gran balada con el nombre de «This Place Is Empty». Cohesionado, fuerte y muy emocionante, *A Bigger Bang* es un buen resumen de algunos de sus picos de creatividad sin salirse de los cánones clásicos del género, para sonar mejor como banda de lo que lo han hecho en muchos años. Haciendo lo mismo que cuarenta años atrás, la revista *Rolling Stone* seleccionó *A Bigger Bang* como el segundo mejor disco del año de su lanzamiento, justo después de *Late Registration* del rapero Kanye West.

Blue & Lonesome
2 de diciembre de 2016
Polydor Records

> *Just Your Fool / Commit a Crime / Blue and Lonesome / All of Your Love / I Gotta Go / Everybody Knows About My Good Thing / Ride 'Em on Down / Hate to See You Go / Hoo Doo Blues / Little Rain / Just Like I Treat You / I Can't Quit You Baby*

«No han grabado un disco así de bueno en décadas» es la conclusión a la que llegan las reseñas de Blue & Lonesome con sorprendente unanimidad, un álbum de versiones de clásicos del blues y R&B, tal y como lo fue England's Newest Hitmakers. Sin entrar en si eso significa un cierre de círculo o no, su primer disco de estudio después de más de once años de silencio es un maravilloso ejercicio de blues que derrocha autenticidad por cada uno de sus surcos.

Blue & Lonesome se grabó en tres días de diciembre de 2015 en los British Grove Studios de Londres, propiedad de Mark Knopfler, con Don Was en la producción. Los cuatro Stones con Darryl Jones, Chuck Leavell y Matt Clifford se concentraron, y con el fin de probar el estudio, se lanzaron a versionar la original de Little Walter, «Blue and Lonesome». Sonó tan bien, que se aventuraron a hacer unas cuantas versiones más de algunos de sus Chicago blues preferidos. Antes de contar tres –tres días, en este caso– se encontraron con un puñado de buenas canciones. Eric Clapton, presente en los estudios trabajando en su siguiente disco, se animó a participar en la fiesta en un par de cortes.

Jimmy Reed, Willie Dixon, Eddie Taylor, Little Walter, Howlin' Wolf... todos tuvieron cabida en una farra donde estar vivo era lo de menos para estar presente. Arrancando con «Just Your Fool» y «Commit a Crime», hasta «Hoodoo Blues» o «I Can't Quit You Baby», los Stones prueban que llevaban años deseando un disco de blues. Keith no canta por primera vez desde *It's Only Rock'n Roll*, pero se recrea en el groove con su guitarra en su sueño húmedo particular que era devolver a los Stones al blues y R&B. Charlie y Ronnie están brillantes, pero es Mick quien domina la escena en su triunfo personal, como si hubiera terminado de pretender llevar a los Rolling Stones por todos los recónditos rincones de la música antes de volver a casa. Se sale con la armónica y canta con sentimiento, como hacía tiempo que no lo hacía. Después de todo, fue Mick quien dijo años atrás que Keith podía tocar como un negro, pero que sólo él podía sentir el blues como ellos.

Don Was dijo del álbum que era un manifiesto de amor por la música blues, la madre de todas las músicas que han hecho los Stones. Pues se nota su goce y disfrute en un disco que fue seleccionado entre los mejores lanzamientos del año por todos los medios especializados, y que ganó el Premio Grammy al mejor álbum de blues tradicional al año siguiente. En apenas dos meses había vendido dos millones de unidades alrededor del planeta, alentados o no por la posibilidad de que este fuera el último de una carrera discográfica que arrancó en 1964.

En el número 344 de la revista *Ruta 66*, Alfred Crespo escribe: «[...] hay quien cree que ahora sí, que con un cierre tan apropiado sería un error no bajar la persiana. Hay quien discrepa directamente y apunta que los Stones siempre han sido una banda de blues. Mutante, pero de blues. Y, si bien es cierto que el género siempre ha estado presente en la base de muchas de sus canciones y que han diseminado piezas con aroma clásico por su extensa discografía, *Blue & Lonesome* huele a todo menos a oportunismo. El reconocimiento a sus mayores destila sinceridad y talento». ¿Mi apuesta personal? Yo creo que no será el último disco de los Stones. Porque los Stones nunca se irán. Pero, por si las moscas... *Blue & Lonesome* sería un gran broche final.

Discos en directo

Got Live If You Want It!

10 de diciembre de 1966
London Records

Under My Thumb / Get Off of My Cloud / Lady Jane / Not Fade Away / I've Been Loving You Too Long / Fortune Teller / The Last Time / 19th Nervous Breakdown / Time Is on My Side / I'm Alright / Have You Seen Your Mother, Baby, Standing In the Shadows? / (I Can't Get No) Satisfaction

Frustrados por no capturar en estudio el mismo sonido de sus directos, y bajo la obligación contractual con London Records, los Stones –o Andrew Oldham, más bien– lanzaron un EP en vivo que se transformó en LP para su edición estadounidense.

Supuestamente se trataba de una actuación en el Royal Albert Hall de Londres, pero la grabación pertenece en realidad a las actuaciones en Newcastle del 1 y 7 de octubre de 1966. El título se tomó prestado de un álbum de Slim Harpo, *I've Got Love If You Want It* de 1957, y «I've Been Loving You Too Long» y «Fortune Teller» son versiones de estudio a las que se añadió ruido de fondo para simular el directo.

Los Rolling Stones no quedaron satisfechos de un álbum al que se le acentuó el griterío para dejar constancia de que no ofrecían conciertos, sino revoluciones en directo. En aquella época un concierto de los Stones podía durar entre cinco minutos y media hora, antes de que se abordara el escenario y se suspendiera el resto del recital. El ambiente era salvaje y la técnica precoz, por lo que este documento en vivo de la era con Brian Jones tiene más valor como archivo histórico que como un disfrutable álbum en directo.

Get Yer Ya-Ya's Out! The Rolling Stones in Concert

4 de septiembre de 1970

Decca Records (Reino Unido)
London Records (EE. UU.)

Jumpin' Jack Flash / Carol / Stray Cat Blues / Love in Vain / Midnight Rambler / Sympathy for the Devil / Live with Me / Little Queenie / Honky Tonk Women / Street Fighting Man

Para la prensa especializada, *Get Yer Ya-Ya's Out! The Rolling Stones in Concert* está entre los cinco mejores discos en directo de la historia del rock. Grabado el 27 y 28 de noviembre de 1969 en el Madison Square Garden de Nueva York –a excepción de la original de Robert Johnson, «Love in Vain», del 26 de noviembre en Baltimore– durante el American Tour, refleja una de las mejores giras de los Stones, la primera con Mick Taylor a la guitarra. Las versiones registradas en vivo son ligeramente diferentes a las de estudio, pero no mejores, salvo «Midnight Rambler» con un espectacular solo de armónica. El sonido del álbum tampoco ha envejecido muy bien, y sin embargo fue el primer álbum en directo en alcanzar el número 1 en el Reino Unido.

Con título prestado de la canción «Get Your Yas Yas Out» –sustituyendo la palabra inglesa *ass* por *yas*– de Blind Boy Fuller y fotografía de David Bailey con Charlie Watts y un burro en la portada, éste sería un ejem-

plo del último tour de los Stones sobre un escenario como quinteto, además de Ian
Stewart al piano. En 2009 se editó una versión 40 aniversario que incluía actuaciones
completas de los teloneros B. B. King y Ike & Tina Turner, además de temas adicionales de los Stones, un DVD y un libreto de 56 páginas.

Love You Live

23 de septiembre de 1977
Rolling Stones Records

*Intro / Honky Tonk Women / If You Can't Rock Me / Get Off of My Clound / Happy
/ Hot Stuff / Star Star / Tumbling Dice / Fingerprint File / You Gotta Move / You
Can't Always Get What You Want / Mannish Boy / Crackin' Up / Little Red Rooster
/ Around and Around / It's Only Rock'n Roll / Brown Sugar / Jumpin' Jack Flash /
Sympathy for the Devil*

Love You Live es un doble álbum en directo
de la era *Black and Blue* que recoge actuaciones en Norteamérica de 1975, en Europa de
1976, y cuatro cortes de los *shows* en El Mocambo de Toronto en 1977. En un periodo
en el que Mick y Keith estaban enfrentados
también en la selección de canciones, Keith
cuenta en *Vida* que el doble álbum terminó
siendo un disco obra de Mick y otro, obra
suya. Sin ser un álbum en directo imprescindible, sí muestra cómo los Stones pasaron de
ser una arrolladora máquina de rock a reyes
del espectáculo. La portada es obra de Andy
Warhol, que se enojó al ver los trazados a lápiz que añadió Mick. El álbum se dedicó
a la memoria de Keith Harwood, ingeniero de sonido que murió en un accidente de
coche antes del lanzamiento del disco.

Still Life

1 de junio de 1982
Rolling Stones Records

Intro / Under My Thumb / Let's Spend the Night Together / Shattered / Twenty Flight Rock / Going To A Go-Go / Let Me Go / Time Is On My Side / Just My Imagination (Running Away With Me) / Start Me Up / (I Can't Get No) Satisfaction / Outro

Still Life es una instantánea de la gira norteamericana de los Stones de 1981, con cincuenta conciertos ante más de dos millones de fans. El álbum en directo se lanzó a tiempo para su inminente gira europea de 1982. Pese a ser comercialmente rentable, el disco está lejos de ser memorable, de nuevo haciendo más hincapié en el espectáculo que en la música.

Flashpoint

2 de abril de 1991
Rolling Stones Records

Intro / Start Me Up / Sad Sad Sad / Miss You / Rock and a Hard Place / Ruby Tuesday / You Can't Always Get What You Want / Factory Girl / Can't Be Seen / Little Red Rooster / Paint It Black / Sympathy for the Devil / Brown Sugar / Jumpin' Jack Flash / (I Can't Get No) Satisfaction / Highwire / Sex Drive

Flashpoint es el álbum que captura a los Stones en su gira norteamericana por *Steel Wheels* y la siguiente *Urban Jungle* europea, así como sus conciertos en Tokio en los años 1989 y 1990. En absoluto un mal disco, aunque parte de la crítica lo recibió con dureza, mostrándole el mismo trato que a las anteriores entregas en directo, *Still Life* y *Love You Live*, ambas claramente inferiores. Además, *Flashpoint* cuenta con la participación de Eric Clapton en la original de Willie Dixon, «Little Red Rooster», grabada en Atlantic City, New Jersey. También incluye «Highwire» y «Sex Drive», dos nuevas y correctas canciones de estudio, últimas grabaciones con Bill Wyman formando parte de los Stones.

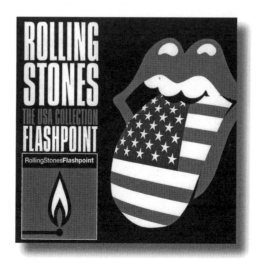

Stripped

13 de noviembre de 1995
Virgin Records

Street Fighting Man / Like a Rolling Stone / Not Fade Away / Shine a Light / The Spider and the Fly / I'm Free / Wild Horses / Let It Bleed / Dead Flowers / Slipping Away / Angie / Love in Vain / Sweet Virginia / Little Baby

En un periodo en que los Unplugged de MTV estaban de moda, los Stones hicieron su propia interpretación del formato con un falso acústico lanzado al mercado después de *Voodoo Lounge Tour*. Con cortes grabados en estudio en Tokio y Lisboa, y extractos de conciertos en pequeñas salas –formato que habían abandonado y que volvía a sentarles de maravilla– en Londres, Ámsterdam y París, *Stripped* puede ser el mejor directo de la segunda mitad en la carrera de los Stones. La original de Bob

Dylan, «Like a Rolling Stone» fue el sencillo escogido con un gran solo de armónica de Mick y las voces corales de Bernard Fowler y Lisa Fischer, además de contar con Bobby Keys al saxo y Chuck Leavell en el piano. También se incluía una versión de Willie Dixon, «Little Baby», en este regreso a forma propulsado después del acertado *Voodoo Lounge*.

Algunas versiones editadas en CD incluían contenido multimedia para ser visto en un ordenador, que consistía de vídeos de ensayos de «Tumbling Dice» y «Shattered», como otra versión en directo de «Like a Rolling Stone» además de entrevistas a los Stones.

En 2016 se reeditó en formato de lujo bajo el nombre *Totally Stripped*, incluyendo el documental en DVD o Blu-ray, además de una selección de cortes distinta de conciertos de la misma época en CD o LP.

The Rolling Stones Rock and Roll Circus

14 de octubre de 1996
Decca Records

> *Song for Jeffrey / A Quick One, While He's Away / Ain't That a Lot of Love / So-
> mething Better / Yer Blues / Whole Lotta Yoko / Jumpin' Jack Flash / Parachute
> Woman / No Expectations / You Can't Always Get What You Want / Sympathy for
> the Devil / Salt of the Earth*

Después de que los Stones rompieran con Allen Klein, el material grabado de su *Rock and Roll Circus* permaneció olvidado –y desechado– desde 1968 hasta su lanzamiento casi treinta años después a cargo de ABKCO Records. Esta compilación de cancio- nes en CD de Jethro Tull, los Who, Taj Mahal, Marianne Faithfull, Dirty Mac y los propios Stones, no tiene el interés de su pareja visual, pero es una interesante adición al catálogo del coleccionista.

No Security
2 de noviembre de 1998
Virgin Records

Intro / You Got Me Rocking / Gimme Shelter / Flip the Switch / Memory Motel / Corrina / Saint of Me / Waiting on a Friend / Sister Morphine / Live with Me / Respectable / Thief in the Night / The Last Time / Out of Control

No Security fue el nombre de la gira de 1999 tras el lanzamiento de *Bridges to Babylon*. Respetando la dinámica empresarial en la que se encontraba el grupo –consistente en álbum de estudio, gira y álbum en directo de la gira–, en esta ocasión seleccionaron canciones que no habían aparecido en sus últimos trabajos en directo, así como canciones extraídas de actuaciones en ciudades que podrían calificarse de rareza para los Stones. Ámsterdam, Buenos Aires, Núremberg, San Luis y un directo de la MTV fueron las localizaciones escogidas, y Taj Mahal con su canción original «Corrina» y Dave Matthews en «Memory Motel», los artistas invitados. Pese a que la crítica fue dura y el álbum no cosechó buenas reseñas, la estrategia de lanzar *Flashpoint* como regreso a mejores tiempos, *Stripped* como acústico y *No Security* con una selección de temas inéditos en vivo, resultó en un interesante lanzamiento a la espera de ser reeditado próximamente.

Live Licks

1 de noviembre de 2004
Virgin Records

Brown Sugar / Street Fighting Man / Paint It, Black / You Can't Always Get What You Want / Start Me Up / It's Only Rock'n Roll / Angie / Honky Tonk Women / Happy / Gimme Shelter / (I Can't Get No) Satisfaction / Neighbours / Monkey Man / Rocks Off / Can't You Hear Me Knocking? / That's How Strong My Love Is / The Nearness of You / Beast of Burden / When the Whip Comes Down / Rock Me Baby / You Don't Have to Mean It / Worried About You / Everybody Needs Somebody to Love

Los Stones celebraron su 40 aniversario con el lanzamiento del recopilatorio *Forty Licks* y una gira mundial en 2002 y 2003 que quedó documentada en el box-set *Four Flicks*. *Live Licks* ocupa el espacio restante como un doble álbum en CD que recorre en retrospectiva la carrera de los Stones. El álbum cuenta con la participación de Sheryl Crow en «Honky Tonk Women» y de Solomon Burke en su canción original, «Everybody Needs Somebody to Love». Curiosamente, en este doble directo los Stones están más en forma que en anteriores ejercicios en los que eran considerablemente más jóvenes.

Charlie Watts bromeaba con que había renunciado a seguir con los Stones después de cada gira desde 1969, y creía que la de *Licks* sería la última, al menos en tamaño e infraestructura. Sin embargo, se equivocaría, además de añadir que Keith nunca dejará de tocar la guitarra en alguna parte. El álbum contó con distintas portadas para la edición del Reino Unido y la de EE. UU., donde se añadió a la mujer digital un top que cubriera sus senos.

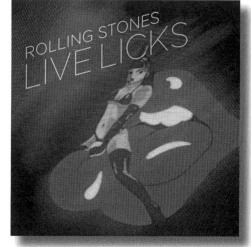

Shine a Light

1 de abril de 2008
Polydor Records

Jumpin' Jack Flash / Shattered / She Was Hot / All Down the Line / Loving Cup / As Tears Go By / Some Girls / Just My Imagination / Far Away Eyes / Champagne & Reefer / Tumbling Dice / You Got the Silver / Connection / Sympathy for the Devil / Live With Me / Start Me Up / Brown Sugar / (I Can't Get No) Satisfaction / Paint It Black / Little T&A / I'm Free / Shine a Light

Concebido más como la banda sonora original del film dirigido por Martin Scorsese, *Shine a Light* es un álbum doble que recoge lo mejor de las actuaciones del 29 de octubre y 1 de noviembre de 2006, en el Beacon Theater de Nueva York. Cuenta con la participación de la artista pop Christina Aguilera en «Live With Me», la del genial guitarrista blues y marca de la casa Chess Records, Buddy Guy, en la canción original de Muddy Waters, «Champagne & Reefer», y del transgresor Jack White en «Loving Cup». Posteriormente se lanzó una versión reducida con un solo disco.

Brussels Affair (Live 1973)

18 de octubre de 2011
Promotone BV

> *Brown Sugar / Gimme Shelter / Happy / Tumbling Dice / Starfucker / Dancing with Mr. D / Doo Doo Doo Doo Doo (Heartbreaker) / Angie / You Can't Always Get What You Want / Midnight Rambler / Honky Tonk Women / All Down the Line / Rip This Joint / Jumpin' Jack Flash / Street Fighting Man*

Los Rolling Stones estrenaron su colección *From the Vault* a base de grabaciones en directo recuperadas y remasterizadas por Bob Clearmountain con *Brussels Affair*. En 1973 el grupo no pudo entrar en Francia a causa de los casos pendientes por posesión de drogas de Keith, Anita Pallenberg y Bobby Keys, por lo que decidieron actuar en Bruselas para el público francés. La grabación de aquella noche se lanzó exclusivamente en formato digital a través de Google Play Music.

Some Girls: Live in Texas '78

15 de noviembre de 2011
Eagle Vision

> *Let It Rock / All Down the Line / Honky Tonk Women / Star Star / When the Whip Comes Down / Beast of Burden / Miss You / Just My Imagination / Shattered / Respectable / Far Away Eyes / Love in Vain / Tumbling Dice / Happy / Sweet Little Sixteen / Brown Sugar / Jumpin' Jack Flash*

Originalmente, el CD de este show del 18 de julio de 1978 en Texas se lanzó únicamente acompañando el lanzamiento del DVD y Blu-ray, pero a partir de junio de 2017 se puede adquirir de forma separada. El contenido de las canciones es el mismo.

Hampton Coliseum (Live 1981)
30 de enero de 2012
Promotone BV

Under My Thumb / When the Whip Comes Down / Let's Spend the Night Together / Shattered / Neighbours / Black Limousine / Just My Imagination / Twenty Flight Rock / Going to a Go-Go / Let Me Go / Time Is on My Side / Beast of Burden / Waiting on a Friend / Let It Bleed / You Can't Always Get What You Want / Little T&A / Tumbling Dice / She's So Cold / Hang Fire / Miss You / Honky Tonk Women / Brown Sugar / Start Me Up / Jumpin' Jack Flash / (I Can't Get No) Satisfaction

Grabado en Virginia la noche del trigésimo octavo cumpleaños de Keith, el *show* en el Hampton Coliseum fue uno de los primeros eventos televisivos de pago por visión. El audio del mismo vídeo disponible se puso a la venta en exclusiva en Google Music.

L. A. Friday (Live 1975)
2 de abril de 2012
Promotone BV

Honky Tonk Women / All Down the Line / If You Can't Rock Me / Get Off of My Cloud / Starfucker / Gimme Shelter / Ain't Too Proud to Beg / You Gotta Move / You Can't Always Get What You Want / Happy / Tumbling Dice / It's Only Rock'n Roll / Doo Doo Doo Doo Doo (Heartbreaker) / Fingerprint File / Angie / Wild Horses / That's Life / Outa-Space / Brown Sugar / Midnight Rambler / Rip This Joint / Street Fighting Man / Jumpin' Jack Flash / Sympathy for the Devil

Dentro de la colección *From the Vault* y lanzado en exclusiva a través de Google Music, el CD se lanzó el 19 de noviembre de 2014 junto al DVD.

Live at the Checkerboard Lounge, Chicago 1981

2 de julio de 2012
Eagle Vision

Intro / You Don't Have to Go / Baby Please Don't Go / Hoochie Coochie Man / Long Distance Call / Mannish Boy / Got My Mojo Workin' / Next Time You See Me / One Eyed Woman / Clouds in My Heart / Champagne & Reefer

Banda sonora original del DVD del mismo nombre con Muddy Waters y parte de los Stones sobre el escenario. Remasterizada por Bob Clearmountain.

Live at the Tokyo Dome (Live 1990)

11 de julio de 2012
Promotone BV

Start Me Up / Bitch / Sad Sad Sad / Harlem Shuffle / Tumbling Dice / Miss You / Ruby Tuesday / Almost Hear You Sigh / Rock and a Hard Place / Mixed Emotions / Honky Tonk Women / Midnight Rambler / You Can't Always Get What You Want / Can't Be Seen / Happy / Paint It Black / 2000 Light Years from Home / Sympathy for the Devil / Gimme Shelter / It's Only Rock'n Roll / Brown Sugar / (I Can't Get No) Satisfaction / Jumpin' Jack Flash

Audio del concierto doble que acompañaba al DVD lanzado físicamente el 4 de noviembre de 2015 dentro de la colección *From the Vault*. Originalmente se lanzó en Google Music de forma exclusiva.

Light the Fuse (Live 2005)

16 de octubre de 2012
Promotone BV

Rough Justice / Live With Me / 19th Nervous Breakdown / She's So Cold / Dead Flowers / Back of My Hand / Ain't Too Proud to Beg / Infamy / Oh No, Not You Again / Get Up, Stand Up / Mr. Pitiful / Tumbling Dice / Brown Sugar / Jumpin' Jack Flash

Light the Fuse, dentro de la colección *From the Vault*, se grabó en Toronto, en el Phoenix Concert Theater en un concierto ante únicamente mil personas para inaugurar la gira 2005-2007, *A Bigger Bang Tour*. Se lanzó exclusivamente en formato digital a través de Google Music.

Live at Leeds (Live 1982)

13 de noviembre de 2012
Promotone BV

Under My Thumb / When the Whip Comes Down / Let's Spend the Night Together / Shattered / Neighbours / Black Limousine / Just My Imagination / Twenty Flight Rock / Going to a Go-Go / Let Me Go / Time Is on My Side / Beast of Burden / You Can't Always Get What You Want / Little T&A / Angie / Tumbling Dice / She's So Cold / Hang Fire / Miss You / Honky Tonk Women / Brown Sugar / Start Me Up / Jumpin' Jack Flash / (I Can't Get No) Satisfaction

Live at Leeds se grabó en Roundhay Park el 25 de julio de 1982, en el que fue el último concierto de su gira europea, además del último show con Ian Stewart. Dentro de *From the Vault*, el repertorio es prácticamente idéntico al de *Hampton Coliseum (Live 1981)*. Se lanzó digitalmente a través de Google Music, y el 9 de noviembre de 2015 en 2-CD/DVD.

Sweet Summer Sun

11 de noviembre de 2013
Eagle Vision

Start Me Up / It's Only Rock'n Roll / Tumbling Dice / Emotional Rescue / Street Fighting Man / Ruby Tuesday / Doom and Gloom / Paint It Black / Honky Tonk Women / You Got the Silver / Before They Make Me Run / Miss You / Midnight Rambler / Gimme Shelter / Jumpin' Jack Flash / Sympathy for the Devil / Brown Sugar / You Can't Always Get What You Want / (I Can't Get No) Satisfaction

Los conciertos en Hyde Park de los días 6 y 13 de julio en el *50 & Counting Tour* se lanzaron en DVD y Blu-ray con opción a acompañarse por este doble CD que alcanzó el número 16 en el Reino Unido y el 19 en EE. UU.

Marquee Club (Live 1971)

22 de junio de 2015
Eagle Vision

Live With Me / Dead Flowers / I Got the Blues / Let It Rock / Midnight Rambler / (I Can't Get No) Satisfaction / Bitch / Brown Sugar

CD y LP con el audio remasterizado del DVD con mismo nombre dentro de la colección *From the Vault*.

Sticky Fingers Live

29 de junio de 2015
Polydor Records

Sway / Dead Flowers / Wild Horses / Sister Morphine / You Gotta Move / Bitch / Can't You Hear Me Knocking? / I Got the Blues / Moonlight Mile / Brown Sugar

El concierto ante poco más de mil personas en el Fonda Theater de Los Ángeles que cubrió *Sticky Fingers* al completo se lanzó en Apple Music antes de su correspondiente formato físico en septiembre de 2017.

Havana Moon

11 de noviembre 2016
Eagle Vision

Jumpin' Jack Flash / It's Only Rock'n Roll (But I Like It) / Tumbling Dice / Out of Control / All Down the Line / Angie / Paint It Black / Honky Tonk Women / You Got the Silver / Before They Make Me Run / Midnight Rambler / Miss You / Gimme Shelter / Start Me Up / Sympathy for the Devil / Brown Sugar / You Can't Always Get What You Want / (I Can't Get No) Satisfaction

La actuación en La Habana del 25 de marzo de 2016, editada tanto en DVD como Blu-ray, puede acompañarse de este doble CD.

San José '99

13 de julio de 2018
Eagle Vision

Jumpin' Jack Flash / Bitch / You Got Me Rocking / Respectable / Honky Tonk Women / I Got the Blues / Saint of Me / Some Girls / Paint It Black / You Got the Silver / Before They Make Me Run / Out of Control / Route 66 / Get Off of My Cloud / Midnight Rambler / Tumbling Dice / It's Only Rock'n Roll (But I Like It) / Start Me Up / Brown Sugar / Sympathy for the Devil

Audio remasterizado por Bob Clearmountain en el que supone el último lanzamiento hasta la fecha dentro de la colección *From the Vault*. Recupera la actuación en la pequeña San José de la gira norteamericana *No Security Tour*.

Recopilatorios

Big Hits (High Tide and Green Grass)

28 de marzo de 1966
London Records (EE. UU.)

(I Can't Get No) Satisfaction / The Last Time / As Tears Go By / Time Is on My Side / It's All Over Now / Tell Me (You're Coming Back) / 19th Nervous Breakdown / Heart of Stone / Get Off of My Cloud / Not Fade Away / Good Times, Bad Times / Play With Fire

Big Hits (High Tide and Green Grass)

4 de noviembre de 1966
Decca Records (Reino Unido)

Have You Seen Your Mother, Baby, Standing in the Shadow? / Paint It Black / It's All Over Now / The Last Time / Heart of Stone / Not Fade Away / Come On / (I Can't Get No) Satisfaction / Get Off of My Cloud / As Tears Go By / 19th Nervous Breakdown / Lady Jane / Time Is on My Side / Little Red Rooster

Big Hits es desde el día de su lanzamiento una fantástica retrospectiva de los primeros Stones dispuestos a componer. «(I Can't Get No) Satisfaction» y «Get Off of My Cloud» fueron las puertas de acceso, pero el interior de ambas versiones escondía gemas como «Time Is on My Side», «As Tears Go By» o «Tell Me», todas ellas como muestra de la brillante factura de R&B, folk y soul que

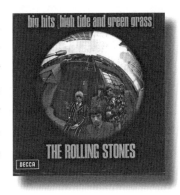

eran capaces de hacer. La compilación se lanzó con distinta lista de canciones y distinta portada a ambos lados del Atlántico, tratándose en el caso norteamericano de una fotografía de Guy Webster tomada en Franklin Canyon Park, en Los Ángeles. Para la portada británica se utilizó una imagen obra de Jerry Schatzberg, tomada en Nueva York.

Big Hits alcanzó el número 3 en EE. UU. prácticamente de forma inmediata y permaneció allí durante los dos años siguientes. ABKCO Records lo remasterizó y reeditó en CD en agosto de 2002, dando prioridad a la versión norteamericana con nuevas mezclas en estéreo.

Flowers
26 de junio de 1967
London Records

Ruby Tuesday / Have You Seen Your Mother, Baby, Standing in the Shadow? / Let's Spend the Night Together / Lady Jane / Out of Time / My Girl / Backstreet Girl / Please Go Home / Mother's Little Helper / Take It or Leave It / Ride On, Baby / Sittin' on a Fence

La compilación norteamericana *Flowers* ha sido objeto de muchas críticas por tratarse de un grupo de canciones seleccionado de manera aparentemente arbitraria a cargo de Andrew Oldham y London Records, con una mínima si no nula contribución de los Stones. Y lo cierto es que prácticamente todas habían sido lanzadas como sencillos, o incluidas en álbumes anteriores, o simplemente habían sido obviadas para el público de EE. UU. Pero no dejan de ser grandes éxitos aglutinados con tres canciones nuevas (la versión de «My Girl», «Ride On, Baby» y «Sittin' on a Fence») en un disco que alcanzó el número 3 en EE. UU. «Ruby Tuesday», «Lady Jane», «Let's Spend the Night Together» o «Have

You Seen Your Mother, Baby, Standing in the Shadow?» y «Mother's Little Helper» bien merecen estar en un único plástico de canciones geniales a cargo de un grupo en estado de gracia. Puede que haya algo de estafa en esta maniobra, pero limitándonos a juzgar la música, ésta es una fantástica compilación que ningún seguidor de los Stones debería dejar pasar.

Through the Past, Darkly (Big Hits Vol. 2)

12 de septiembre de 1969
Decca Records (Reino Unido)

Jumpin' Jack Flash / Mother's Little Helper / 2000 Light Years from Home / Let's Spend the Night Together / You Better Move On / We Love You / Street Fighting Man / She's a Rainbow / Ruby Tuesday / Dandelion / Sittin' on a Fence / Honky Tonk Women

Through the Past, Darkly (Big Hits Vol. 2)

12 de septiembre de 1969
London Records (EE. UU.)

Paint It Black / Ruby Tuesday / She's a Rainbow / Jumpin' Jack Flash / Mother's Little Helper / Let's Spend the Night Together / Honky Tonk Women / Dandelion / 2000 Light Years from Home / Have You Seen Your Mother, Baby, Standing in the Shadow? / Street Fighting Man

Through the Past, Darkly sirvió a los Rolling Stones por partida triple: por una parte, era un homenaje a los mejores trabajos del recientemente fallecido Brian Jones, pero también la forma de incluir el éxito «Honky Tonk Women» en un elepé, y de llenar el vacío entre *Beggars Banquet* y la futura gira norteamericana de los Stones. Aunque sólo habían pasado tres años desde *Big Hits*, la banda había facturado suficientes números 1 y otros éxitos para este segundo volumen. Psicodelia («Ruby Tuesday», «She's a Rainbow», «Dandelion»), rock («Jumpin' Jack Flash», «Street Fighting Man») y una verde versión de la actitud punk («Mother's Little Helper») se encontraban detrás de la portada con fotografía de Ethan Russell para lanzarles al número 2 tanto en el Reino Unido como en EE. UU. En cuanto al título, pudo tratarse de un homenaje a la película de Ingmar Bergman, *Through a Glass Darkly*, pero los Stones nunca lo confirmaron. En agosto de 2002, ABKCO Records reeditó el recopilatorio. Tanto *Big Hits* como *Big Hits Vol. 2* serían reemplazados por *Hot Rocks 1964-1971* y *More Hot Rocks*, ambos de Allen Klein sin que los Rolling Stones tuvieran implicación directa.

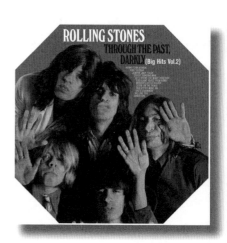

Hot Rocks 1964-1971

20 de diciembre de 1971 (EE. UU.)
21 de mayo de 1990 (Reino Unido)
London Records/ABKCO Records

Time Is on My Side / Heart of Stone / Play with Fire / (I Can't Get No) Satisfaction / As Tears Go By / Get Off of My Cloud / Mother's Little Helper / 19th Nervous Breakdown / Paint It, Black / Under My Thumb / Ruby Tuesday / Let's Spend the Night Together / Jumpin' Jack Flash / Street Fighting Man / Sympathy for the Devil / Honky Tonk Women / Gimme Shelter / Midnight Rambler / You Can't Always Get What You Want / Brown Sugar / Wild Horses

Los Stones se habían deshecho de Allen Klein sin saber que los derechos sobre todas sus canciones grabadas durante la vigencia del contrato eran de su propiedad. Lanzaron *Sticky Fingers* en 1971 y Klein respondió compilando esta colección de canciones con «Brown Sugar» y «Wild Horses», grabadas antes de la ruptura del papel. *Hot Rocks* fue un éxito absoluto convirtiéndose en la mejor compilación de los Stones durante mucho tiempo.

More Hot Rocks (Big Hits & Fazed Cookies)
11 de diciembre de 1972 (EE. UU.)
21 de mayo de 1990 (Reino Unido)
London Records/ABKCO Records

Tell Me / Not Fade Away / The Last Time / It's All Over Now / Good Times, Bad Times / I'm Free / Out of Time / Lady Jane / Sittin' on a Fence / Have You Seen Your Mother, Baby, Standing in the Shadow? / Dandelion / We Love You / She's a Rainbow / 2000 Light Years from Home / Child of the Moon / No Expectations / Let It Bleed / What to Do / Money / Come On / Fortune Teller / Poison Ivy / Bye Bye Johnnie / I Can't Be Satisfied / Long, Long While

Después del éxito de *Hot Rocks* estaba claro que Allen Klein aprovecharía el filón para editar un segundo volumen, esta vez con la colaboración de Andrew Oldham. El proyecto iba a centrarse en material inédito, siendo la mayoría canciones descartadas, bajo el título *Necrophilia*. Pero en la fase final de preparación se renombró optando por una opción más práctica, y se replanteó el álbum para reunir un segundo volumen de grandes éxitos. El proyecto de descartes, rarezas y temas inéditos se recuperaría con *Metamorphosis*.

Metamorphosis
6 de junio de 1975
ABKCO Records

Out of Time / Don't Lie to Me / Some Things Just Stick in Your Mind / Each and Everyday of the Year / Heart of Stone / I'd Much Rather Be with the Boys / (Walkin' Thru The) Sleepy City / We're Wastin' Time / Try a Little Harder / I Don't Know Why / If You Let Me / Jiving Sister Fanny / Downtown Suzie / Family / Memo from Turner / I'm Going Down

Metamorphosis es un álbum de tomas alternativas, descartes, demos y rarezas de los
Stones, compilado por Allen Klein una vez
que ya se había adjudicado los derechos sobre sus grabaciones previas a 1970. Tratándose de demos, en muchas de las canciones
el único Stone que participa es Mick Jagger,
acompañado por músicos de sesión entre
los que se encuentran Jimmy Page, Big Jim
Sullivan o John Paul Jones. La compilación
tuvo una recepción bastante tibia, alcanzando el número 8 en las listas de EE. UU.,
pero no deja de ser un álbum prescindible
para la mayoría de los seguidores de los Rolling Stones.

Made in the Shade

6 de junio de 1975
Rolling Stones Records

Brown Sugar / Tumbling Dice / Happy / Dance Little Sister / Wild Horses / Angie / Bitch / It's Only Rock'n Roll (But I Like It) / Doo Doo Doo Doo Doo (Heartbreaker) / Rip This Joint

Los Stones contrarrestaron el lanzamiento de
Metamorphosis con su propia compilación de
cuatro álbumes, todos ellos del periodo 1971-
1974. Además, *Made in the Shade* sirvió para
calentar la gira *Tour of the Americas* que arrancó el 1 de junio en Luisiana y los llevaría por
26 ciudades; sería la gira en la que debutaría
Ronnie Wood. Es una buena selección de canciones, pero teniendo en cuenta que seis perte-

necen a *Sticky Fingers* y *Exile on Main St.*, más vale tener esos dos álbumes de estudio y optar por una mejor opción en clave retrospectiva.

Time Waits for No One

29 de mayo de 1979
Rolling Stones Records

Time Waits for No One / Bitch / All Down the Line / Dancing with Mr. D / Angie / Star Star / If You Can't Rock Me / Get Off of My Cloud / Hand of Fate / Crazy Mama / Fool to Cry

Es uno de los lanzamientos discográficos más raros de los Rolling Stones. Con una tirada limitada en el Reino Unido, disponible por un breve periodo, cubre la discografía entre *Sticky Fingers* (1971) y *Love You Live* (1977), con sólo espacio para dos sencillos, «Angie» y «Fool to Cry»; una rareza de alto valor coleccionista.

Sucking in the Seventies

9 de marzo de 1981
Rolling Stones Records

Shattered / Everything Is Turning to Gold / Hot Stuff / Time Waits for No One / Fool to Cry / Mannish Boy / When the Whip Comes Down / If I Was a Dancer (Pt. 2) / Crazy Mama / Beast of Burden

Entendido como el sucesor de *Time Waits for No One*, los Stones cubren en esta compilación la segunda mitad de la década de los setenta, lo que es lo mismo, los álbumes: *It's Only Rock'n Roll* (1974), *Black and Blue* (1976), *Some Girls* (1978) y *Emotional Rescue* (1980). Pero no se apoya en los sencillos o relativos éxitos de aquéllos, sino en rarezas y tomas alternativas, como también cortes en directo además de los éxitos.

Todos los cortes fueron expresamente editados para este disco salvo «Everything Is Turning to Gold» y «Shattered», mientras que «If I Was a Dancer (Dance Pt. 2)» es una importante adición a su pareja en *Emotional Rescue*. Lejos de ser un «grandes éxitos», *Sucking in the Seventies* es un interesante aporte al sonido alternativo de los Stones flirteando con la música disco.

Rewind (1971-1984)

19 de junio de 1984 *Rolling Stones Records*
Lanzamiento en el Reino Unido:

> *Brown Sugar / Undercover of the Night / Start Me Up / Tumbling Dice / It's Only Rock'n Roll (But I Like It) / She's So Cold / Miss You / Beast of Burden / Fool to Cry / Waiting on a Friend / Angie / Respectable*

Lanzamiento en EE. UU.:

> *Miss You / Brown Sugar / Undercover of the Night / Start Me Up / Tumbling Dice / Hang Fire / It's Only Rock'n Roll (But I Like It) / Emotional Rescue / Beast of Burden / Fool to Cry / Waiting on a Friend / Angie / Doo Doo Doo Doo Doo (Heartbreaker)*

Esta compilación actualmente descatalogada cubre todo el periodo entre «Brown Sugar» y «Undercover of the Night», repasando lo mejor de Mick Taylor, la influencia del punk y el estilo a lo Chuck Berry de Ronnie Wood, todo ello pasando por «Angie», «Miss You» y «Start Me Up». La selección de canciones para ambas ediciones se basó en los gustos de los distintos mercados. Por supuesto, existen posteriores recopilaciones más completas, pero en su día, *Rewind* era prácticamente definitiva.

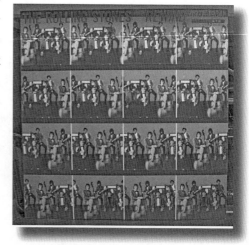

Jump Back: The Best of the Rolling Stones

22 de noviembre de 1993 (Reino Unido)
24 de agosto de 2004 (EE. UU.)
Virgin Records

Start Me Up / Brown Sugar / Harlem Shuffle / It's Only Rock'n Roll / Mixed Emotions / Angie / Tumbling Dice / Fool to Cry / Rock and a Hard Place / Miss You / Hot Stuff / Emotional Rescue / Respectable / Beast of Burden / Waiting on a Friend / Wild Horses / Bitch / Undercover of the Night

Jump Back se lanzó a nivel mundial con excepción de EE. UU., donde llegó once años después. Sirvió para abrir boca antes del inminente *Voodoo Lounge* como primer recopilatorio en la era del CD, cubriendo la carrera de los Stones desde 1971 con *Sticky Fingers* hasta *Steel Wheels* de 1989. Tiene una duración superior a una hora con un orden de canciones no cronológico que en ocasiones puede llegar a irritar, pero sirve para imaginar cómo se secuencian las entregas en un concierto de los Stones. El libreto, además, incluye una explicación de Mick o Keith sobre cada una de las canciones seleccionadas. *Jump Back* es la mejor recopilación de grandes éxitos de los Stones contenida en un solo disco, ofreciendo todo lo que un oyente casual podría querer o necesitar.

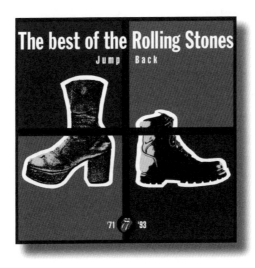

Forty Licks

30 de septiembre de 2002
Virgin Records/ABKCO Records/Decca Records
Disco 1:

Street Fighting Man / Gimme Shelter / (I Can't Get No) Satisfaction / The Last Time / Jumpin' Jack Flash / You Can't Always Get What You Want / 19th Nervous Breakdown / Under My Thumb / Not Fade Away / Have You Seen Your Mother, Baby, Standing in the Shadow? / Sympathy for the Devil / Mother's Little Helper / She's a Rainbow / Get Off of My Cloud / Wild Horses / Ruby Tuesday / Paint It Black / Honky Tonk Women / It's All Over Now / Let's Spend the Night Together

Disco 2:

Start Me Up / Brown Sugar / Miss You / Beast of Burden / Don't Stop / Happy / Angie / You Got Me Rocking / Shattered / Fool to Cry / Love Is Strong / Mixed Emotions / Keys to Your Love / Anybody Seen My Baby? / Stealing My Heart / Tumbling Dice / Undercover of the Night / Emotional Rescue / It's Only Rock'n Roll (But I Like It) / Losing My Touch

El 40 aniversario de los Rolling Stones marcó el lanzamiento de *Forty Licks*, su recopilatorio definitivo. Aunque todas las pistas han sido debidamente remasterizadas, el material previo a 1968 permanece en mono sin que esto desmerezca el sonido final. Además, la adición de cuatro canciones nuevas –«Don't Stop», «Keys to Your Love», «Stealing My Heart» y «Losing My Touch», todas ellas dignas– hace que esta recopilación sea interesante incluso para el incondicional que ya tenga todos sus

álbumes imprescindibles, pues esto es una compilación de sus mejores canciones, no necesariamente sus números 1. Aunque no está en orden cronológico, sí se divide de forma comprensiva en dos mitades. *Forty Licks* alcanzó el número 2 tanto en el Reino Unido como en EE. UU., y es la opción Stone a los equivalentes *30 #1 Hits* de Elvis o *1* de los Beatles: un álbum imprescindible para comprender la historia de la música moderna.

Rarities 1971-2003

22 de noviembre de 2005
Virgin Records

Fancy Man Blues / Tumbling Dice / Wild Horses / Beast of Burden / Anyway You Look at It / If I Was a Dancer (Dance Pt. 2) / Miss You / Wish I'd Never Met You / I Just Wanna Make Love to You / Mixed Emotions / Through the Lonely Nights / Live With Me / Let It Rock / Harlem Shuffle / Mannish Boy / Thru and Thru

El álbum de rarezas de los Stones con la colaboración de Starbucks, no es un álbum de rarezas al uso, puesto que seis de las 16 canciones que aquí aparecen pueden encontrarse en lanzamientos anteriores. Sin embargo, el resto son tomas alternativas, demos, caras B, remixes y descartes que estuvieron a punto de entrar en algún álbum de estudio. Lamentablemente, no es el álbum definitivo de diamantes en bruto para el que habrá que seguir esperando.

GRRR!

12 de noviembre de 2012
ABKCO Records/Universal
Disco 1:

Come On / Not Fade Away / It's All Over Now / Little Red Rooster / The Last Time / (I Can't Get No) Satisfaction / Time Is on My Side / Get Off of My Cloud / Heart of Stone / 19th Nervous Breakdown / As Tears Go By / Paint It Black / Under My Thumb / Have You Seen Your Mother, Baby, Standing in the Shadow? / Ruby Tuesday / Let's Spend the Night Together / We Love You

Disco 2:

Jumpin' Jack Flash / Honky Tonk Women / Sympathy for the Devil / You Can't Always Get What You Want / Gimme Shelter / Street Fighting Man / Wild Horses / She's a Rainbow / Brown Sugar / Happy / Tumbling Dice / Angie / Rocks Off / Doo Doo Doo Doo Doo (Heartbreaker) / It's Only Rock'n Roll (But I Like It) / Fool to Cry

Disco 3:

Miss You / Respectable / Beast of Burden / Emotional Rescue / Start Me Up / Waiting on a Friend / Undercover of the Night / She Was Hot / Streets of Love / Harlem Shuffle / Mixed Emotions / Highwire / Love Is Strong / Anybody Seen My Baby? / Don't Stop / Doom and Gloom / One More Shot

Forty Licks fue la recopilación definitiva de los Rolling Stones hasta que apareció *GRRR!* en su 50 aniversario desde la fundación del grupo. Con un total de cincuenta canciones en su edición estándar –aunque también había disponible una versión reducida de cuarenta, y otra superior de ochenta–, la antología es suficiente para recorrer la historia del grupo desde la versión de Chuck Berry, «Come On», hasta las correctas canciones nuevas grabadas en París («Doom and Gloom» y «One More Shot»). Y sí, esta vez en riguroso orden cronológico.

Es fácil ponerse quisquilloso y echar de menos algunos cortes, pero todos los presentes son sublimes obras maestras del rock, en lo que convierte a *GRRR!* en su mejor compilación hasta el momento. Hay pocas sorpresas aquí, más allá de ese gorila en la portada obra de Walton Ford que prueba que en sus Bodas de Oro, los Stones no se toman demasiado en serio. Y eso es una muy buena noticia.

On Air

1 de diciembre de 2017
Universal

Come On / (I Can't Get No) Satisfaction / Roll Over Beethoven / The Spider and the Fly / Cops and Robbers / It's All Over Now / Route 66 / Memphis, Tennessee / Down the Road Apiece / The Last Time / Cry to Me / Mercy, Mercy / Oh! Baby (We Got a Good Thing Goin') / Around and Around / Hi-Heel Sneakers / Fannie Mae / You Better Move On / Mona

Bonus tracks:

I Wanna Be Your Man / Carol / I'm Moving On / If You Need Me / Walking the Dog / Confessin' the Blues / Everybody Needs Somebody to Love / Little by Little / Ain't That Lovin' You, Baby / Beautiful Delilah / Crackin' Up / I Can't Be Satisfied / I Just Want to Make Love to You / 2120 South Michigan Avenue

On Air pudiera ser el lanzamiento más esperado de los Rolling Stones en los últimos veinte años. Los Stones entraron en los estudios de la BBC en varias ocasiones entre octubre de 1963, tras su estreno con «Come On» de Chuck Berry, y septiembre de 1965, más o menos coincidiendo con el lanzamiento de «Get Off of My Cloud». *On Air* cubre lo mejor de aquellas sesiones de un quinteto de Londres, sólido y compacto, interpretando el Chicago blues que tanto amaban, ese R&B americano y rock'n'roll todavía poco habitual en el Reino Unido para descubrir con el tiempo su propia voz.

Rufus Thomas, Wilson Pickett, Muddy Waters, Willie Dixon, Chuck Berry, Jimmy Reed, Don Covay, Bo Diddley, pero también Mick Jagger y Keith Richards firman todas las canciones de *On Air*, que se ha publicado como disco sencillo de dieciocho canciones y doble álbum de reinta y dos, para recibir generalmente buenas críticas que lo han calificado como la continuación esencial a *Blue & Lonesome*.

Box sets

Singles 1963-1965

26 de abril de 2004
Decca/ABKCO Records

Singles 1965-1967

12 de julio de 2004
Decca/ABKCO Records

Singles 1968-1971

28 de febrero de 2005
Decca/ABKCO Records

The Rolling Stones Box Set

17 de mayo de 2010
Polydor Records

Singles 1971-2006

26 de abril de 2011
Promotone/Universal

The Rolling Stones in Mono

30 de septiembre de 2016
ABKCO Records

The Rolling Stones Studio Albums Vinyl Collection 1971-2016

15 de junio de 2018
Promotone/Universal

Extended Plays

The Rolling Stones

17 de enero de 1964
Decca Records

Five by Five

14 de agosto de 1964
Decca Records

Got Live If You Want It!

11 de junio de 1965
Decca Records

FILMOGRAFÍA DE LOS ROLLING STONES

Con más de cincuenta años a sus espaldas como banda, los Rolling Stones cuentan con una extensa filmografía entre documentales, conciertos y recopilaciones de vídeos musicales, pero no películas al estilo *Help!* de los Beatles. A continuación, se presenta la sinopsis de una selección de audiovisuales oficiales –y los más interesantes– en orden cronológico para los que sólo hace falta sentarse delante de la pantalla, subir el volumen, y disfrutar.

Charlie Is My Darling (1966)

El metraje original de la primera película dedicada a los Stones nació como un ensayo para comprobar cómo el carisma de la banda sobre el escenario se trasladaba a la pantalla. La película dirigida por Peter Whitehead y producida por los propios Stones y Andrew Oldham se rodó en 1965, durante la segunda gira que hizo el grupo en Irlanda. En ese momento, *Charlie Is My Darling* no pasó de su estreno en el Manheim Film Festival por la disputa legal entre los Rolling Stones y Allen Klein, y no fue hasta 2012 cuando ABKCO Records –propiedad de Klein– la distribuyó oficialmente con el nombre *Charlie Is My Darling – Ireland 1965*. El director Michael Gochanour trabajó durante dos años editando metraje adicional que, junto al original, conforma el documental final de sesenta y cuatro minutos. El visionado muestra a unos jovencísimos Stones de camino a Dublín para atender dos conciertos en el teatro Adelphi, seguido de su viaje en tren a Belfast para dos actuaciones más en el ABC Theatre antes de regresar a Londres al día siguiente en avión. Habitaciones de hotel, fans enloquecidas, entrevistas sobre la fama y una suplantación a Elvis Presley después de interpretar versiones de los Beatles, conforman este material disponible en DVD, Blu-ray y edición para coleccionistas.

Sympathy for the Devil (One Plus One) (1969)

El abstracto film que trajo de cabeza a Jean-
Luc Godard se rodó en 1968 con imágenes de los Stones en los estudios Olympic
Sound, en lo que representa una descons-
trucción del mito del genio creador. Alter-
nadamente se muestran imágenes sobre los
Panteras Negras leyendo textos revolucio-
narios y agrediendo –hasta el asesinato– a
un grupo de mujeres blancas. Una voz en

off habla sobre el marxismo y la actriz Anne Wiazemsky interpreta a Eve Democracy,
una mujer vestida de amarillo que responde sí o no a todas las preguntas que se le
formulan. Panfletos nazis, revistas para adultos y cómics, vendidos todos a cambio
de una hoja de papel que da carta blanca para abofetear a rehenes maoístas, sirven
para provocar al espectador de este film donde el papel de un abstraído, alicaído y
prácticamente ya perdido Brian Jones es el elemento histórico más interesante. La
notoriedad de su director ha facilitado que esta película de noventa y siete minutos
esté disponible en varias ediciones y formatos, muchas veces catalogado como cine
de autor.

Gimme Shelter (1970)

La gira por EE. UU. de 1969 queda retratada en esta película documental dirigida por los hermanos Albert y David Maysles, con Charlotte Zwerin. Albert y Da-

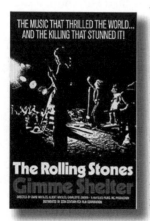

vid eran el principal valor del denominado cine directo de
la década de los cincuenta y sesenta, en el que los cineastas
registraban los acontecimientos a medida que sucedían, sin
la habitual preparación previa ni la documentación que diera
pie a entrevistas programadas y recreaciones de sucesos, etc.
De tal modo, el film muestra a los Stones en la que iba a ser
su triunfal gira de regreso, con sus pensamientos y reflexio-
nes *in situ*, y su cambio de prisma a medida que la gira avanza
hacia la atracción principal de la película: la tragedia de Altamont. *Gimme Shelter* muestra la tensión creciente durante el

festival, y en la actuación de los Stones, cómo un impotente Mick Jagger pide calma al público mientras los Ángeles del Infierno la imponen a grito pelado. Aparecen rostros de malos viajes psicodélicos, motos Harley atrapadas entre el público y el brutal apuñalamiento a Meredith Hunter que conforma un documento para la historia del grupo y de la música. Además, actuaciones de Ike & Tina Turner y Jefferson Airplane entre las entrevistas al grupo en lo que es uno de los mejores –y primeros– documentales de un grupo de rock. Como curiosidad, entre los operadores de cámara acreditados aparece un joven George Lucas cuyos treinta metros de película rodados no llegaron a entrar en el montaje final. Fácilmente disponible en DVD y Blu-ray.

Cocksucker Blues (1972)

La controvertida película inédita de Robert Frank narra la gira estadounidense de los Stones en apoyo de *Exile on Main St.*, la primera tras la tragedia de Altamont. Pero, a diferencia de *Gimme Shelter*, *Cocksucker blues* resulta difícil de ver por la falta de estructura y la narración desordenada basada en el *cinéma vérité*, que la convierte en una oscura rareza desestimada por la propia banda. Fiestas entre bastidores, *groupies* practicando sexo –no con los Stones–, consumo de drogas –Mick Taylor y Mick Jagger aparecen consumiendo marihuana y cocaína–, y Keith Richards tirando un televisor por la ventana de un hotel, son los puntos álgidos a falta de diálogos y entrevistas de esta película que recibió una orden judicial que prohibía su proyección a menos que su director Robert Frank estuviera presente, en ningún caso más de cuatro veces al año. El film de noventa y tres minutos nunca se distribuyó, pero con motivo del 50 aniversario de la banda, se mostró en el festival conmemorativo *The Rolling Stones: 50 Years on Film*.

Ladies and Gentlemen: The Rolling Stones (1974)

Para muchos, éste es el mejor documento para ver a la banda de rock más grande de la historia en su mejor momento. Grabado durante la gira de 1971 por Rollin Binzer, este film rodado en 35 mm y treinta y dos pistas de audio, se presentó en teatros de EE. UU. en Quadrasound, una variación del formato de sonido magnético de cuatro pistas con el objetivo de transformar el reducido auditorio de un cine en un fenómeno auditivo similar al de un concierto de rock. Piezas como «Gimme Shelter» y «You Can't Always Get What You Want» muestran el toque del gran guitarrista de blues que era Mick Taylor, y Mick Jagger, Keith Richards, Charlie Watts y Bill Wyman están pletóricos de igual forma en un film que destaca sobre todo por la música y no por el metraje. La película estuvo disponible comercialmente a  principios de los ochenta únicamente en Australia y en VHS, hasta que los Rolling Stones se hicieron con los derechos de distribución para relanzarla en 2010 en DVD y Blu-ray. Esta reedición incluye material adicional como un ensayo en el Festival de Jazz de Montreux y entrevistas a Mick Jagger.

Let's Spend the Night Together (1982)

La gira norteamericana de los Rolling Stones del año 1981 se registró para lanzar esta película/concierto dirigida por Hal Ashby y estrenada en cines de EE. UU. el  viernes 18 de febrero de 1983. El film recoge actuaciones de los Stones durante los meses de noviembre y diciembre en 25 canciones que repasan su trayectoria desde «Under My Thumb» hasta «(I Can't Get No) Satisfaction». Posteriormente se lanzó al mercado en VHS y CED (Disco de Capacitancia Electrónica), un sistema audiovisual de funcionamiento muy similar al vinilo. Las ediciones de Australia y Nueva Zelanda se lanzaron con el título *Time Is on Our Side* y en los últimos años sólo se encontraba disponible en DVD en los mismos países y en Japón. En Alemania, el concierto se estrenó bajo el nombre de *Rocks Off* en 1982 con un repertorio ligeramente diferente al que terminó en la edición final. De este mismo audio salió el álbum *Still Life* en 1982.

Video Rewind (1984)

Esta compilación de videoclips grabados entre 1972 y 1984 utiliza un hilo conductor dirigido por Julien Temple y narrado por Mick Jagger y Bill Wyman, quien concibió y desarrolló la compilación. Bill aparece vestido de guardia mientras recorre el Museo Británico hasta llegar a una sala repleta de reliquias del rock, entre las que se encuentra Mick Jagger. Desde allí, y rodeados de infinidad de objetos –una chaqueta de Paul McCartney, una peluca de Gary Glitter «auténtica»...–, reproducen los videoclips en distintos dispositivos que van desde un microondas al ordenador de Bill. Finalmente, a Bill se lo llevan los verdaderos guardias del museo mientras Mick continúa encerrado en la habitación. Esta compilación con vídeos dirigidos por Michael Lindsay-Hogg se lanzó en 1984 en VHS, Laserdisc y CED, con entrevistas a Keith Richards, Charlie Watts y Ronnie Wood, además de fragmentos originales de *Cocksucker Blues.*

25x5: the Continuing Adventures of the Rolling Stones (1989)

El documental dirigido por Nigel Finch narra la historia de los Stones desde su comienzo como banda de pubs en 1962 hasta convertirse en iconos del rock en 1989, todo gracias a su amplitud de miras sobre el R&B tradicional. Lo hace con entrevistas a Mick y Keith intercaladas con metraje de archivo para explicar el papel de Andrew Oldham, la expulsión de Ian Stewart y la irreal competencia con los Beatles. Repasan el camino hasta la composición de su primera canción, la conquista de EE. UU., la caída de Brian Jones, Hyde Park, Mick Taylor y Altamont. Continúa con la llegada de Ronnie Wood y la defunción de Stewart, el estallido de la Tercera Guerra Mundial, el ingreso en el Rock and Roll Hall of Fame y la posterior reconciliación en el Caribe. El documental termina con la publicación de *Steel Wheels* y las imágenes de esa gira, mostrando a la banda de nuevo en la cresta de la ola. A pesar del gran valor como documento retrospectivo de los Stones, y las buenas valoraciones que se han hecho siempre de la película, actualmente no está disponible para su distribución.

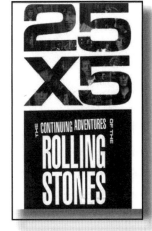

Rolling Stones: Live at the Max (1992)

 La primera película filmada en formato IMAX fue esta actuación del *Urban Jungle Tour* de 1991. Tras la grabación de cinco conciertos en tres ciudades, la gira de *Steel Wheels* llegaba al vídeo casero con sus mujeres gigantes inflables en «Honky Tonk Women» y los perros salvajes que custodiaban el escenario reflejando la grandilocuencia de los conciertos de la banda de aquí en adelante. El grupo está muy bien –por momentos, soberbio–, y aunque la calidad de la imagen y del audio han envejecido, no enturbian la interpretación de «Paint It, Black» ni de «Start Me Up» en una de las últimas actuaciones de Bill Wyman con el grupo. La película se estrenó con el eslogan «Más grandes que la vida» en el Museo de la Ciencia y la Industria de Los Ángeles el 25 de octubre de 1991, y posteriormente en el Museo Nacional de Fotografía, Cine y Televisión de Bradford en 1992. Se editó en VHS, DVD y Blu-ray, y el álbum *Flashpoint* sale de la misma gira.

The Rolling Stones: Voodoo Lounge Live (1995)

Voodoo Lounge Live es una actuación de la gira por el álbum del mismo nombre filmada en el Estadio Joe Robbie de Miami, en Florida, el 25 de noviembre de 1994. El concierto se lanzó como un especial de pago por visión de 27 canciones, mientras que en la edición doméstica en VHS y DVD, se redujo a 17 cortes. Incluye imprescindibles como «Tumbling Dice», «Angie» y «Jumpin' Jack Flash» además de canciones de *Voodoo Lounge* («The Worst», «You Got Me Rocking»). También cuenta con invitados como Robert Cray y Bo Diddley, pero una floja calidad sonora hace que no sea la muestra más representativa de los Stones en directo.

The Rolling Stones Rock and Roll Circus (1996)

El espectáculo ideado por Mick Jagger y rodado en diciembre de 1968 bajo la dirección de Michael Lindsay-Hogg, no se editó hasta octubre de 1996 en VHS y Laserdisc, además de en CD. Para muchos, este *impasse* se debe a la floja actuación de los Stones, exhaustos después de quince horas de montaje, mientras que otros lo achacan al soberbio repaso que les dan los potentes Who. En cualquier caso, ambas quedan reflejadas en este film de sesenta y seis minutos que incluye a Jethro Tull –con Tony

Iommi de Black Sabbath–, Marianne Faithfull, Taj Mahal y los Dirty Mac –con John
Lennon, Yoko Ono, Eric Clapton, Mitch Mitchell y Keith Richards–, además de
representar la última actuación de Brian Jones con los Stones.
Se pensó en Led Zeppelin pero se los desestimó en el último
momento. El director Michael Lindsay-Hogg trató de editar
la película en 1992 pero el metraje original se había perdido:
en 1993, los productores Michael Gochanour y Robin Klein
encontraron la cinta en una papelera en las instalaciones priva-
das de los Who. Ambos editaron el lanzamiento final posteriormente. En 2004 se lanzó un DVD con sonido remasterizado y
material adicional.

Bridges to Babylon Tour '97-98 (1998)

Filmado en San Luis, Misuri, este decente ejemplo de los Stones en directo –en
una época en la que sus actuaciones ya eran siempre irregulares– muestra a Mick
Jagger pavoneándose de un lado a otro del escenario mientras
Keith Richards, Darryl Jones y los demás músicos de acompa-
ñamiento ayudan a Charlie Watts a mantener el sonido compacto. Ronnie Wood se muestra desenfadado como siempre y
Lisa Fischer domina la escena en su dúo junto a Mick, a quien
también acompaña Dave Matthews en «Wild Horses». El repertorio de diecinueve canciones es poco sorprendente, pero
logra que las originales de *Bridges to Babylon* destaquen por su
excepcionalidad. Además, el espectáculo incluye la interpretación de «Like a Rolling Stone» en el escenario central. Una versión extendida del
concierto se mostró en pago por visión con cuatro canciones adicionales –incluida
una colaboración con Taj Mahal– y tres del conjunto se utilizaron para la publicación
del álbum en directo *No Security*.

Four Flicks (2003)

Los Rolling Stones entraron en el siglo XXI celebrando el 40 aniversario de la banda, que incluyó el lanzamiento de *Four Licks*, una colección de cuatro conciertos en
DVD filmados durante el *Licks World Tour 2002-2003*. La colección incluía un do-

cumental, la actuación en el Madison Square Garden del 18 de
enero de 2003, la del 24 de agosto del mismo año en el Estadio
de Twickenham en Londres, y la del 11 de julio en el Teatro
Olympia de París. La edición con contenido adicional en todos estos discos se lanzó exclusivamente a través de la popular
cadena Best Buy el 11 de noviembre de 2003, lo que hizo que
muchos minoristas eliminaran la edición sencilla de su catálogo. Con la controversia inicial, la colección se convirtió en una
pieza ideal para coleccionistas.

The Biggest Bang (2007)

Si el lanzamiento anterior funcionó para celebrar el aniversario del grupo, el álbum
A Bigger Bang contó con esta colección de siete horas en DVD. Un concierto en
Austin, Texas, la actuación en la playa de Copacabana, una recopilación de tres conciertos –Saitama en Japón, Shanghái en China y Buenos Aires en Argentina– y el
documental de la gira, *Salt of the Earth*, forman el contenido de estos cuatro discos,
con especial interés sobre el documental que cuenta con la aparición de Bonnie Raitt,
Eddie Vedder y Dave Matthews. Los Stones están alrededor de
los sesenta años, lo que no impide que Mick recorra kilómetros
sobre el escenario ni que versionen «Get Up Stand Up» de Bob
Marley y Peter Tosh durante el calentamiento para un show.
La colección debutó en el número 1 entre los vídeos musicales
de la lista Billboard. Una versión reducida del mismo se lanzó
en Blu-ray en junio de 2009 con sólo el concierto de Austin, el
extracto del concierto en Saitama y el documental *Salt of the
Earth*.

Shine a Light (2008)

El director Martin Scorsese filmó a los Rolling Stones en el Beacon Theater de Nueva York los días 29 de octubre y 1 de noviembre de 2006, imágenes que conforman
esta película que incluye material de archivo de la carrera de la banda, y que además
supuso la primera grabación cinematográfica digital de Scorsese. El repertorio seleccionado para estas actuaciones fue diferente al del resto de la gira, y contaron con la

participación de Jack White, Buddy Guy y Christina Aguilera. Bill Clinton ofreció un discurso previamente al concierto del día 29 en agradecimiento a los Stones por destinar los beneficios de ambas actuaciones a la Fundación Clinton. Entre el público, también aparece su esposa, la entonces senadora Hillary Clinton. Además, la película se dedicó a la memoria de Ahmet Ertegün, quien, estando presente en el backstage del 29 de octubre, se golpeó la cabeza para ser trasladado de urgencias al hospital y falleció el 14 de diciembre. El estreno mundial de Shine a Light se produjo en el 58 Festival Internacional de Cine de Berlín el 7 de febrero de 2008. Posteriormente se estrenó en algunos cines IMAX.

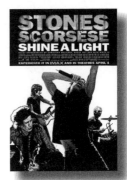

Stones in Exile (2010)

Dirigida por Stephen Kijak, esta película documental de sesenta y un minutos desarrolla el proceso de grabación del álbum de 1972, *Exile on Main St.* El film recrea las circunstancias profesionales y personales que llevaron a la banda a abandonar el Reino Unido para instalarse en Villefranche-sur-Mer, al sur de Francia. Mick con Bianca embarazada en París, Keith con Anita, Bobby Keys y Bill Wyman viviendo la vida loca, y Mick Taylor alrededor de todo, explican cómo lograron sacar inspiración de aquella vorágine desordenada en que las drogas iban y venían, con una panorámica transversal que llega hasta la mezcla del álbum en Los Ángeles sin hacer zoom en ningún apartado concreto. Las fotografías en blanco y negro ayudan a reflejar el ambiente oscuro de unas jornadas de trabajo que transcurrían mayormente de noche mientras el mundo creía que los Stones se desmoronaban. En realidad, regresaron a sus cimientos: soul, country y R&B para construir uno de sus álbumes más estimulantes. A falta de escudriñar los detalles de esta convulsa etapa, *Stones in Exile* cumple para comprender cómo los Stones tuvieron que tocar fondo para alcanzar el cielo. Se estrenó en el Festival de Cine de Cannes de 2010 y hoy por hoy se puede encontrar en DVD y Blu-ray.

Some Girls: Live in Texas '78 (2011)

Para muchos fans de los Stones, la gira norteamericana de 1978 queda en el recuerdo como una de las mejores. Esta película lanzada en 2011 es la actuación del 18 de julio de 1978 en el Will Rogers Auditorium de Fort Wort, Texas. Grabada en 16 mm, la película muestra a unos Stones que apuestan más por la música que por el espectáculo, sin parafernalia sobre el escenario, después de haberse reencontrado con la inspiración tras la publicación del gran álbum *Some Girls*. Este gran concierto de ochenta y cinco minutos con cuarenta minutos de contenido adicional –una entrevista a Mick Jagger, la actuación del 7 de octubre del mismo año en el *Saturday Night Live* y las entrevistas para *ABC News* del 20 de junio–, se lanzó en DVD y Blu-ray, ambos combinados con el CD. En junio de 2017, el CD se puso a la venta por separado.

Muddy Waters and The Rolling Stones: Live at the Checkerboard Lounge, Chicago 1981 (2012)

El Checkerboard Lounge abrió en Bronzeville, Chicago, en 1972 de la mano de Buddy Guy para acoger a una gran cantidad de clientes habituales, artistas y personajes de toda índole interesados en la música blues. Pero fue el evento recogido en este audiovisual el que situó al Checkerboard Lounge en el mapa internacional del blues: una visita de los Rolling Stones después de su concierto en Chicago, mientras sobre el escenario está el gran Muddy Waters con su banda ejecutando una generosa lista de éxitos del blues. Fue la noche del 22 de noviembre cuando una mesa sospechosamente vacía frente al escenario acogería la visita de los Stones mientras suena «Baby Please Don't Go», con especial atención al atuendo deportivo de Mick Jagger. Muddy los invita a subir y el espectáculo está asegurado. Grabado por David Hewitt, esta fantástica pieza de blues y R&B fue editada en 2012 en CD y DVD, además de LP para disfrute de mitómanos y melómanos. Lamentablemente, el Checkerboard Lounge cerró definitivamente en 2015.

Crossfire Hurricane (2012)

Con motivo del 50 aniversario de la banda, Brett Morgen dirigió este documental con título prestado de las primeras líneas de «Jumpin' Jack Flash» que retrata los primeros veinte años de los Rolling Stones donde tiene cabida prácticamente todo, desde la primera formación de la banda hasta el arresto de Keith Richards en Canadá por posesión de heroína. Distribuido bajo el sello de la HBO, el film se apoya en imágenes de archivo, fragmentos de interpretaciones en vivo y entrevistas pasadas y contemporáneas a los protagonistas –incluyendo rarezas con Brian Jones– para hablar más del grupo que de su obra. Es una interesante adición al catálogo de Brett Morgen, que le serviría para posteriormente lanzarse con *Kurt Cobain: Montage of Heck* (HBO, 2015), pero que no llega a imprescindible en la categoría de documental de los Stones. Al año siguiente de su estreno se lanzó en DVD y Blu-ray con grabaciones de conciertos inéditas, además de una entrevista a su director. También se puede visionar en algunas plataformas digitales.

Sweet Summer Sun: Live in Hyde Park (2013)

Los días 6 y 13 de julio de 2013, los Stones actuaron en el Hyde Park de Londres cuarenta y cuatro años y un día después, ahora dentro del marco del tour *50 & Counting...* Las 65.000 entradas se agotaron en tres minutos. Abrieron The Vaccines, The Temper Trap y Gary Clark Jr. para unos Stones que invitaron a Mick Taylor a la fiesta en «Midnight Rambler» y «(I Can't Get No) Satisfaction». *Sweet Summer Sun* reúne los momentos más destacados de aquellas actuaciones con pocos cambios en el repertorio habitual de grandes éxitos de la banda, aunque «It's Only Rock'n Roll» suena más a Chuck Berry que nunca. Mick Jagger, a pocos días de cumplir setenta años, está inagotable, apareciendo como el principal sustento de un grupo que permanece compacto con músicos de lujo: Bobby Keys, Lisa Fischer, Darryl Jones, Chuck Leavell y Bernard Fowler entre otros.

El soleado atardecer, el escenario camuflado entre la naturaleza y la sonrisa en sus rostros, todo suma para contagiar la sensación de felicidad ante el espectáculo de la mayor banda de rock del planeta. Como muestra el público intergeneracional, es una buena adición tanto al catálogo del acérrimo fan como al del muchacho que acaba de llegar. La grabación se lanzó a las pocas semanas del evento en plataformas digitales por tiempo limitado y posteriormente en DVD, Blu-ray y CD.

Hampton Coliseum Live 1981 (2014)

Los Stones estrenaron su colección *From the Vault* con este directo grabado en la misma gira que produjo el álbum *Still Life* y la película de Hal Ashby *Let's Spend the Night Together*. A finales de la gira, los Stones estaban en forma para ofrecer uno de sus incendiarios *shows* el mismo día que Keith Richards cumplía treinta y ocho años, y para el que Mick Jagger arranca un «Cumpleaños Feliz» del público cuando presenta a la banda. El repertorio es agresivo y acelerado –«Shattered» está especialmente inspirada– con una concatenación de tres versiones *oldies* –«Just My Imagination», «Twenty Flight Rock» y «Going to a Go-Go»–, y Keith Richards convierte su Telecaster en un bate de béisbol para proteger a Mick Jagger de un fan descontrolado que se sube al escenario con intenciones imprevisibles. Aquí los Stones –con Ian Stewart, Ian McLagan, Ernie Watts y Bobby Keys– todavía eran tanto *rock* como *roll*, y la palabra *peligro* les servía de sustantivo propio. El álbum apareció en plataformas digitales en 2012, y dos años después se lanzó al mercado en forma de 2-CD/DVD, DVD y Blu-ray.

L. A. Forum Live 1975 (2014)

L. A. Forum –también nombrado como *L. A. Friday*– es un álbum en directo grabado cerca de Los Ángeles, concretamente en The Forum, en Inglewood. Es una actuación completa de más de dos horas con unos Stones en plena forma durante el *Tour of the Americas*, la primera gira con Ronnie Wood en la formación. La banda actuó en L. A. Forum durante cinco noches, del 9 al 13 de julio, siendo este concierto el de la noche del 12. Con audio y vídeo restaurados y remezclados por Bob

Clearmountain, se repasan éxitos como «Honky Tonk Women», «Brown Sugar», «Midnight Rambler» y «Sympathy for the Devil». *L .A. Friday* fue lanzado como descarga digital en 2012 ofreciendo el directo del día 13, mientras que *L. A. Forum* –su versión en DVD lanzada en 2014– capturaba la actuación del 12 de julio. En ambos conciertos, el repertorio es idéntico. CD y LP acompañaban al DVD.

Marquee Club Live 1971 (2015)

El episodio de *From the Vault* dedicado a la actuación del grupo en el legendario club que los vio crecer debería llevar el nombre propio de Mick Taylor. Ahora ya completamente integrado en el grupo –o al menos, en sus canciones–, cortes como «Dead Flowers» muestran hasta qué punto la habilidad de Mick Taylor podía hacer crecer el sonido del grupo en directo. El concierto se antoja escaso pero la remasterización a cargo de Bob Clearmountain es espectacular, comparando sonido e imagen con anteriores ediciones piratas. El *show* se filmó para la televisión estadounidense y sirvió para presentar cuatro canciones del próximo *Sticky Fingers*, incluyendo la rara vez interpretada en directo «I Got The Blues». El vivo se lanzó en CD+DVD, DVD y Blu-ray.

Hyde Park Live 1969 (2015)

Si hasta el momento la colección *From the Vault* había ofrecido grandes adiciones al catálogo de la filmografía de los Stones, la inclusión del legendario concierto en Hyde Park de 1969 es un punto y aparte. Homenaje improvisado al recientemente fallecido Brian Jones a la par que presentación del nuevo guitarrista Mick Taylor, el grupo desafina a menudo y la mayoría de las canciones están cortadas por metraje falsamente evocador que nada tiene que ver con lo que está ocurriendo sobre el

escenario. La calidad del sonido ha mejorado, pero el vídeo es idéntico al utilizado como documental televisivo años atrás. Pese a haberse lanzado en todos los formatos habidos y por haber –por fin en estéreo–, *Hyde Park* es un elemento sólo para coleccionistas que necesiten tenerlo todo de su grupo favorito. Válido como documento histórico, pero no como «vivo» representativo de su música.

Live at the Tokyo Dome 1990 (2015)

Extraído de los diez conciertos que los Stones ofrecieron en su primera visita a Japón en su gira mundial de *Steel Wheels*, *Live at the Tokyo Dome* muestra una imagen oscu-

ra aunque cuidadosamente restaurada por Bob Clearmountain. El repertorio incluye «Harlem Shuffle», la original de Bob & Earl aparecida en *Dirty Work* y las canciones de *Steel Wheels* suenan más enérgicas que en el disco de estudio. Pero algo ocurre con las guitarras de Keith Richards, que quedan por debajo en la mezcla final. Al margen, la formación se mantiene con Bill Wyman ya en sus últimos conciertos, además de Lisa Fischer, Bernard Fowler, Chuck

Leavell, Matt Clifford y Bobby Keys. El álbum se lanzó en Google Music en 2012 y posteriormente en The Rolling Stones Archive. En 2015 llegó el 2-CD/DVD, LP/DVD, DVD y Blu-ray.

Live at Leeds 1982 (2015)

Live at Leeds se grabó en Roundhay Park el 25 de julio de 1982. Fue el último concier-

to de la banda en su *tour* europeo respaldando a *Tattoo You*, como también la última actuación con el miembro fundador Ian Stewart. Tras este concierto, los Stones se retirarían de los escenarios durante siete años. Con un repertorio que abarca buena parte de *Tattoo You*, y prácticamente idéntico al del lanzamiento en vivo de 1981 en el Hampton Coliseum, «Angie» es la principal adición en detrimento de «Waiting

on a Friend» y «Let it Bleed». Imagen y sonido restaurados por Bob Clearmountain, como el resto de la colección *From the Vault*. Fue lanzado en Google Music el 16 de octubre de 2012 y el 9 de noviembre de 2015 en los demás soportes físicos.

Totally Stripped (2016)

El documental *Totally Stripped* lanzado originalmente en 1995, retrata las dos sesiones de estudio y tres directos ofrecidos en mayo en el Paradiso de Ámsterdam, en el Olympia de París y en la Brixton Academy de Londres en julio del mismo año. Para esta edición ampliada y conmemorativa de lo que fue *Stripped* –la versión Stone de los por aquel entonces tan de moda MTV Unplugged–, se realizó una edición de lujo con tres DVD, uno para cada uno de estos shows completos, y la adición del CD con nuevos recortes de estos conciertos además de las dos sesiones de estudio en Tokio y Lisboa. Sobre las actuaciones, Keith dijo que «hay algo acerca de tocar en estos pequeños lugares,

que es la inmediatez. Podemos dejar a Dios fuera de la banda, porque en grandes *shows* a veces puede aparecer en forma de lluvia o viento». Con todo, es una diferenciada adición a su catálogo en otro óptimo pico de forma que bien merece ser tenido en cuenta. La reedición de *Totally Stripped* se puede encontrar en múltiples formatos y ediciones para todos los bolsillos.

Havana Moon (2016)

Havana Moon es el registro audiovisual de un evento histórico acontecido el 25 de marzo de 2016: la primera actuación multitudinaria y al aire libre de un grupo de rock en Cuba. Ocurrió en la Ciudad Deportiva de la Habana bajo la dirección de Paul Dugdale. La actuación se programó para el 20 de marzo, pero se aplazó cinco días por la coincidencia con la visita del entonces presidente Barack Obama. Posteriormente, el Vaticano también solicitó otra fecha por coincidir con Viernes Santo, aunque los Stones finalmente mantuvieron la cita en su agenda. La actuación tuvo una gran valoración por parte de la crítica especializada, definiendo el evento como un nuevo capítulo en la historia de la música en Cuba. Este audiovisual es buena muestra de ello, como del entusiasmo del público cubano que pudo escuchar en directo por primera vez sus tan ansiados éxitos. La película se estrenó en grandes salas alrededor del mundo, proyectándose por una sola noche antes de lanzarse para audio y vídeo doméstico en septiembre de 2016.

Olé Olé Olé! A trip Across Latin America (2017)

El director Paul Dugdale repite en este documental producido por los Stones que les acompaña en su paso por América Latina durante 2016, la misma gira que culminó con el concierto en La Habana. Además, se detiene en cada uno de los países que pisan para entender qué representan los Rolling Stones, con especial énfasis en Argentina y sus *rolingas*, pero también propone momentos íntimos como la interpretación acústica de «Honky Tonk Women» con Keith y Mick entre bastidores, o introducirse en la habitación de hotel de Keith Richards. El film debería ser entendido como el acompañamiento de un viaje sobrado de recursos y con muchos aspectos de interés, más que como un documental retrospectivo de la banda. Se estrenó el 16 de septiembre de 2016 en el Festival Internacional de Cine de Toronto y se lanzó en DVD y Blu-ray el 26 de mayo de 2017.

Sticky Fingers: Live at the Fonda 2015 (2017)

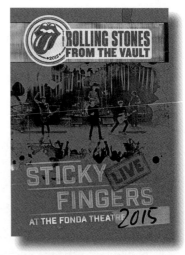

Los Stones interpretaron el álbum de 1971, *Sticky Fingers*, íntegro en el íntimo ambiente del Teatro Fonda de Hollywood, California, ante mil doscientos espectadores que ganaron su entrada en un sorteo. De esta forma se celebraba la reedición del disco y el inicio del *Zip Code Tour*, la gira que cruzaría Norteamérica en los siguientes dos meses. Esta grabación es una de las recientes pocas ocasiones de verlos en directo en un teatro y no en un estadio, además de proponer cortes en modo de intervención de los miembros del grupo. Incluye también una versión de Otis Redding, «I Cannot Turn You Loose», y «Rock Me Baby» en homenaje al –por aquel entonces– recientemente fallecido B. B. King. El lanzamiento de *Live at the Fonda* se produjo en septiembre de 2017 en todos los formatos disponibles.

San José '99 (2018)

Hasta la escritura de este libro, el último lanzamiento filmográfico de los Rolling Stones es otro episodio dentro de la colección *From the Vault*, en esta ocasión extraído de los días 19 y 20 de abril desde el San José Arena en California frente a treinta mil personas, una multitud reducida para los estándares del grupo. Hacía veinticinco años que los Stones no visitaban la ciudad de San José y en estos conciertos inéditos repasaron sus éxitos hasta *Bridges to Babylon*, dentro del marco de la gira *No Security* de 1999, que los llevaría por lugares más pequeños dentro de EE. UU. *San José '99* se ha lanzado en julio de 2018 en DVD, Blu-ray, 2-CD/DVD y 3LP, además de estar disponible en plataformas de *streaming*.

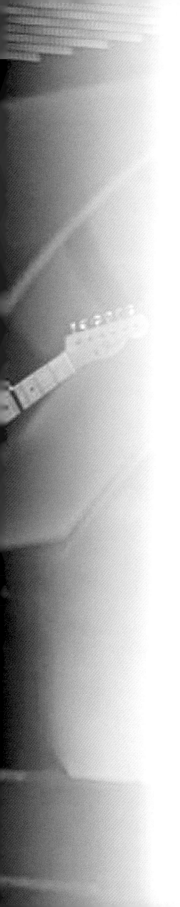

LOS ROLLING STONES EN ESPAÑA Y AMÉRICA LATINA

De la censura de la dictadura a la exposición de Ronnie en el Museo Picasso

Los dedos pegajosos

Los Rolling Stones sufrieron la censura impuesta por Decca para la portada de su álbum *Beggars Banquet* (1968), que vio cómo se retrasó su lanzamiento mundial durante meses, hasta que el grupo accedió a sustituir la –aparentemente– ofensiva foto de una pared de baño cubierta de pintadas por una portada blanca con el nombre del disco en forma de tarjeta de invitación al «banquete de los mendigos». Tuvieron que llegar las reediciones producidas por los propios Stones para que pudiéra-

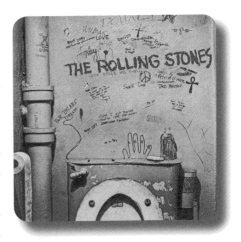

mos disfrutar de la portada original, que contenía los tan «vejatorios» mensajes de «Nixon ama a Mao» o «El sueño de Bob Dylan».

Dentro del mismo lote de reediciones, el 9 de junio de 2015 llegó al mercado español la revisión de uno de los mejores álbumes de los Stones, la obra maestra *Sticky Fingers* (1971). La reedición española contenía una doble portada: por un lado, la original diseñada por Andy Warhol con una entrepierna masculina embutida en unos vaqueros que permitían verle los calzoncillos al bajarles una cremallera de verdad que se abría. Y por el otro, tres dedos amputados flotando dentro de una lata de melaza, la que autorizó el régimen de Franco.

Era 1971 cuando España vivía sumida en el totalitarismo franquista con su vasta plantilla de censores trabajando a toda máquina. Los Stones, expertos en aprovechar la estrategia de la provocación, tenían que ser examinados con lupa, y la transgresora portada de su último lanzamiento era visto como una obscena provocación que alteraría el orden «natural» de las cosas (y el pensamiento). La administración de Franco, siempre efectiva, consideró que la portada era una ofensiva para la Iglesia católica de España, y se procedió a comercializar el elepé con una portada igualmente inquietante, pero mucho más intimidatoria: los dedos femeninos asomando de entre una mermelada que fácilmente podía confundirse con sangre, servirían por igual de apoyo al título del disco y de aviso a sus oyentes.

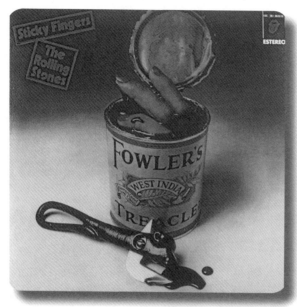

Siempre con la provocación como *leitmotiv* de la banda, en la portada de *Sticky Fingers* en España se podían ver dos dedos femeninos asomando en un pote de mermelada.

Como si los «dedos pegajosos» no pudieran serlo en otro sentido, lo curioso fue que en el interior de la carpeta se mantuvo la fotografía de un hombre en calzoncillos que servía de fondo a la lista de canciones, de entre los cuales se sustituyó la heroinómana «Sister Morphine» por una versión en vivo de «Let it Rock», de Chuck Berry. Pese a lo que muchos creían, aquel hombre en calzoncillos no era Mick Jagger, sino el habitual modelo norteamericano de Warhol, Joe Dallesandro. El diseño de la portada alternativa corrió a cargo de John Pasche, el mismo autor del logotipo de la lengua y los labios rojos. Por supuesto, con esta reedición, la versión original española pasó a convertirse en pieza de museo, muy cotizada entre coleccionistas.

Primeros conciertos en España

Los Stones llegaron a España una década después que los Beatles, pero sólo siete meses después de la muerte de Franco. Era la calurosa noche del 11 de junio de 1976 cuando no faltaban los correcalles con la policía alrededor de la plaza de toros Monumental de Barcelona, ni los tumultos, la adrenalina y la tensión por un concierto

que era mucho más que un evento musical. La juventud española abrazaría por primera vez el espectáculo
de rock más visceral, salvaje y provocativo que había
conocido el mundo, de la mano del joven promotor
Gay Mercader.

Sin embargo, la idea inicial de Gay y de su socio
Jordi Tardà era celebrar el concierto en el tarraco-
nense pueblo de Cambrils, tras construir un auditorio al aire libre que pudiera acoger a miles de personas y futuros eventos. Al poco de iniciar las obras,
una fuerte oposición vecinal tumbó el proyecto, así
como su alternativa en La Roca. Tuvo que aparecer
la familia Balañá, propietaria de las plazas de toros de
Barcelona, que autorizó que se llevara a cabo en Las
Arenas. Finalmente, una semana antes acordaron
que la Monumental sería un espacio más adecuado
para el evento cultural más importante de la década. Las entradas, con la localización de la plaza
de toros Las Arenas, seguirían siendo válidas.

Fueron 11.000 afortunados los que pudieron
costearse las 900 pesetas de la entrada para ver por primera
vez en persona a Mick Jagger, Keith Richards y compañía. Abrieron
la noche The Meters, seguidos de John Miles, que salió en sustitución de Robin

Trower, mientras en los alrededores de la plaza se producían numerosos incidentes y los grises cargaban contra tres mil personas que intentaban colarse por todos los medios. Se lanzaron balas de gomas y bombas de humo, que se respondían con el lanzamiento de botellas y otros proyectiles desde dentro de la Plaza de Toros.

El reloj marcaba más de las doce cuando sonó un pasodoble militar de Manuel Penella Moreno, «El Gato Montés», en lugar de la habitual sintonía de la gira europea, «Fanfare for the Common Man», de Aaron Copland. Los Stones, con Mick Jagger, Keith Richards, Ronnie Wood, Bill Wyman y Charlie Watts, además de Billy Preston y Ollie Brown, salieron al escenario para pasar a la historia de la Transición con «Honky Tonk Women», y terminar con «Street Fighting Man». A las dos y diez de la madrugada se retiraron del escenario al son de la sardana de Àngel Guimerà prohibida durante la dictadura, «La Santa Espina».

Gay Mercader y su compañía Gay & Company se propusieron traerlos de vuelta seis años después, coincidiendo con la celebración del mundial de fútbol de 1982. El objetivo era que la marca deportiva Adidas patrocinara dos conciertos, en Madrid y Barcelona. El estadio Vicente Calderón sería el recinto encargado de acoger a los Stones en la capital, y el estadio de Sarrià, en la Ciudad Condal. El primero de los conciertos se celebraría el 7 de julio, y representaba la primera visita de Sus Satánicas Majestades a la capital española.

Para muchos, aquélla fue la noche del concierto del fin del mundo. Pero antes, The J. Geils Band abrieron para las 60.000 personas que abarrotaban el Vicente Calderón bajo un sol infernal. Al poco de terminar su actuación, el cielo se encapotó y empezó a caer uno de los mayores diluvios que se recuerdan en un mes de julio en Madrid. Al mismo tiempo, los Stones, ahora con Bobby Keys, Gene Barge, Ian

Stewart y Chuck Leavell, saltaron sobre el escenario para desafiar a los elementos y a la madre naturaleza. La cota de misticismo alcanzó niveles insospechados.

Mick arrancó cantando «Under My Thumb» con un chubasquero púrpura mientras la fuerte lluvia derribaba una gran fila de globos que coronaba el escenario, arrojándolos sobre los músicos, que los reventaron como pudieron para poder tocar sus instrumentos ante un público que había pagado la nada desdeñable cifra de 2.000 pesetas. Miembros del *staff* salían al escenario armados con fregonas para impedir que los Stones resbalaran. Pese a la tormenta, el grupo –y el público– aguantó estoicamente para terminar con «(I Can't Get No) Satisfaction».

Finalmente, el concierto en el estadio de Sarrià se canceló a causa de divergencias entre el presidente de la Federación Española de Fútbol, Pablo Porta, y el responsable de los actos culturales del mundial, Raimundo Saporta. El estadio del R. C. D. Espanyol no se cedió para el concierto, que se transformó en una segunda cita en el Vicente Calderón, el 9 de julio. Con poco margen de maniobra, fue un nuevo éxito gracias a una potente campaña de cuñas radiofónicas. En esta ocasión, la tormenta no hizo acto de presencia.

Tuvieron que pasar ocho años antes de que la banda regresara a España para ofrecer cuatro conciertos en junio de 1990. Era durante la gira *Urban Jungle*, con unos Stones ya convertidos en una poderosa marca comercial que daba la gira europea más extensa hasta la fecha. Los días eran el 13 y 14 en el estadio olímpico de Barcelona, y el 16 y 17 de nuevo en el Vicente Calderón de Madrid. Arrancaron con «Start Me Up» en los últimos conciertos que el grupo daría en España con Bill Wyman, que tras la gira dejaría la banda. El grupo estuvo flojo –entendiendo su estándar de calidad–, con un escenario sobrecargado para distraer la atención del público. Pese a todo, no había parafernalia capaz de disimular la tensión entre Mick y Keith.

En junio de 2018, los Rolling Stones han pisado el Estado español en un total de 23 ocasiones, repartidas entre Madrid y Barcelona, pero también Gijón, Málaga, Vigo, Santiago, Bilbao, San Sebastián, Zaragoza, Benidorm y El Ejido se han vanagloriado de las repercusiones de su visita. Y hubieran podido ser más, pues el concierto previsto en Valladolid el 14

de agosto de 2006 se suspendió después de que el médico de Mick Jagger le recomendara descansar la voz por una laringitis. Desde entonces, cada visita de los Stones ha sido la «última». Y por muchos años.

El idilio de Ronnie con Barcelona (y el pincel)

Aunque los Stones no se estrenaron en España hasta la muerte del dictador, sus miembros visitaron la península en diversas ocasiones para disfrutar del clima y hacer turismo. Muchas de estas visitas se produjeron de paso entre 1967 y 1969, de camino a Marruecos, país que también frecuentaban con asiduidad en busca de tranquilidad, inspiración y un fantástico *chocolate* para fumar. Valencia, Marbella y Málaga eran algunos de sus destinos preferidos, incluido Madrid, donde el grupo británico The End habría recibido la oferta de Bill Wyman para la grabación de un álbum psicodélico, o donde Keith Richards supuestamente aprovechó para grabar algunas ideas en los entonces populares estudios Celada.

Otros lugares como Ibiza gozan de la presencia de la descendencia de los Stones, siendo residencia habitual de Jade Jagger. La hija que Mick tuvo con Bianca vivió el cambio de siglo y los primeros años de sus hijos desde la isla, pero la insistencia de Mick en que aquél no era un buen lugar para educar a sus nietos, y el repentino accidente de tráfico, la devolvieron a Inglaterra. Posteriormente, regresaría a la isla con la compra de una villa donde recibe visitas de su amiga Kate Moss. Formentera es otro lugar donde se la puede ver habitualmente.

Sin embargo, si hay un Stone que vive un romance con una de las ciudades peninsulares, ése es Ronnie Wood, que se ha declarado siempre como un gran amante de la ciudad de Barcelona. Desde 2013, Ronnie pasa gran parte de su tiempo en un piso de 300 m2 en el distrito del Eixample, cerca del Passeig de Gràcia. La compra del piso se cerró por un precio inferior al millón de euros y fue reformado por el interiorista Jaime Beristain. No es extraño desde entonces encontrárselo paseando por el Parc de la Ciutadella –en 2014 colgó una fotografía junto al mamut del parque en su cuenta de Twitter–, comprando tapices para pintar en un comercio local, o libros de arte en la librería La Central.

Aparte, Ronnie se confirma como un admirador de la cocina catalana que visita cuando tiene ocasión algunos de sus icónicos establecimientos del intelectualismo y la cultura local, como el distinguido restaurante 4 Gats, popular entre personalidades del mundo. El Hotel Palace de Barcelona –antes Ritz– tiene también una lujosa suite con su nombre, diseñada bajo su dirección, y que le sirve de residencia cuando no se queda en su piso.

El lunes 25 de septiembre de 2017, aprovechando su inminente concierto en Barcelona dos días después, Ronnie presentó en el Museo Picasso su libro *Ronnie Wood Artist*, una colección de trabajos de su otra gran pasión: la pintura, disciplina que practica desde los siete años. Durante la presentación, el Stone conversó con el director del museo, Emmanuel Guigon, responsable del prólogo del libro publicado por la editorial inglesa Thames & Hudson, con epílogo de Keith Richards.

Guigon contó a los presentes que su relación con Ronnie nació de un encuentro casual cuando éste bajaba las escaleras del edificio donde vive en Barcelona. Ronnie, por su parte, expresó la gran influencia que supuso Picasso en su obra pictórica, comparándole con Bob Dylan como equivalente en la música. «Aunque Bob no sabe que es un genio y Picasso sí lo sabía», añadió. A nivel personal, explicó que sus compañeros de grupo no siempre supieron apreciar su afición por la pintura, bromeando con que Keith ahora incluso lo llama Rembrandt.

Ronnie terminó explicando su relación con la pintura: «La pintura es cicatrizante para mí. Me limpia el alma. Es una cosa muy espiritual. Cuando toco los timbales, la armónica o la guitarra no tengo la misma sensación. Los distintos tipos de materiales de la pintura son expresiones distintas de liberación para mí».

Ronnie Wood se ha declarado siempre como un gran amante de la ciudad de Barcelona. Desde 2013, pasa gran parte de su tiempo en un piso en el distrito del Eixample, cerca del Passeig de Gràcia.

De padres de Rolingas al histórico debut en La Habana

En el nombre del padre

Desde su inicio, los Stones tardaron décadas en pisar América Latina. Los numerosos conflictos armados, las dictaduras y la cuestión idiomática, sirvieron de freno a un grupo que veía cómo el resto del planeta caía rendido a sus pies. Sin embargo, su música se abría camino entre cintas pirata y vestigios de resistencia contra la opresión y la censura. El que hoy pueda ser el grupo más cercano al engranaje del capitalismo –hoy en día el poder de la marca Rolling Stones es similar al de Coca-Cola, Nike o McDonald's–, antes fue el estandarte de un movimiento de la subcultura nacido en Argentina, denominado Rolinga.

A mediados de la década de 1980, los fanáticos argentinos de los Stones adoptaron la palabra de la castellanización de su propio nombre *Rolling*. Como en EE. UU. lo tuvo el grunge, o en Inglaterra el punk, el movimiento rolinga también tenía su propia estética: viejos tejanos desgastados o desgarrados, pero siempre sucios, pañuelos en el cuello y zapatillas tipo Converse eran sus elementos distintivos. Pero les seguía faltando un elemento, los propios Stones. Ante su ausencia, tuvieron que aparecer bandas como los Ratones Paranoicos, originales del barrio de Villa Devoto, Buenos Aires. Viejas Locas, Jóvenes Pordioseros, o La 25, fueron otras bandas influenciadas por el sonido Stone.

Los seguidores de esta tribu urbana que empezó en el *underground*, crecieron en número a medida que avanzaba la década de los ochenta, ampliando su presencia en parques públicos, estadios de fútbol y discotecas, hasta convertirse en un fenómeno masivo en las grandes ciudades. La corriente se rejuveneció después de la primera visita de los Rolling Stones al país, y el término empezó a abarcar bandas que poco tenían que ver con el sonido Stone como La Renga, Los Piojos o Bersuit Vergarabat.

La música rolinga es aquella que nace de los barrios marginales, que hace buena parte de su vida en el propio barrio, y que generalmente protesta o critica a los políticos y la alta sociedad. Es música de raíz blues, con pocos acordes y ritmo rock'n'roll, que a menudo incluye el sonido de la armónica tan usada por los Rolling Stones. También es común el uso de otros instrumentos de viento.

Históricamente, así como los rockers se enfrentaban a los mods, la principal tribu opuesta a los rolingas fueron los punks. Aunque en este caso ambos movimientos surgieran de los barrios bajos, los rolingas frecuentaban la zona oeste del conurbano bonaerense, mientras que los punks provenían de la zona sur. Sin embargo, en Argentina, buena parte de estos punks eran burgueses –o hijos de– y el movimiento no se popularizó entre la clase baja hasta finales de la década de los ochenta, nunca alcanzando las cotas de los fans de los Rolling Stones. Con el tiempo, las asperezas se limaron y hoy en día la rivalidad entre punks y rolingas es casi inexistente.

Primeros conciertos en América Latina

Voodoo Lounge Tour fue la primera gira mundial de los Stones que los llevó a América Latina entre 1994 y 1995. Ya sin Bill Wyman, ofrecieron un total de quince conciertos repartidos entre México, Brasil, Argentina y Chile. Al término de la gira mundial, habrían batido el récord de máxima recaudación, llegando hasta los trescientos veinte millones de dólares ante más de seis millones de espectadores.

Los Rolling Stones ofrecieron su primer concierto en Latinoamérica el 14 de enero de 1995 en Ciudad de México, en el espacio para eventos deportivos Foro Sol, construido en 1993 dentro del Autódromo Hermano Rodríguez. Después de más de dos décadas como banda, el público se conformaba por varias generaciones que pudieron celebrar su arranque con «Not Fade Away». El *setlist* fue el mismo para las cuatro actuaciones –14, 16, 18 y 20 de enero– e incluía grandes éxitos de la época como «Tumbling Dice», «Sympathy for the Devil» y «Honky Tonk Women», además de las enormes baladas «Beast of Burden», «Angie» y «You Can't Always Get What You Want». Keith cantó «Happy» y «The Worst» y la banda cerró la velada con «Jumping Jack Flash».

Las posteriores noches en México el éxito de la cita inaugural se repitió, y los Stones aprovecharon su estancia en la ciudad para grabar

el vídeo musical de «I Go Wild» en el antiguo templo de San Lázaro, que data del siglo xvi. Al día siguiente de la grabación, el grupo ofreció una rueda de prensa para atender a los medios, que Mick Jagger cortó de golpe sin ofrecer explicación alguna después de quince minutos de respuestas. En 1998 el grupo regresó a México dentro de la gira de *Bridges to Babylon*, sin ningún encuentro con los medios de comunicación.

Pese al éxito, aquel primer concierto de los Stones en México estuvo a punto de arruinar a la empresa Ocesa, la responsable en traer eventos de semejante talla internacional. El contrato que se había acordado previamente a la crisis económica de finales de 1994, requirió de la ayuda del Partido Revolucionario Institucional, pues a la hora de pagar los honorarios al grupo, cada billete valía tres veces más que en el momento de la firma.

El 27 de enero, la banda prosiguió su camino adentrándose en Brasil por primera vez para ofrecer tres conciertos –27, 28 y 30 de enero– en el Estadio de Pacaembu, en Sao Paulo, y dos –2 y 4 de febrero– en el Estadio de Maracaná, en Río de Janeiro. El grupo español Barón Rojo, la artista local Rita Lee y los estadounidenses Spin Doctors fueron responsables de acompañarlos. Los conciertos en Sao Paulo inicialmente se programaron para el estadio do Morumbi, hasta que encontraron fisuras en las gradas y los organizadores prefirieron trasladar el evento a Pacaembu, añadiendo una tercera presentación para compensar la menor capacidad del auditorio.

Las actuaciones se llenaron de los mismos clásicos de los conciertos en México además de las canciones recientes del álbum *Voodoo Lounge*. La estructura del escenario era espectacular, ofreciendo el mayor *show* que se había visto en Brasil hasta la fecha. Conciertos en Sao Paulo y en Río fueron pasados por agua, y la última actuación del 4 de febrero se televisó en abierto para que el resto del país pudiera acompañar a la mayor banda de todos los tiempos.

Los Stones llegaron a Argentina el 5 de febrero ante un recibimiento sólo comparable al que vivían en los años sesenta alrededor del planeta. Estaban preparados para ofrecer cinco conciertos, pero no para un público rolinga deseoso de ver a sus ídolos. De camino al hotel Park Hyatt, Mick fue testigo de su euforia cuando una multitud sacudió el coche que lo transportaba al grito de «¡Vamos los Stones!». Mick se alojó en la suite

donde ya habían dormido Axl Rose y Luis Miguel. La banda local Ratones Paranoicos pudieron cumplir su sueño de abrir a los Stones –tocando justo después Pappo
y Las Pelotas– y el cantante incluso se hospedó en el mismo hotel que Mick. No se
hicieron especialmente amigos, pero con Keith pudo compartir buenos ratos.

El 7 de febrero, Mick abandonó el hotel oculto en un Peugeot 505 para tomar un té
en La Biela, en el barrio de la Recoleta, y visitó la iglesia del Pilar. Por la noche, hubo
una recepción en la embajada británica junto a sir Peter Hall. En cualquier caso,
Mick se molestó por la multitud de fans que lo acechaban, obligándole a quedarse
durante el resto de la estancia en el hotel. Keith, en cambio, parecía disfrutar jugando
con su navaja y bebiendo champán en el balcón de su habitación. Charlie visitó cria-
deros en busca de caballos de polo y locales de tango en San Telmo, y Ronnie pasó
largas horas dibujando y pintando.

El jueves 9 de febrero los Stones salieron sobre su escenario con la estructura de
mil luces en forma de cobra gigante flotando sobre ellos, para marcar la cota más alta
de la transformación social y del rock en Argentina. El *show* constó de un total de
23 canciones y dos horas y media de duración. Al día siguiente, el grupo regresó a la
embajada para recibir una clase sobre las relaciones políticas entre Argentina y Gran
Bretaña tras la Guerra de las Malvinas. Después, se encontraron con el presidente
Ménem para continuar hablando de River Plate, pero también de Margaret Thatcher y de Felipe González, para terminar fumando unos habanos.

A los pocos días, el asesor presidencial Juan Bautista Yofre recibió una llamada del
hotel, pues los Stones estaban preocupados de que la policía pudiera entrar para una

redada como ocurrió con los Guns N' Roses. Yofre hizo las debidas gestiones con el ministro del Interior Carlos Corach, que a su vez llamó al jefe de la Policía Federal. Con todo, los Stones podrían dormir tranquilos, y Yofre fue invitado al *backstage* en el siguiente concierto para por fin conocer a su ídolo Keith Richards. Éste le enseñó sus guitarras.

El 19 de febrero en Chile, los Stones ofrecieron sus 23 canciones ante el público del estadio Nacional. Pese a que en Argentina habían actuado ante trescientas mil personas, en Chile no colgaron el cartel de «No hay entradas» del recinto de Ñuñoa. La organización reaccionó abriendo las puertas después del inicio del *show*. Al día siguiente, la repercusión en la prensa fue menor, dando altavoz a los cien detenidos tras el recital, gran parte de ellos por posesión y consumo de drogas. El canal abierto Megavisión anunció con entusiasmo que transmitiría el memorable recital en directo, pero no fue así. La retransmisión se realizó el 4 de marzo de 1995, y no fue el concierto de Chile, sino uno de los de Argentina en el estadio de River Plate. Tres años después, enmarcados dentro de la gira *Bridges to Babylon*, los Stones volvieron a América Latina en 1998 para actuar ante 348.000 personas en cinco actuaciones en Argentina y dos en Brasil.

«¡La fiesta más grande del mundo!»

La gira mundial de 2006, *A Bigger Bang Tour*, devolvió a los Stones a América Latina para actuar en Puerto Rico –el 11 de febrero en San Juan– y repetir en Brasil, Argentina y México. Pero el concierto más importante –y gratuito– de esta segunda visita al continente sudamericano quizá sea el celebrado en la playa de Copacabana, Río de Janeiro, el 18 de febrero ante una cifra estimada de un millón y medio de espectadores. Durante dos horas, los Stones interpretaron su memorable repertorio plagado de clásicos ante seguidores incondicionales, muchos de los cuales ni siquiera habían nacido en los primeros años del grupo.

Mick saludó dando la bienvenida a la fiesta más grande del mundo, y los Stones iniciaron su espectáculo con «Jumping Jack Flash» seguida de «It's Only Rock'n Roll», para terminar con «Satisfaction». Mick Jagger, de sesenta y dos años, no dejó de bailar por lo largo y ancho del escenario, pero no a lo alto, pues el escenario tenía una altura similar a la de un edificio de siete pisos. El público se situó a lo largo de la playa, pero también en edificios cercanos y barcos especialmente fletados, entre

El concierto más importante que dieron los Stones en el continente sudamericano en 2006 fue el celebrado en la playa de Copacabana, Río de Janeiro.

los que destacaba un transatlántico. Pese al gran despliegue policial, no hubo ningún altercado reseñable, y el concierto financiado por la alcaldía municipal y dos empresas de telefonía móvil, se distribuyó en salas de cine y formatos de vídeo doméstico. Aun así, el mayor concierto celebrado en Copacabana sigue siendo propiedad de Rod Stewart y sus tres millones y medio de espectadores.

Los días 21 y 23 de febrero regresaron a Argentina para dos conciertos en Buenos Aires, de nuevo en el estadio de River Plate. Calor insoportable e intensa lluvia se repartieron las citas con casi idéntico *setlist* a las citas anteriores y un Keith Richards que fue ovacionado durante más de cinco minutos. «Rough Justice» de *A Bigger Bang* sonó a nuevo clásico y el público respondió a «Get Off of My Cloud» lanzándole camisetas a Mick Jagger. De nuevo, terminaron con «(I Can't Get No) Satisfaction» antes de partir hacia México.

En el D. F. se hospedaron en el hotel Four Seasons en las horas previas de lo que para muchos mexicanos fue el mejor concierto de los Rolling Stones, de nuevo sobre un escenario montado en el Foro Sol. Repitieron las dos horas de espectáculo con un Mick Jagger en plena forma que no dejó de saltar y bailar y un Keith Richards que aguantó las formas cantando «Empty Without You». Después, los Stones regresaron a sus casas y tuvieron que pasar diez años antes de que les picara el gusanillo de hacer historia otra vez.

Havana Moon

La *América Latina Olé Tour* fue anunciada a finales de 2015 y llevaría a la banda británica entre febrero y marzo de 2016 por Chile, Argentina, Uruguay, Brasil, Perú, Colombia y México, siendo varias de estas actuaciones su primera visita. La gira terminaría con un espectacular concierto gratuito en Cuba –coincidiendo con la visita del presidente Obama– y recaudaría casi noventa y un millones de dólares. Para esta gira sudamericana, los Stones pidieron a través de sus redes sociales saber qué canciones querían escuchar los fans: «She's a Rainbow», «Anybody Seen My Baby», «She's So Cold» y «Like a Rolling Stone» fueron las más demandadas.

Los Stones llegaron a Santiago de Chile el 3 de febrero de 2016 acompañados de un equipo de 140 personas. En el Estadio Nacional de Santiago se instaló el escenario desde el cual ofrecieron un concierto que vendió todas sus entradas. Después ofrecieron tres conciertos en el estadio Ciudad de La Plata en La Plata, Argentina, cuando el 16 de febrero se personificaron en lo que era su primera visita a Uruguay. El estadio Centenario en Montevideo fue el escenario escogido donde Mick hizo acto de presencia pronunciando las palabras «¡Por fin en Uruguay!». Fueron más de dos horas que comenzaron con «Start Me Up», para continuar con «Wild Horses» y «Paint it, Black», siendo cada nuevo riff un estallido de gritos y celebración.

Mick aprovechó para hacer comentarios referidos al futbolista Luis Suárez, «Todavía me duelen sus goles» y muchas alusiones a las zonas más populares de Montevideo y a platos típicos de Uruguay. El grupo cerró con «You Can't Always Get What You Want» y «Satisfaction», ante un público que sí quedó satisfecho por la noche que Sus Satánicas Majestades le ofrecieron. Cuatro días después, los Stones ya estaban en Río de Janeiro.

Maracaná acogió el nuevo espectáculo con un Mick igualmente discursivo que saludó diciendo «Hola, Río. ¿Qué dicen, cariocas?». Fue una noche calurosa que no le impidió hacer sus habituales coreografías que tanto le caracterizan, con un intento de samba al inicio. Después de dos citas más en el estadio do Morumbi de Sao Paolo, visitaron el estadio Beira-Rio de Porto Alegre, pero otro punto de máxima expectación fue el que se vivió en Lima, Perú.

Era 6 de marzo el estadio Monumental de Lima acogía por primera vez a los Rolling Stones. Pocos minutos después de las nueve de la noche, salieron al escenario con su habitual inicio de «Start Me Up» seguida de «It's Only Rock'n Roll». Mick saludó diciendo «Hola, mis causitas», en clara alusión a la causa limeña, el plato típico del Perú. Uno de los momentos memorables se dio cuando Keith se colgó la guitarra acústica para tocar «You Got The Silver» mano a mano con Ronnie. Interpretaron «Angie» y «Like a Rolling Stone», la original de Bob Dylan requerida por los fans a través de su página web.

Keith aprovechó para recordar la ocasión en que él y Mick visitaron Perú por primera vez en 1968, cuando huyeron del Reino Unido momentáneamente por la abrumadora insistencia policial y de los medios de comunicación de la época. El estadio Monumental se tiñó de rojo para escuchar «Sympathy for the Devil» con Mick ataviado con una capa negra con plumas rojas. Se despidieron nuevamente con «You Can't Always Get What You Want» y «Satisfaction», una sintonía que el público de Perú llevaba mucho tiempo esperando.

La gira continuó el 10 de marzo en Bogotá, Colombia. El estadio El Campín fue el lugar escogido para las dos horas de actuación que contó con la participación del artista local Juanes, que cantó junto a Mick y tocó la guitarra con Keith y Ronnie interpretando «Beast of Burden». Mick tuvo palabras de agradecimiento para Diamante Eléctrico, la banda local que se ganó el derecho a ser sus teloneros, y «Dead Flowers» fue la canción escogida por los colombianos para unirse al repertorio de los Stones. Mick bromeó diciendo que el grupo había contribuido siempre a la economía colombiana, para aclarar que Ronnie todavía consumía ocho tazas de café diarias.

El buen humor siguió en Ciudad de México por dos citas (14 y 17 de marzo). «Antes tomábamos tequila, ahora tomamos mezcal», dijo Mick durante el primero de los conciertos ante más de cincuenta mil personas. Familias completas de mexicanos acudieron de nuevo al Foro Sol para asistir a los que podrían ser los últimos conciertos de los británicos, que eligieron «Street Fighting Man» por votación popular. Mick añadió que el grupo fue de público a las luchas, que quiso subir al *ring*, pero no le dejaron, y que le gustaron mucho las pirámides. Cerraron de nuevo con «Satisfaction».

Durante los últimos meses se rumoreó que el equipo de los Stones estaba haciendo las gestiones necesarias para cuadrar una actuación gratuita en el Estadio Latinoamericano de La Habana. Tal y como refleja el documental ¡Olé olé olé! A Trip Across Latin American, surgieron casualidades y complicaciones, como la mencionada visita de Barack Obama, pero también la del papa. Keith confirmó que la negociación con Cuba iba bien encaminada, y que la organización se estaba tomando muy en serio todas las gestiones previas. Al parecer, el bajista Darryl Jones también habría influido. El 1 de marzo 2016, los Stones confirmaron su primer concierto en Cuba, que se realizaría el 25 de marzo. Finalmente, la actuación gratuita –apodada El Concierto de la Amistad– sería en el Coliseo de la Ciudad Deportiva de La Habana.

Los Stones llegaron a la capital el mismo 25 de marzo, más de cincuenta años después de que su música fuese censurada por el control de Fidel Castro. «Jumping Jack Flash» inauguró el evento con los espectadores mirando al cielo en símbolo de agradecimiento a quien hubiera abierto la veda para el rock'n'roll. «Sabemos que años atrás era difícil escuchar nuestra música aquí en Cuba, pero aquí estamos, tocando para ustedes», dijo Mick Jagger, para añadir después «Pienso que los tiempos están cambiado. ¿Es verdad o no?», y el público respondió con aplausos y vítores. En cuanto al repertorio, el tradicional a lo largo de la gira para romper con el silencio impuesto en la isla. Y el abrazo de Keith y Charlie al final.

Pero todo se comenzó a gestar el 13 de noviembre del 2015, con una llamada telefónica del adinerado abogado corporativo Gregory Elias, a Jayne Smith, gerente de los Stones. Gregory propuso el concierto gratuito en La Habana, a lo que Jayne respondió con la promesa de una pronta llamada. Veinticuatro horas después, ella se la devolvió: al grupo y el ingente equipo que llevaban detrás, les pareció una buena idea. Gregory Elias, que lo financiaría por medio de su fideicomiso con fines caritativos, confirmó que la visita del presidente estadounidense Barack Obama no fue más que una coincidencia, y que la idea vino a él a raíz de su pasión por los grandes fes-

tivales de música y su conocimiento de que funcionarios cubanos andaban detrás de intercambios culturales que abrieran la isla.

Gregory, que tenía experiencia a través de un festival anual de jazz de Curazao que había incluido a Stevie Wonder y Alicia Keys, no comprendió en primera instancia el trabajo detrás de la operación. Jayne le avisó de que los Stones sólo salían con los mejores equipos, mientras que Cuba sólo podía conseguir los productos más básicos y no los complejos equipos tecnológicos para un espectáculo de rock de esa magnitud. Prácticamente todo, desde luces al propio escenario, además de los refrescos y las botellas de agua, tuvo que ser traído por vía aérea desde otro lugar.

Los Stones aceptaron dar el concierto a coste cero, pero toda la preparación tendría que ser pagada por cuenta ajena. Lo que pagó la Fundashon Bon Intenshon de Gregory, no trascendió, pero parte de su desembolso podría ser recuperado a raíz de las ventas del DVD y Blu-ray del concierto. Tampoco trascendieron motivaciones ocultas –si es que las hubiera– pero Gregory defendió en todo momento que no había connotaciones políticas ni económicas: «Desde un punto de vista occidental, el pueblo cubano se pierde mucho. Pensé que podría ser bueno acercarles un poco de música. La música no crea envidia ni animosidad, sólo crea amor y comprensión».

FUENTES:

Bibliografía

Booth, Stanley, *La verdadera historia de los Rolling Stones*, Temas de Hoy, 2012.

Cosmen, Javier, *Cómo se hizo Sticky Fingers*, T&B, 2014.

Davis, Stephen, *Los viejos dioses nunca mueren*, Ma Non Troppo, 2006.

Jackson, Laura, *Brian Jones: the Untold Life and Mysterious Death of a Rock Legend*, Piatkus, 2009.

Manrique, Diego A., *Jinetes en la tormenta*, Espasa, 2013.

Norman, Philip, *Mick Jagger*, Anagrama, 2014.

Oldham, Andrew, *Stoned*, Vintage, 2001.

Richards, Keith, *Vida*, Global Rhythm Press, 2010.

Sánchez, Tony, *Yo fui el camello de Keith Richards*, Contra, 2013.

Trynka, Paul, *Brian Jones: the Making of the Rolling Stones*, Plume, 2015.

Trynka, Paul, *Sympathy for the Devil*, Transworld, 2015.

VV. AA., *According to the Rolling Stones*, W&N, 2004.

Wood, Ron, *Memorias de un Rolling Stone*, Global Rhythm Press, 2009.

Wyman, Bill, *Stone Alone*, Da Capo Press, 1997.

Wyman, Bill, *Rolling with the Stones*, DK, 2002.

Webgrafía

40 aniversario del primer concierto de los Rolling Stones en España
(https://www.dirtyrock.info/2016/06/40-aniversario-del-primer-concierto-los-ro-lling-stones-espana-11-junio-1976-barcelona/)

50 años de la primera y única incursión de The Rolling Stones en la psicodelia
(https://www.infobae.com/america/cultura-america/2017/12/18/50-anos-de-la-primera-y-unica-incursion-de-the-rolling-stones-en-la-psicodelia/)

53 datos que quizás no conoces de The Rolling Stones

(https://lifestyle.americaeconomia.com/articulos/53-datos-que-quizas-no-cono-ces-de-rolling-stones)

An A-Z of EALING Rock – The Ealing Club

(http://www.ealingclub.com/an-a-z-of-ealing-rock/)

Biografía de The Rolling Stones, discos y canciones

(https://www.todomusica.org/the_rolling_stones/)

Brian Jones: el último de los decadentes

(http://www.operamundi-magazine.com/2009/07/brian-jones-el-ultimo-de-los-decadentes.html)

Brian Jones: falla en el nacimiento emocional

(https://www.razon.com.mx/brian-jones-falla-en-el-nacimiento-emocional/)

El Ron Wood pintor llega a Barcelona – El Periódico

(https://www.elperiodico.com/es/ocio-y-cultura/20170925/ron-wood-arte-libro-presentacion-barcelona-picasso-6310563)

Entrevista a Ron Wood – La Vanguardia

(https://www.lavanguardia.com/cultura/20170927/431581727850/entrevista-ron-wood-rolling-stones-barcelona.html)

Ex guardaespaldas de Keith Richards revela el lado malvado y oscuro del guitarrista

(http://www.elmostrador.cl/cultura/2013/03/24/ex-guardaespaldas-de-keith-ri-chards-revela-el-lado-malvado-y-oscuro-del-guitarrista/)

Gregory Elias, el abogado que pagó por el concierto de los Rolling Stones en La Habana

(https://noticiaaldia.com/2016/03/gregory-elias-el-abogado-que-pago-por-el-concierto-de-los-rolling-stones-en-la-habana/)

Historia de la música rock – Rolling Stones

(https://www.alohacriticon.com/musica/grupos-y-solistas/the-rolling-stones/)

Historia de The Rolling Stones

(https://historia-biografia.com/historia-de-the-rolling-stones/)

Keith Richards – El País

(https://elpais.com/diario/2010/11/28/eps/1290929214_850215.html)

Keith Richards. Vida

(https://www.elcultural.com/revista/letras/Keith-Richards-Vida/28397)

La enigmática personalidad de Mick Jagger

(http://rollingstone.com.mx/musicars/la-enigmatica-personalidad-de-mick-jagger/)

Las máscaras de Mick Jagger

(https://www.abc.es/cultura/musica/20140623/abci-biografia-sobre-mick-jagger-201406221754.html)

Los hitos más destacados del mito viviente Mick Jagger

(https://www.lavanguardia.com/cultura/20180726/451095741107/mick-jagger-cumple-75-anos.html)

Los Rolling Stones a 20 años de su primera visita a México

(http://www.cronica.com.mx/notas/2015/878599.html)

Los Rolling Stones en Argentina: cómo fue su primera visita en 1995

(http://www.rollingstone.com.ar/1867821-the-rolling-stones-en-argentina-como-fue-su-primera-visita-en-1995)

Los Rolling Stones reeditan Sticky Fingers – La Razón

(https://www.larazon.es/cultura/musica/los-rolling-stones-reeditan-en-espana-sticky-fingers-con-un-pringoso-tesoro-bragueta-y-melaza-XH9933918)

Melody Maker – 1964 – March, 14

(https://www.flickr.com/photos/khiltscher/sets/72157617265145148/)

Mick Jagger

(https://www.youtube.com/watch?v=oDdGiOjmBe4)

Primer concierto de los Rolling Stones en España – El Mundo

(http://www.elmundo.es/especiales/2012/cultura/rolling-stones/en-espana.html)

Rolling Stones: the second wave

(https://www.youtube.com/watch?v=XaKXnVek-Do)

Rolling Stones Discography

(http://ultimateclassicrock.com/rolling-stones-discography/)

Ron Wood: «He vivido la mayor parte de mi vida en una cárcel de oro»

(https://elpais.com/cultura/2008/12/30/actualidad/1230591602_850215.html)

The Rolling Stones – 25x5

(https://www.youtube.com/watch?v=dCNGIhZvyUE)

The Rolling Stones – Allmusic

(https://www.allmusic.com/artist/the-rolling-stones-mn0000894465)

The Rolling Stones – El País

(https://elpais.com/especiales/2016/the-rolling-stones/)

The Rolling Stones – Official Website

(http://www.rollingstones.com)

The Rolling Stones: biografía y discografía

(https://www.alohacriticon.com/musica/grupos-y-solistas/the-rolling-stones/)

The Rolling Stones: Extracts

(http://rocknrollunravelled.com/the-rolling-stones/)

The Rolling Stones en España, 22 conciertos en 41 años

(http://www.culturaocio.com/musica/noticia-the-rolling-stones-espana-22-conciertos-41-anos-20170513105534.html)

The Rolling Stones en Madrid, 31 años del «tormentoso» concierto

(https://www.dirtyrock.info/2013/07/the-rolling-stones-en-madrid-31-anos-del-tormentoso-concierto/)

The Rolling Stones Story

(https://www.youtube.com/watch?v=OjLFkrqd4lA)

Time Is on Our Side

(http://www.timeisonourside.com)

Which member of the Rolling Stones are you?

(https://uquiz.com/fN46H4/which-member-of-the-rolling-stones-are-you)

Revistas

. . . .

Cáñamo – Especial «Música y Drogas»

Ruta 66 - n.º 271

Ruta 66 - n.º 323

Ruta 66 - n.º 344

En la misma colección

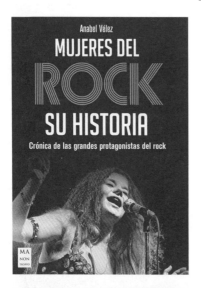

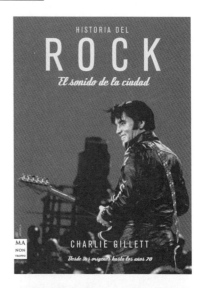